Thomas Decker

CITA-DICO

DICTIONNAIRE DES CITATIONS MAXIMES, DICTONS ET PROVERBES FRANÇAIS

Dans la même collection

✳ **SYNO-DICO,** Dictionnaire de synonymes.

✳ **TRÉSORS DE LA POÉSIE FRANÇAISE,**
Anthologie des plus beaux poèmes depuis le Moyen Âge.

Découvrir la bonne référence, le « bon mot » pour une dissertation, un discours, ou alimenter une réflexion, retouver une citation historique, c'est facile, avec **CITA-DICO**.
Mais **CITA-DICO**, c'est plus.
Aux citations d'écrivains, de poètes, de philosophes ou d'humoristes, **CITA-DICO** ajoute les dictons et les proverbes, ces sentences expression d'une sagesse et d'une connaissance ancestrales, portant aussi bien sur les caprices climatiques que sur les ombres de l'âme humaine.
Avec **CITA-DICO**, vous disposez ainsi d'un outil ce travail complet, fort de ces deux références, littéraire et populaire, qui font notre patrimoine culturel.

Les proverbes et dictons, issus de la sagesse populaire, ont été repris, en partie, à partir des travaux, au XIXe siècle, de Le Roux de Quincy et de Quitard. Ils sont présentés dans des encadrés, afin de les différencier des citations d'auteur.

Réalisation Thomas Decker et Pierre Ripert

A

ABANDON
Vous me laissez là,
Dans ma vie amère ;
Vous me laissez là,
Et Dieu voit cela !
Marceline Desbordes-Valmore, Poésies.

L'abandon fait le larron.
Marguerite de Navarre

ABBÉ
L'abbé ne fait pas le moine.
Balzac, Proverbes.

Cet abbé chemine en priant,
Et, seul au milieu de la rue,
Tout noir, il fait sa tache crue
Sur le ciel tendre et souriant.
Sully Prud'homme, Poésies.

ABEILLE
Si tu aimes le miel, ne crains pas les abeilles.

ABONDANCE
◆ L'abondance engendre la nausée.
◆ Abondance engendre fâcherie.

ABSENCE
L'absence est à l'amour ce qu'est au feu le vent ;
Il éteint le petit, il allume le grand.
Bussy-Rabutin, Histoire amoureuse des Gaules.

Il n'est pas d'amour qui résiste à l'absence.
Anatole France, La rôtisserie de la reine Pédauque.

L'éloge des absents se fait sans flatterie.
Jean-Baptiste-Louis Gresset

L'absence est le plus grand de tous les maux.
Jean de La Fontaine

L'absence est aussi bien un remède à la haine
Qu'un appareil contre l'amour.
Jean de La Fontaine, Fables.

Un seul être vous manque, et tout est dépeuplé.
Alphonse de Lamartine, Le Lac.

La plus cruelle absence est celle que l'on peut toucher avec la main.
Paul-Jean Toulet, Les trois impostures.

◆ Les absents ont toujours tort.
◆ L'absence est l'ennemie de l'amour.
◆ Un peu d'absence fait grand bien.
◆ Les os sont pour les absents.
◆ En l'absence du seigneur se connaît le serviteur.
◆ Quand le chat n'est pas là les souris dansent.

ABSOLU
Il n'y a qu'une maxime absolue, c'est qu'il n'y a rien d'absolu. *Auguste Comte*

L'absolu n'a guère plus de sens aujourd'hui que son adverbe. *Jules Renard, Journal.*

ABSOLUTISME
Le régime mérovingien est une monarchie absolue tempérée par l'assassinat.
Fustel de Coulanges

ABSOLUTISME ROYAL
Car tel est notre bon plaisir.
Formule royale inaugurée par François Ier

ABSTRAIT
Combien de gens ne sont abstraits que pour paraître profonds. *Joseph Joubert*

ABSURDE
L'absurde, c'est la raison lucide qui constate ses limites.
Albert Camus, Le mythe de Sisyphe.

ABUS
Avant d'attaquer un abus, il faut savoir si on peut ruiner ses fondements.
Vauvenargues

Les abus inévitables sont des lois de la nature.
Vauvenargues
On appelle abus de confiance tous les actes commis par un gouvernement dont on n'est pas. *Pierre Véron, Carnaval du dictionnaire.*

Trop de repos nous engourdit,
Trop de tracas nous étourdit,
Trop de froideur est indolence,
Trop d'activité turbulence,
Trop d'amour trouble la raison,
Trop de remède est un poison,
Trop de finesse est artifice,
Trop de rigueur est cruauté,
Trop d'audace est témérité,
Trop d'économie avarice ;
Trop de bien devient un fardeau,
Trop d'honneur est un esclavage,
Trop de plaisir mène au tombeau,
Trop d'esprit nous porte dommage ;
Trop de confiance nous perd,
Trop de franchise nous dessert ;
Trop de bonté devient faiblesse,
Trop de fierté devient hauteur,
Trop de complaisance bassesse,
Trop de politesse fadeur.
François Panard

Trop tirer rompt la corde.

ACADÉMIE
Avec une minuscule, c'est un corps de jolie femme ; avec une majuscule, c'est un corps de vieux barbons.
Paul Morand

ACADÉMIE FRANÇAISE
Pourquoi dit-on qu'ils sont immortels alors qu'ils ne dépassent pas la quarantaine ?
Alphonse Allais

Nous avons quarante oies qui gardent le Capitole et ne le défendent pas. *Diderot*

La dénigrer mais tâcher d'en faire partie, si l'on peut.
Gustave Flaubert, Dictionnaire des idées reçues.

Sommes-nous trente-neuf, on est à nos genoux
Et sommes-nous quarante, on se moque de nous.
Fontenelle

Ils sont là quarante, qui ont de l'esprit comme quatre.
Alexis Piron

L'Académie ? Le commun des immortels ! *Jules Renard*

Un corps où l'on reçoit des gens titrés, des hommes en place, des prélats, des gens de robe, des médecins, des géomètres… et même des gens de lettres. *Voltaire*

ACCENT
L'accent du pays où l'on est né demeure dans l'esprit et dans le cœur, comme dans le langage.
La Rochefoucauld, Maximes.

ACCOMMODEMENTS
Le ciel défend, de vrai, certains contentements ;
Mais on trouve avec lui des accommodements.
Molière, Le Tartuffe.

> Mauvais accommodement vaut mieux que bon procès.

ACCORD
On s'entend toujours ; il suffit de ne pas être du même avis.
Henri de Régnier

ACCOUPLEMENT
Boire sans soif et faire l'amour en tout temps, madame, il n'y a que ça qui nous distingue des autres bêtes.
Beaumarchais,
Le Mariage de Figaro.

Cet imbécile emportement qui nous jette vers la femelle.
Guy de Maupassant,
Le Horla.

Deux bêtes, deux chiens, deux loups, deux renards, rôdent par les bois et se rencontrent. L'un est mâle, l'autre femelle. Ils s'accouplent. Ils s'accouplent par un instinct bestial qui les force à continuer la race, leur race, celle dont ils ont la forme, le poil, la taille, les mouvements et les habitudes. Toutes les bêtes en font autant, sans savoir pourquoi. Nous aussi.
Maupassant, Le Horla

> **ACCUSATION**
> ◆ Sois dur à ouïr qui accuse.
> ◆ Il faut garder une oreille pour l'accusé.

> **ACHAT**
> ◆ Mieux vaut acheter qu'emprunter.
> ◆ Il y a plus de fols acheteurs que de fols vendeurs.
> ◆ Mieux vaut acheter qu'emprunter.

ACTEUR
Combien d'acteurs paraissent naturels parce qu'ils n'ont aucun talent. *Jules Renard*

ACTION
Nous aurions souvent honte de nos plus belles actions si le monde voyait tous les motifs qui les produisent. *La Rochefoucauld*

L'homme n'est point fait pour méditer, mais pour agir.
Jean-Jacques Rousseau

Bonne action est toujours récompensée.

ACTIVITÉ
Je travaille la nuit, je monte à cheval le jour, je joue au billard le soir, je dors le matin. C'est toujours la même vie.
George Sand, Correspondance.

Rien n'est si insupportable à l'homme que d'être dans un plein repos, sans passions, sans affaires, sans divertissement, sans application. Il sent alors son néant, son abandon, son insuffisance, son vide. Incontinent, il sortira du fond de son âme l'ennui, la noirceur, la tristesse, le chagrin, le dépit, le désespoir. *Pascal*

ADJECTIF
Ne flattez pas le culte d'adjectifs tels que indescriptible, inénarrable, rutilant, incomparable, colossal, qui mentent sans vergogne aux substantifs qu'ils défigurent : ils sont poursuivis par la lubricité.
Lautréamont, Poésies.

ADIEU
Adieu ! je crois qu'en cette vie
Je ne te reverrai jamais.
Dieu passe, il t'appelle et m'oublie ;
En te perdant je sens que je t'aimais.
Alfred de Musset

Je n'écoute plus rien ; et pour jamais, adieu.
Pour jamais ! Ah, Seigneur, songez-vous en vous-même
Combien ce mot cruel est affreux quand on aime ?
Jean Racine, Bérénice.

Mais viendra le jour des adieux,
Car il faut que les femmes pleurent
Et que les hommes curieux
Tentent les horizons qui leurrent !
Sully Prudhomme, Poésies.

C'est aux premiers regards portés,
En famille, autour de la table,
Sur les sièges plus écartés,
Que se fait l'adieu véritable.
Sully Prud'homme, Poésies.

Adieu ! et si c'est pour toujours, pour toujours encore adieu.
Alfred de Vigny, Cinq-Mars.

ADMINISTRATION

L'administration est un lieu où les gens qui arrivent en retard croisent dans l'escalier ceux qui partent en avance.
Georges Clemenceau (attribué aussi à Courteline)

ADMIRATION

Un sot trouve toujours un plus sot qui l'admire. *Boileau*

Nous aimons toujours ceux qui nous admirent ; et nous n'aimons pas toujours ceux que nous admirons.
La Rochefoucauld, Maximes.

Nous ne louons d'ordinaire de bon cœur que ceux qui nous admirent. *La Rochefoucauld*

L'admiration se passe de l'amitié. Elle se suffit à elle-même. *Jules Renard, Journal.*

Peu d'hommes ont été admirés par leurs domestiques ; nul n'a été prophète non seulement en sa maison, mais en son pays, dit l'expérience des histoires.
Montaigne, Essais.

C'est une grande preuve de noblesse que l'admiration survive à l'amitié. *Jules Renard*

Dis-moi qui t'admire et je te dirai qui tu es. *Sainte-Beuve*

Quand on a beaucoup de lumières, on admire peu ; lorsqu'on en manque, de même. L'admiration marque le degré de nos connaissances, et prouve moins souvent la perfection des choses que l'imperfection de notre esprit.
Vauvenargues

L'étonnement est une surprise longue et accablante ; l'admiration, une surprise pleine de respect. *Vauvenargues*

L'admiration est un sentiment qu'on éprouve quand on se regarde devant un miroir.
Pierre Véron

L'admiration est la fille de l'ignorance.

ADOLESCENCE

O lecteurs à venir, qui vivez dans la joie
Des seize ans, des lilas et des premiers baisers,
Vos amours font jouir mes os décomposés.
Charles Cros,
Le coffret de santal

Jupes des quinze ans, aurores de femmes,
Qui veut, enfin, des palais de mon âme ?
Jules Laforgue,
Les Complaintes.

On n'est pas sérieux, quand on a dix-sept ans
Et qu'on a des tilleuls verts sur la promenade.
Arthur Rimbaud, Poésies.

Seize ans était la fleur de votre âge nouvelle,
Et votre teint sentait encore son enfance.
Vous aviez d'une infante encore la contenance,
La parole et les pas ; votre bouche était belle,
Votre front et vos mains dignes d'une immortelle,
Et votre œil, qui me fait trépasser quand j'y pense.
Pierre de Ronsard

ADORATION

C'est encore adorer ses Dieux que de leur jeter des pierres.
Paul-Jean Toulet, Monsieur du Paur, homme public.

—

ADULATION

Je préfère être détesté pour ce que je suis plutôt que d'être aimé pour ce que je ne suis pas. *Georges Simenon*

—

ADULTÈRE

Tous ces couples maudits, affolés de désir,
Après l'atroce attente (ô la pire des fièvres)
Dévorent avec rage un lambeau de plaisir
Que le moindre hasard dispute au feu des lèvres ;
Car tous ont attendu de longs jours, de longs mois,
Pour ne faire, un instant, qu'une chair et qu'une âme,
Au milieu des terreurs, sous l'œil fixe des lois,
Dans un baiser qui pleure et cependant infâme.
Sully Prud'homme, Poésies.

Dans la maison
de l'adultère,
rien n'y prospère.

ADVERSITÉ
Beaucoup d'hommes lancent sur nous autant de traits que de regards. *Rivarol*

En politique, la communauté des haines fait presque toujours le fond des amitiés. *Tocqueville*

L'adversité fait beaucoup de coupables et d'imprudents. *Vauvenargues, Réflexions et Maximes.*

◆ L'adversité rend sage.
◆ L'adversité est l'épreuve du courage

AFFAIRES
Il vaut mieux être plusieurs sur une bonne affaire que seul sur une mauvaise. *Tristan Bernard*

La science des occasions et des temps est la principale partie des affaires. *Bossuet*

Les affaires, c'est l'argent des autres. *Alexandre Dumas fils*

◆ Il n'est point de petites affaires.
◆ Il vaut mieux avoir affaire à Dieu qu'à ses saints.

Les gens qui ont peu d'affaires sont de très grands parleurs : moins on pense, plus on parle. *Montesquieu*

AFFAIRISME
◆ L'eau trouble est le gain du pêcheur.
◆ Au poulailler sont les fouines.

AFFECTION L'affection aveugle la raison

AFFIRMATION
Si je n'affirme pas davantage, c'est que je crois l'insinuation plus efficace. *André Gide*

ÂGE
Impossible de vous dire mon âge, il change tout le temps. *Alphonse Allais*

Chaque âge a ses plaisirs, son esprit et ses mœurs. *Boileau*

L'homme arrive novice à chaque âge de sa vie. *Chamfort, Caractères et anecdotes.*

Si jeunesse savait, si vieillesse pouvait. *Henri Estienne*

Chaque année il se fait en nous un nœud, comme dans les arbres ; quelque branche d'intelligence se développe, ou se couronne et se durcit.
Joseph Joubert, Pensées.

Nous arrivons tous nouveaux aux divers âges de la vie, et nous y manquons souvent d'expérience malgré le nombre des années.
La Rochefoucauld, Maximes.

Tout âge porte ses fruits, il faut savoir les cueillir.
Raymond Radiguet

On a vingt ans depuis quinze jusqu'à trente ans.
Jules Renard, Journal.

Jusqu'à trente ans, artiste, jusqu'à cinquante, homme d'action, jusqu'à la mort, le sage.
Jules Renard, Journal.

L'âge peut-il donner le droit de gouverner la raison ?
Vauvenargues,
Réflexions et Maximes.

AGONIE

Et les agonisants dans le fond des hospices
Poussaient leur dernier râle en hoquets inégaux.
Charles Baudelaire,
Les Fleurs du Mal.

O nuit désastreuse ! ô nuit effroyable, où retentit tout à coup, comme un éclat de tonnerre, cette étonnante nouvelle : Madame se meurt, Madame est morte !
Bossuet, Oraison funèbre de la duchesse d'Orléans.

Le petit Dauphin est malade, le petit Dauphin va mourir. Dans toutes les églises du royaume, le Saint-Sacrement demeure exposé nuit et jour et de grands cierges brûlent pour la guérison de l'enfant royal.
Alphonse Daudet, Lettres de mon moulin.

Mon âme, il faut partir. Ma vigueur est passée,
Mon dernier jour est dessus l'horizon.
Tu crains ta liberté. Quoi ! n'es-tu pas lassée
D'avoir souffert soixante ans de prison ?
François Maynard

Le 3 mai, Napoléon se fit administrer l'extrême-onction et reçut le saint viatique.(...) Le 4, la tempête de l'agonie de Cromwell s'éleva : presque tous les arbres de Longwood furent déracinés. Enfin, le 5, à six heures moins onze minutes du soir, au milieu des vents, de la pluie et du fracas des flots, Bonaparte rendit à Dieu le plus puissant souffle de vie qui jamais anima l'argile humaine.*Chateaubriand*

SUR LEUR LIT DE MORT

◆ C'est ici le combat du jour et de la nuit.
Victor Hugo

◆ Sire, c'en est fait de vous.
Son médecin à Louis XI

◆ Ce n'est rien.
Henri IV, après le coup de poignard de Ravaillac.

◆ Plus d'illusion ; je sais ce qu'il en est, et je suis résigné. *Napoléon Ier*

◆ C'est par votre ignorance, l'état ou je suis maintenant.
Louis XIII à son médecin

◆ Je m'en vais ou je m'en vas. L'un et l'autre se dit ou se disent. *Vaugelas*

◆ Je savais, papa, que vous ne manqueriez pas l'hallali.
Toulouse-Lautrec

Un jour enfin il mit sur son lit son épée,
Et se coucha près d'elle, et dit : C'est aujourd'hui !
Victor Hugo, L'Expiation.
(Mort de Napoléon Ier)

Il nous regarde encore, ensuite il se recouche,
Tout en léchant le sang répandu sur sa bouche,
Et, sans daigner savoir comment il a péri,
Refermant ses grands yeux, meurt, sans jeter un cri.
Alfred de Vigny,
La Mort du loup.

Elle en avait fini, songeait-elle, avec toutes les trahisons, les bassesses et les innombrables convoitises qui la torturaient. Elle ne haïssait personne, maintenant ; une confusion de crépuscule s'abattait en sa pensée, et de tous les bruits de la terre, Emma n'entendait plus que l'intermittente lamentation de ce pauvre cœur, douce et indistincte, comme le dernier écho d'une symphonie qui s'éloigne.
Gustave Flaubert,
Madame Bovary.

AGRICULTURE
Labourage et pâturage sont les deux mamelles dont la France est alimentée et les vraies mines et trésor du Pérou. *Sully*

AIL
Ail mince de peau,
Hiver court et beau.

AILE
◆ En avoir dans l'aile.
◆ Voler de ses propres ailes.
◆ Baisser de l'aile.

AIR
L'air glorieux et le regard distrait des hommes que les reines ont aimés.
Alphonse Daudet, Lettres de mon moulin.

J'ai toujours cru que pour réussir dans le monde, il fallait avoir l'air fou et être sage.
Montesquieu

Avec son air de rien, il est bon à tout. *Jules Renard, Journal*

AISANCE
Je suis plus à l'aise sous la mitraille qu'entouré d'un essaim de jolies filles décolletées.
Maréchal Lefebvre

ALBUM
Dans un album,
Mourait fossile
Un géranium
Cueilli aux Îles.
Jules Laforgue

ALLIÉ
Si vous voulez vous faire des ennemis, surpassez vos amis ; mais si vous voulez vous faire des alliés, laissez vos amis vous surpasser.
La Rochefoucauld, Maximes.

ALTRUISME
L'homme le plus heureux est celui qui fait le bonheur d'un plus grand nombre d'autres.
Diderot

Il faut aimer les gens, non pour soi, mais pour eux.
Collin d'Harleville

AMANT

L'amant qui n'est pas tout n'est rien. *Balzac*

Les amis de nos amies sont nos amants.
Nathalie Clifford-Barney

Il y a plus loin d'une femme à son premier amant, que de son premier au dixième.
Diderot

Ce qui fait que les amants et les maîtresses ne s'ennuient pas d'être ensemble, c'est qu'ils parlent toujours d'eux-mêmes. *La Rochefoucauld*

Dans les premières passions les femmes aiment l'amant, et dans les autres elles aiment l'amour. *La Rochefoucauld*

Les amants ne voient les défauts de leurs maîtresses que lorsque leur enchantement est fini. *La Rochefoucauld*

C'est ainsi qu'un amant dont l'ardeur est extrême
Aime jusqu'aux défauts des personnes qu'il aime.
Molière, Le Misanthrope.

(...) D'un amant
Je serai le parfait modèle,
Trop bête pour être inconstant
Et trop laid pour être infidèle.
Alfred de Musset

Quand il boit avec un couple, il paie toujours, pour avoir l'air d'être l'amant.
Jules Renard, Journal.

Un mari qu'on aime d'amour, ce n'est pas un mari, c'est un amant.
Paul-Jean Toulet, Les trois impostures.

Aimer son mari, c'est payer un fournisseur.
Aimer un amant, c'est donner aux pauvres.
Paul-Jean Toulet, Monsieur du Paur, homme public.

Venez, mon bien-aimé, m'enivrer de délices
Jusqu'à l'heure où le jour appelle aux sacrifices.
Alfred de Vigny, La femme adultère.

Aux amants et aux buvants,
Chemin est court
avec le temps.

AMBASSADEUR
Les seuls espions avoués sont les ambassadeurs.
Casanova, Mémoires.

AMBITION
Amour, folie aimable ; ambition sottise sérieuse.
Chamfort, Maximes

L'ambition prend aux petites âmes plus facilement qu'aux grandes, comme le feu prend plus aisément à la paille, aux chaumières qu'aux palais.
Chamfort

Cromwell disait que l'on ne monte jamais si haut que quand on ne sait où l'on va.
Paul de Gondi, cardinal de Retz, Mémoires.

L'ambition est impitoyable : tout mérite qui ne la sert pas est méprisable à ses yeux.
Joseph Joubert, Pensées.

On passe souvent de l'amour à l'ambition, mais on ne revient guère de l'ambition à l'amour.
La Rochefoucauld, Maximes.

Quand on se propose un but, le temps, au lieu d'augmenter, diminue. *Rivarol*

L'ambition et la galanterie étaient l'âme de cette Cour, et occupaient également les hommes et les femmes. Il y avait tant d'intérêts et tant de cabales différentes, et les dames y avaient tant de part, que l'amour était toujours mêlé aux affaires et les affaires à l'amour. Personne n'était tranquille, ni indifférent ; on songeait à s'élever, à plaire, à servir ou à nuire.
Mme de La Fayette
La princesse de Clèves.

Un homme n'est pas malheureux parce qu'il a de l'ambition, mais parce qu'il en est dévoré. *Montesquieu*

J'ai l'ambition qu'il faut pour me faire prendre part aux choses de cette vie ; je n'ai point celle qui pourrait me faire trouver du dégoût dans le poste où la Nature m'a mis.
Montesquieu

Un homme n'est pas malheureux parce qu'il a de l'ambition, mais parce qu'il en est dévoré. *Montesquieu*

Pour exécuter de grandes choses, il faut vivre comme si on ne devait jamais mourir.
Vauvenargues, Réflexions et Maximes

L'ambition ardente exile les plaisirs dès la jeunesse, pour gouverner seule. *Vauvenargues*

Les favoris de la fortune ou de la gloire, malheureux à nos yeux, ne nous détournent point de l'ambition.
Vauvenargues

Savoir où l'on veut aller, c'est très bien ; mais il faut encore montrer qu'on y va.
Émile Zola

◆ C'est l'ambition qui perd les grands hommes.
◆ On ne va jamais si loin que lorsqu'on ne sait pas où l'on va.

AMENDE
Les battus payent l'amende.

ÂME
Sincère et véridique, je manque d'ouverture de cœur ; mon âme tend incessamment à se fermer.
Chateaubriand,

Un grand philosophe plaçait l'âme, la nôtre s'entend, dans la glande pinéale. Si j'en accordais une aux femmes, je sais bien, moi, où je la placerais. *Diderot*

Les moineaux des vieux toits pépient à ma fenêtre,
Ils me regardent dîner, sans faim, à la carte ;
Des âmes d'amis morts les habitent peut-être ?
Jules Laforgue

L'âme a la couleur du regard. L'âme bleue seule porte en elle du rêve, elle a pris son azur aux flots et à l'espace.
Maupassant, Le Horla.

Mon âme, il faut partir. Ma vigueur est passée,
Mon dernier jour est dessus l'horizon.
Tu crains ta liberté. Quoi ! n'es-tu pas lassée
D'avoir souffert soixante ans de prison ?
François Maynard

Mon âme est une infante en robe de parade,
Dont l'exil se reflète, éternel et royal,
Aux grands miroirs déserts d'un vieil Escurial,
Ainsi qu'une galère oubliée en la rade.
Albert Samain,
Au jardin de l'infante.

Votre âme est un paysage choisi
Que vont charmant masques et bergamasques
Jouant du luth et dansant et quasi
Tristes sous leurs déguisements fantasques.
Verlaine, Les Fêtes galantes.

O triste, triste était mon âme
A cause, à cause d'une femme
Paul Verlaine

AMERTUME

L'amertume, c'est très littéraire, mais ce n'est que la bile de l'homme de talent.
Jules Renard, Journal.

Sans son amertume, la vie ne serait pas supportable.
Jules Renard, Journal.

Aimer n'est pas sans amer.

AMI

Faites-vous des amis prompt à vous censurer.
Nicolas Boileau, Satires.

L'amitié délicate et vraie ne souffre l'alliage d'aucun autre sentiment. *Chamfort*

Voulez-vous compter vos amis ? Empruntez-leur de l'argent. *Alexandre Dumas fils*

La moitié d'un ami, c'est la moitié d'un traître.
Victor Hugo,
La Légende des siècles.

Quand mes amis sont borgnes, je les regarde de profil. *Joseph Joubert, Pensées.*

Les amis font toujours plaisir ; si ce n'est pas quand ils arrivent, c'est quand ils partent.
Alphonse Karr

Qu'un ami véritable est une douce chose.
Il cherche vos besoins au fond de votre cœur
Il vous épargne la pudeur
De les lui découvrir vous-même.
Jean de La Fontaine

Rien n'est si dangereux qu'un ignorant ami :
Mieux vaudrait un sage ennemi.
Jean de La Fontaine, L'ours et l'amateur des jardins.

Chacun se dit ami : mais fou qui s'y repose ;
Rien n'est plus commun que le nom,
Rien n'est plus rare que la chose.
Jean de la Fontaine

Si vous voulez vous faire des ennemis, surpassez vos amis ; mais si vous voulez vous faire des alliés, laissez vos amis vous surpasser.
La Rochefoucauld, Maximes.

Un véritable ami est le plus grand de tous les biens et celui de tous qu'on songe le moins à acquérir.
La Rochefoucauld, Maximes.

Si on me presse de dire pourquoi je l'aimais, je sens que cela ne peut s'exprimer qu'en répondant : "Parce que c'était lui, parce que c'était moi."
Montaigne, Essais.

C'est une grande preuve de noblesse que l'admiration survive à l'amitié. *Jules Renard*

Un ami, c'est celui qui devine toujours quand on a besoin de lui. *Jules Renard, Journal.*

Nous avons de l'amour pour une ou deux femmes, de l'amitié pour deux ou trois amis, de la haine pour un seul ennemi, de la pitié pour quelques pauvres ; et le reste des hommes nous est indifférent. *Jules Renard, Journal.*

L'amitié, un oiseau d'amour qui a la queue coupée.
Jules Renard, Journal.

Il n'y a pas d'amis : il y a des moments d'amitié.
Jules Renard, Journal.

Les ronces couvrent le chemin de l'amitié, quand on n'y passe pas souvent.
Rivarol

Sur vingt amis, dix-neuf disent de vous du mal, et le vingtième, qui en dit du bien, le dit mal. *Rivarol*

Que sont mes amis devenus,
Que j'avais de si près tenus
Et tant aimés ?
Rutebeuf, La complainte

Un ami est une traite dont on a oublié le chiffre et dont on ne sait pas l'échéance.
Paul-Jean Toulet, Monsieur du Paur, homme public.

Une amitié acquise, c'est une servitude ; perdue, c'est un deuil.
Paul-Jean Toulet, Monsieur du Paur, homme public.

Toutes les grandeurs de ce monde ne valent pas un bon ami.
Voltaire, Jeannot et Colin.

◆ Un ami est un autre nous-même.
◆ Rien de plus commun que le nom d'un ami, rien de plus rare que la chose.
◆ Qui cesse d'être ami ne l'a jamais été.
◆ Il ne faut pas laisser croître l'herbe sur le chemin de l'amitié.
◆ Qui n'est pas grand ennemi n'est pas grand ami.
◆ Il vaut mieux perdre un bon mot qu'un ami.
◆ Un ami en amène un autre.
◆ Il faut éprouver les amis aux petites occasions et les employer aux grandes.
◆ Il faut louer tout bas ses amis.
◆ Les amis de nos amis sont nos amis.
◆ Il faut se dire beaucoup d'amis et s'en croire peu.
◆ Il est bon d'avoir des amis partout.
◆ C'est toujours fête quand des amis se retrouvent.
◆ Le mort n'a point d'ami,
Le malade n'en a qu'un demi.
◆ L'on ne doit pas pleurer quand son ami est mort.
◆ Le plus bel âge de l'amitié est la vieillesse.
◆ Il faut découdre et non déchirer l'amitié.
◆ L'amitié rompue n'est jamais bien soudée.

AMIS (ARGENT)

Voulez-vous compter vos amis ? Empruntez-leur de l'argent. *Alexandre Dumas fils*

Un ami est une traite dont on a oublié le chiffre et dont on ne sait pas l'échéance.
Paul-Jean Toulet, Monsieur du Paur, homme public.

Si nos amis nous rendent des services, nous pensons qu'à titre d'amis ils nous les doivent, et nous ne pensons pas du tout qu'ils ne nous doivent pas leur amitié.
Vauvenargues,
Réflexions et Maximes.

◆ Au besoin
on connaît l'ami.
◆ Ami au prêter,
ennemi au rendre.
◆ Les bons comptes
font les bons amis.
◆ Il ne faut pas compter
avec ses amis.
◆ Ami vaut mieux
qu'argent.
◆ L'homme pauvre
n'a point d'amis.
◆ Qui a un bon ami
n'est pas pauvre.
◆ L'homme riche ne sait
qui est son ami.

AMIS (DÉFAUTS)

Ceux qui épient d'un œil malin les défauts de leurs amis, les découvrent avec joie. Qui n'est jamais dupe n'est pas ami. *Joseph Joubert, Pensées.*

Qui n'a pas les faiblesses de l'amitié, n'en a pas les forces.
Joseph Joubert, Pensées.

Le plus grand effort de l'amitié n'est pas de montrer nos défauts à un ami ; c'est de lui faire voir les siens.
La Rochefoucauld, Maximes.

Nous pardonnons aisément à nos amis les défauts qui ne nous regardent pas.
La Rochefoucauld, Maximes.

La plupart des amis dégoûtent de l'amitié, et la plupart des dévots dégoûtent de la dévotion. *La Rochefoucauld*

On n'aime pas les défauts de ses amis, mais on y tient.
Jules Renard, Journal.

Nous ne savons pas beaucoup de gré à nos amis d'estimer nos bonnes qualités, s'ils osent seulement s'apercevoir de nos défauts. *Vauvenargues*

AMIE
J'ignorais la douceur féminine. Ma mère
Ne m'a pas trouvé beau. Je n'ai pas eu de sœur.
Plus tard, j'ai redouté l'amante à l'œil moqueur.
Je vous dois d'avoir eu, tout au moins, une amie.
Grâce à vous une robe a passé dans ma vie.
Edmond Rostand, Cyrano de Bergerac.

AMITIÉ (& AMOUR)
Peut-être faut-il avoir senti l'amour pour bien connaître l'amitié. *Chamfort*

Quelque rare que soit le véritable amour, il l'est encore moins que la véritable amitié.
La Rochefoucauld, Maximes.

L'amour et l'amitié s'excluent l'un l'autre. *La Bruyère*

Le temps, qui fortifie les amitiés, affaiblit l'amour.
La Bruyère, Les Caractères.

Ce qui fait que la plupart des femmes sont peu touchées de l'amitié, c'est qu'elle est fade quand on a senti de l'amour.
La Rochefoucauld, Maximes.

Il faut à l'amitié six mois de congé par an pour renouveler son répertoire. L'amour devrait en faire autant.
Jules Renard, Journal.

Amour et amitié, c'est la nuit et le jour.
Jules Renard, Journal.

AMITIÉ & FAMILLE
Le sort fait les parents, le choix fait les amis.
Delille

◆ Un bon ami vaut mieux que cent parents.
◆ On choisit ses amis, on ne choisit pas sa famille.

AMNISTIE
L'amnistie est un acte par lequel les gouvernements pardonnent les injustices qu'ils ont commises.
Pierre Véron

AMOUR

Parler d'amour, c'est faire l'amour. *Balzac, Physiologie du mariage.*

L'amour est pas seulement un sentiment, il est un art aussi. *Honoré de Balzac, La recherche de l'absolu.*

L'amour est la seule passion qui ne souffre ni passé ni avenir. *Honoré de Balzac*

Toutes les femmes, même les dévotes et les sottes, s'entendent en fait d'amour. *Honoré de Balzac, César Birotteau.*

L'amour qui économise n'est jamais le véritable amour. *Honoré de Balzac, Melmoth réconcilié.*

Ce qu'il y a d'ennuyeux dans l'amour, c'est que c'est un crime où l'on ne peut pas se passer de complice. *Charles Baudelaire*

Toute belle femme s'estant une fois essayée au jeu d'amour ne le désapprend jamais. *Brantôme, Vies des dames galantes.*

Quand on n'aime pas trop, on n'aime pas assez. *Bussy-Rabutin*

L'amour, tel qu'il existe dans la société, n'est que l'échange de deux fantaisies et le contact de deux épidermes. *Chamfort,*

Amour, folie aimable ; ambition sottise sérieuse. *Chamfort*

Il y a des redites pour l'oreille et pour l'esprit : il n'y en a point pour le cœur. *Chamfort*

L'hymen vient après l'amour, comme la fumée après la flamme. *Chamfort*

En amour, tout est vrai, tout est faux ; et c'est la seule chose sur laquelle on ne puisse pas dire une absurdité. *Chamfort*

L'amour, c'est l'infini mis à la portée des caniches. *Louis Ferdinand Céline*

L'amour est un duel :
-Bien touché ! Merci.
Tristan Corbière, Les Amours jaunes.

L'amour n'est qu'un plaisir, l'honneur est un devoir.
Pierre Corneille, Le Cid.

(...) Je vous aime
Beaucoup moins que mon Dieu, mais bien plus que moi-même.
Pierre Corneille, Polyeucte.

Il est évidemment bien dur de ne plus être aimé quand on aime, mais cela n'est pas comparable à l'être encore quand on n'aime plus.
Georges Courteline

L'amour ne va pas sans estime. *Alexandre Dumas fils*
Il faut aimer n'importe qui, n'importe quoi, n'importe comment, pourvu qu'on aime.
Alexandre Dumas fils

L'amour, croyait-elle, devait arriver tout à coup, avec de grands éclats et des fulgurations, ouragan des cieux qui tombe sur la vie, la bouleverse, arrache les volontés comme des feuilles et emporte à l'abîme le cœur entier.
Gustave Flaubert, Madame Bovary.

Plaisir d'amour ne dure qu'un moment
Chagrin d'amour dure toute la vie.
Florian

Quand je n'aime plus, j'ai autant d'envie de ne plus être aimé, que j'en ai d'être aimé quand j'aime.
Fontenelle

En art comme en amour, l'instinct suffit. *Anatole France*

Car vois-tu, chaque jour, je t'aime davantage
Aujourd'hui plus qu'hier et moins bien que demain.
Rosemonde Gérard, Les pipeaux.

L'homme commence par aimer l'amour et finit par aimer une femme. La femme commence par aimer un homme et finit par aimer l'amour.
Rémy de Gourmont

Aimer, c'est la moitié de croire. *Victor Hugo, Les chants du crépuscule.*

L'amour qui naît subitement est le plus long à guérir.
La Bruyère, Les caractères.

L'on aime bien qu'une seule fois, c'est la première : les amours qui suivent sont moins involontaires.
La Bruyère, Les caractères.

L'amour et l'amitié s'excluent l'un l'autre. *La Bruyère*

Amour, amour, quand tu nous tiens,
On peut bien dire adieu prudence.
Jean de La Fontaine,
Le lion amoureux.

Amour est un étrange maître.
Heureux qui peut ne le connaître
Que par récit, lui et ses coups.
Jean de La Fontaine,
Le lion amoureux.

Ah ! tu m'aimes, je t'aime !
Que la mort ne nous ait qu'ivres-morts de nous-mêmes !
Jules Laforgue,
Le concile féerique.

Si on juge de l'amour par la plupart de ses effets, il ressemble plus à la haine qu'à l'amitié.
La Rochefoucauld, Maximes.

Il est du véritable amour comme de l'apparition des esprits : tout le monde en parle, mais peu de gens en ont vu.
La Rochefoucauld, Maximes.

Il n'y a point de déguisement qui puisse longtemps cacher l'amour où il est, ni le feindre où il n'est pas.
La Rochefoucauld, Maximes.

Ce qui fait que la plupart des femmes sont peu touchées de l'amitié, c'est qu'elle est fade quand on a senti de l'amour.
La Rochefoucauld, Maximes.

Quelque rare que soit le véritable amour, il l'est encore moins que la véritable amitié.
La Rochefoucauld, Maximes.

N'aimer guère en amour est un moyen assuré pour être aimé. *La Rochefoucauld*

La prudence et l'amour ne sont pas faits l'un pour l'autre : à mesure que l'amour croît, la prudence diminue.
La Rochefoucauld, Maximes.

Il est plus difficile de bien faire l'amour que de bien faire la guerre. *Ninon de Lenclos*

En amour, il n'y a que les commencements qui soient charmants. Je ne m'étonne pas qu'on trouve du plaisir à recommencer souvent.
Prince de Ligne

Quand l'amour parle, il est le maître. *Marivaux*

Amour, tu as été mon maître :
Je t'ai servi sur tous les dieux.
O si je pouvais deux fois naître,
Comme je te servirais mieux !
Clément Marot

Amour est le grand point, qu'importe la maîtresse ?
Qu'importe le flacon, pourvu qu'on ait l'ivresse ?
Alfred de Musset

On ne badine pas avec l'amour.
Alfred de Musset

Se voir le plus possible et s'aimer seulement,
Sans ruse et sans détours, sans honte ni mensonge,
Sans qu'un désir nous trompe, ou qu'un remords nous ronge,
Vivre à deux et donner son cœur à tout moment.
Alfred de Musset

Tu trouveras, dans la joie ou la peine,
Ma triste main pour soutenir la tienne,
Mon triste cœur pour écouter le tien.
Alfred de Musset

Après avoir souffert, il faut souffrir encore ;
Il faut aimer sans cesse, après avoir aimé.
Alfred de Musset

La vie est un sommeil, l'amour en est le rêve,
Et vous auriez vécu si vous aviez aimé.
Alfred de Musset, Poésies.

Et cette maladie qu'était l'amour de Swann avait tellement multiplié, il était si étroitement mêlé à toutes les habitudes de Swann, à tous ses actes, à sa pensée, à sa santé, à son sommeil, à sa vie, même à ce qu'il désirait pour après sa mort, il ne faisait tellement plus qu'un avec lui, qu'on n'aurait pas pu l'arracher de lui sans le détruire lui-même à peu près tout entier : comme on dit en chirurgie, son amour n'était plus opérable.
Proust, Un amour de Swann.

L'amour, c'est l'espace et le temps rendus sensibles au cœur. *Marcel Proust, A la recherche du temps perdu.*

Il faut à l'amitié six mois de congé par an pour renouveler son répertoire. L'amour devrait en faire autant.
Jules Renard, Journal.

Nous avons de l'amour pour une ou deux femmes, de l'amitié pour deux ou trois amis, de la haine pour un seul ennemi, de la pitié pour quelques pauvres ; et le reste des hommes nous est indifférent. *Jules Renard, Journal.*

Amour et amitié, c'est la nuit et le jour. *Jules Renard*

Pourquoi l'amour est-il toujours si mécontent de lui, et pourquoi l'amour-propre en est-il toujours si content ? C'est que tout est recette pour l'un, et que tout est dépense pour l'autre.
Rivarol

L'amour naquit entre deux êtres qui se demandaient le même plaisir.
Rivarol

Et des amours desquelles
nous parlons,
Quand serons morts, n'en sera
plus nouvelle :
Pour ce, aimez-moi cependant
qu'êtes belle.
Pierre de Ronsard

L'amour, l'amour en ce qu'il a de complet et de vraiment passionné, est quelque chose de si terrible que les témoignages même les plus sincères, les plus enivrants, de son bonheur, si on les lui représente après que le délire est passé, deviennent les instruments les plus cruels et les plus empoisonnés de la vengeance. Ce qui fit leur bonheur deviendra leur supplice. Des lettres relues, des vers retrouvés, d'anciennes fleurs et des rubans fanés qui furent chers, des parfums qu'on a trop aimés : supplice !
Sainte-Beuve

Aimer, ce n'est pas se regarder l'un l'autre, c'est regarder ensemble dans la même direction.
Antoine de Saint-Exupéry

L'amour est un je-ne-sais-quoi, qui vient je-ne-sais-où, et qui finit je-ne-sais-quand.
Melle de Scudéry

O volupté calme et profonde
Des amours qui sont nés sans pleurs,
Volupté saine comme une onde
Qui chante sur un lit de fleurs.
Sully Prud'homme, Poésies.

Il n'est si bel amour qui ne laisse parfois sonner une secrète chaîne.
Paul-Jean Toulet, Les trois impostures.

La condition de comprendre, ce n'est pas l'intelligence, c'est l'amour.
Paul-Jean Toulet, Monsieur du Paur, homme public.

Il faut aimer si l'on veut être aimé. *Honoré d'Urfé*

Nous avons eu besoin l'un de l'autre, nous ne nous sommes plus quittés, nos vies se sont entremêlées, et c'est ainsi que l'amour est né.
Vincent Van Gogh

La coutume fait tout, jusqu'en amour.
Vauvenargues, Réflexions et Maximes.

◆ Il faut connaître avant d'aimer.
◆ Quand on n'a pas ce que l'on aime, il faut aimer ce que l'on a.
◆ Aime-moi un peu, mais continue.
◆ Qui se marie par amour A bonnes nuits et mauvais jours.
◆ Après l'amour le repentir.
◆ L'amour porte la musique.
◆ Il n'y a point de laides amours. L'objet qu'on aime est toujours beau.
◆ Heure de nuit, heure de jour, sont toujours bonnes en amour.
◆ Aimer n'est pas sans amer.
◆ L'amour apprend aux ânes à danser.
◆ Amours nouvelles Oublient les vieilles.
◆ Aimer est bon, mieux est être aimé L'un est servir et l'autre dominer.
◆ De bonne amour vient beauté, de fol amour ne vient que mal.
◆ On voit toujours par les yeux de son affection.
◆ L'affection aveugle la raison.

AMOUR & ARGENT

◆ L'amour et la pauvreté font ensemble mauvais ménage.

◆ L'amour ne loge point sous le toit de l'avarice.

◆ Amour fait beaucoup Mais argent fait tout.

AMOUR (PREMIER)

L'on aime bien qu'une seule fois, c'est la première : les amours qui suivent sont moins involontaires.
La Bruyère, Les Caractères.

Telles, je sens au cœur, quand les bruits du monde
Me laissent triste et seul après m'avoir lassé,
La présence éternelle et la douceur profonde
De mon premier amour que j'avais cru passé.
Sully Prud'homme, Poésies.

On revient toujours à ses premières amours.

AMOUR LIBRE

L'amour libre, la seule chose gaie et bonne au monde.
Guy de Maupassant, Le Horla.

AMOUR PASSAGER

L'homme d'un jour n'aime qu'un jour. *Théophile Gautier*

Amour et les fleurs ne durent qu'un Printemps.
Pierre de Ronsard

AMOUR & SOCIÉTÉ

L'amour, tel qu'il existe dans la société, n'est que l'échange de deux fantaisies et le contact de deux épidermes.
Chamfort, Maximes

L'amour n'est qu'un plaisir, l'honneur est un devoir.
Pierre Corneille, Le Cid.

Si les hommes n'entendent rien au cœur des femmes, les femmes n'entendent rien à l'honneur des hommes.
Alexandre Dumas fils, Denise.

L'amour est un larcin que l'état de nature fait à l'état social. *Rivarol*

L'amour, dans l'état social, n'a peut-être de raisonnable que sa folie. *Rivarol*

Mieux vaut aimer bergères que princesses.

AMOUR & VIEILLESSE

C'est une grande difformité dans la nature qu'un vieillard amoureux.
La Bruyère, Les Caractères.

Dans la vieillesse de l'amour comme dans celle de l'âge on vit encore pour les maux, mais on ne vit plus pour les plaisirs.
La Rochefoucauld, Maximes.

L'amour est le roi des jeunes gens, et le tyran des vieillards.
Louis XII

L'amour et la scarlatine sont plus dangereux à proportion qu'on a vieilli.
Paul-Jean Toulet, Monsieur du Paur, homme public.

Vieilles amours et vieux tisons
S'allument en toutes saisons.

AMOUR-PROPRE

Ôter l'amour-propre de l'amour, il en reste trop peu de chose. *Champfort, Maximes*

L'amour-propre est le plus grands de tous les flatteurs.
La Rochefoucauld, Maximes

L'amour-propre est le plus grands de tous les flatteurs.
La Rochefoucauld, Maximes.

L'amour-propre est plus habile que le plus habile homme du monde. *La Rochefoucauld*

L'orgueil ne veut pas devoir, et l'amour-propre ne veut pas payer. *La Rochefoucauld*

On n'aurait guère de plaisir si on ne se flattait jamais.
La Rochefoucauld, Maximes.

La férocité naturelle fait moins de cruels que l'amour-propre. *La Rochefoucauld*

Pourquoi l'amour est-il toujours si mécontent de lui, et pourquoi l'amour-propre en est-il toujours si content ? C'est que tout est recette pour l'un, et que tout est dépense pour l'autre. *Rivarol*

Est-il contre la raison ou la justice de s'aimer soi-même ? Et pourquoi voulons-nous que l'amour-propre soit toujours un vice ? *Vauvenargues*

L'amour n'est pas si délicat que l'amour-propre.
Vauvenargues,
Réflexions et Maximes.

Nous n'avons pas assez d'amour-propre pour dédaigner le mépris d'autrui.
Vauvenargues,
Réflexions et Maximes.

L'amour-propre est un ballon gonflé de vent dont il sort des tempêtes quand on y fait une piqûre. *Voltaire*

AMOUREUSES
Où sont nos amoureuses ?
Elles sont au tombeau !
Elles sont plus heureuses
Dans un séjour plus beau.
Gérard de Nerval

AMOUREUX
L'amoureux est presque toujours un homme qui, ayant trouvé un charbon ardent, le met dans sa poche en croyant que c'est un diamant.
Alphonse Karr

AMUSEMENT
Les hommes ont une pente merveilleuse à s'imaginer qu'ils amuseront les autres par les mêmes moyens par lesquels ils sentent qu'ils peuvent être eux-mêmes amusés.
Paul de Gondi, cardinal de Retz, Mémoires.

ANAGRAMME
Marie, qui voudrait votre nom retourner,
Il trouverait Aimer…
Pierre de Ronsard

Pierre de Ronsard
Rose de Pindare.

ANCÊTRE
Se glorifier de ses ancêtres, c'est chercher, dans les racines, des fruits que l'on devrait trouver dans les branches.
Mme Rolland

ÂNE
◆ Âne avec le cheval ne doit s'atteler.
◆ C'est folie de faire boire un âne s'il n'a pas soif.
◆ Chante à ton baudet, il te fera un pet.

ÂNE

Quand je vois arriver la nuit, j'en ai les sueurs qui me prennent, comme l'âne de Capitou quand il voyait venir le bât.
Alphonse Daudet,
Lettres de mon moulin.

Le plus âne des trois n'est pas celui qu'on pense.
Jean de La Fontaine,
Le meunier, son fils et l'âne.

ANECDOTE

Je n'aime dans l'histoire que les anecdotes, et parmi les anecdotes, je préfère celles où j'imagine trouver une peinture vraie des mœurs et des caractères à une époque donnée.
Prosper Mérimée, Chronique du règne de Charles IX.

ANGÉLUS

Cependant, s'élançant de la flèche gothique,
Un son religieux se répand dans les airs :
Le voyageur s'arrête, et la cloche rustique
Aux derniers bruits du jour mêle de saints concerts.
Alphonse de Lamartine,
Les Méditations.

ANGLAIS

L'amour des Anglais pour la liberté se complique d'une certaine acceptation de la servitude d'autrui.
Victor Hugo

Les Anglais sont occupés, ils n'ont pas le temps d'être polis.
Montesquieu

ANGLETERRE

L'Angleterre, cette colonie française qui a mal tourné.
Georges Clemenceau

ANIMAL

Je chante les héros dont Ésope est le père,
Troupe de qui l'histoire, encor est mensongère,
Contient des vérités qui servent de leçons (...)
Jean de La Fontaine

Je me sers d'animaux pour instruire les hommes.
Jean de La Fontaine

ANNÉE

L'année est une couronne qui se compose de fleurs, d'épis, de fruits et d'herbes sèches.
Joseph Joubert, Pensées.

ANTHROPOPHAGE
On dit qu'il y a des anthropophages ; je le sais, mais cela n'a pas dû être long ; ils ont dû mourir empoisonnés.
Lamennais

AOÛT

◆ Temps trop beau en août
Annonce hive
en courroux.
◆ Août tarit les fontaines
ou emporte les ponts.
◆ Qui dort en août
dort à son coût.
◆ Quiconque se marie
en août
Souvent n'amasse rien
du tout.
◆ Quand il pleut en août
Il pleut miel et bon moût.

APPARENCES
Dans les grandes choses, les hommes se montrent comme ils leur convient de se montrer ; dans les petites, ils se montrent comme ils sont.
Chamfort, Maximes

Il y a des sottises bien habillées, comme il y a des sots très bien vêtus.
Chamfort,
Maximes et Pensées.

Garde-toi, tant que vivras,
De juger les gens sur la mine.
Jean de La Fontaine, Fables

Il faut que les jeunes gens qui entrent dans le monde soient honteux ou étourdis : un air capable et composé se tourne d'ordinaire en impertinence.
La Rochefoucauld, Maximes.

Le plus souvent l'apparence déçoit :
Il ne faut pas toujours juger sur ce qu'on voit.
Molière, Le Tartuffe.

Mon Dieu, le plus souvent l'apparence déçoit :
Il ne faut pas toujours juger sur ce qu'on voit.
Molière, Tartuffe.

Le grand art de l'homme fin est de ne le point paraître.
Montaigne, Essais.

J'ai toujours vu que pour réussir dans le monde, il fallait avoir l'air fou et être sage.
Montesquieu

Si l'on jugeait les choses sur les apparences, personne n'aurait jamais voulu manger un oursin. *Marcel Pagnol*

Si le fils d'un meunier, avec tant de vitesse,
Gagne le cœur d'une princesse,
Et s'en fait regarder avec des yeux mourants,
C'est que l'habit, la mine et la jeunesse,
Pour inspirer de la tendresse,
N'en sont pas des moyens toujours indifférents.
Charles Perrault, Le chat botté.

◆ Le moine, la nonne et la béguine, sont fort pires qu'ils n'en ont la mine.
◆ On ne connaît ni les gens aux robes, ni les chiens au poil.
◆ Chien hargneux a toujours les oreilles déchirées.
◆ Tel semble être bon par dehors, qui sent mauvais par dedans.
◆ Tel a beaux yeux qui ne voit goutte.
◆ Le singe est toujours singe, fût-il déguisé en prince.
◆ Il vaut mieux faire envie que pitié.
◆ Tous ceux qui dansent ne sont pas joyeux.
◆ Beau noyau gît sous faible écorce.
◆ Il ne faut pas se fier aux apparences.

Avec son air de rien, il est bon à tout. *Jules Renard*

Les faibles veulent parfois qu'on les croie méchants ; mais les méchants veulent passer pour bons. *Vauvenargues*

APPEL
Qui m'aime me suive !
Philippe VI, en campagne.

APPÉTIT
L'appétit vient en mangeant, la soif s'en va en buvant.
Rabelais, Gargantua.

Pain dérobé réveille l'appétit.

APPRENTISSAGE
◆ C'est en forgeant que l'on devient forgeron.
◆ Les enfants sont tels qu'on les fait.
◆ Ce qu'on apprend au berceau, dure jusqu'au tombeau.
◆ En se trompant on apprend.
◆ Le bon écuyer fait le bon chevalier.
◆ Apprentis ne sont pas maîtres.
◆ L'instruction ne porte de fruit qu'autant que la nature la seconde.
◆ Tel couteau tel fourreau.

APPLAUDISSEMENTS
N'applaudissez pas sur les joues d'autrui. *Victor Hugo*

ARBRES
L'arbre est un animal paralysé.
Jules Renard, Journal.

ARC-EN-CIEL
Arc-en-ciel, l'écharpe du tonnerre.
Jules Renard, Journal.

L'Arc de triomphe du paysan, c'est l'arc-en-ciel.
Jules Renard, Journal.

◆ Arc-en-ciel du matin
Pluie sans fin.
◆ L'arc-en-ciel du soir
Fait le beau temps paroir.

ARGENT
L'argent va à ceux qui l'honorent.
Alain, Propos sur le bonheur.

Le sang du pauvre, c'est l'argent. *Léon Bloy*

L'argent est le nerf de la guerre. *Catherine de Médicis*

Mépriser l'argent, c'est détrôner un roi.*Chamfort, Maximes*

Oh ! argent que j'ai tant méprisé et que je ne puis aimer quoi que je fasse, je suis forcé d'avouer que tu as pourtant ton mérite : source de la liberté, tu arranges mille choses dans notre existence, et tout est difficile sans toi.
Chateaubriand, Mémoires d'outre-tombe.

Je n'ai d'argent qu'en mes cheveux. *Charles Cros*

N'estime l'argent ni plus ni moins qu'il ne vaut : c'est un bon serviteur, et un mauvais maître.
Alexandre Dumas fils, La dame aux Camélias.

Point d'argent, point de Suisse, et ma porte est close.
Jean Racine, Les plaideurs.

Si l'argent ne fait pas le bonheur. Rendez-le !
Jules Renard

Si plaie d'argent n'est pas mortelle, elle ne se ferme jamais. *Jules Renard, Journal.*

On a tout avec de l'argent, hormis des mœurs et des citoyens. *Rousseau*

L'argent est une troisième main. *Paul-Jean Toulet*

L'argent, jusqu'à ce jour, était le fumier dans lequel poussait l'humanité de demain ; l'argent, empoisonneur et destructeur, devenait le ferment de toute végétation sociale, le terreau nécessaire aux grands travaux qui facilitent l'existence. *Émile Zola, L'argent.*

◆ L'argent est un bon serviteur, mais c'est un mauvais maître.
◆ L'argent est un remède à tout mal, hormis à l'avarice.
◆ Plaie d'argent n'est pas mortelle.
◆ L'argent est rond pour rouler, l'argent est plat pour s'entasser.
◆ L'argent n'a pas d'odeur.
◆ Qui n'a point argent en bourse ait miel en bouche.
◆ Amour fait beaucoup Mais argent fait tout.
◆ Argent fait perdre et pendre gens.
◆ Argent fait rage Et amour mariage.
◆ Rien n'est plus éloquent Que le son de l'argent.

ARGILE Dans l'argile sable vaut fumier.

ARGOT
L'argot, c'est la langue des ténébreux. *Victor Hugo*

ARME
L'armée est une nation dans la nation ; c'est un vice de nos temps. *Alfred de Vigny*

ARMES
Un empire fondé par les armes a besoin de se soutenir par les armes. *Montesquieu*

ARRIÈRE-SAISON
Goûter, en regrettant l'été blanc et torride,
De l'arrière-saison le rayon jaune et doux !
Charles Baudelaire, Les Fleurs du Mal.

Ah ! laisse refleurir encor
Ces lueurs d'arrière-saison !
Le soir d'été qui s'évapore
Laisse une pourpre à l'horizon.
Oui, meurs en brûlant, ô mon âme,
Sur ton bûcher d'illusions,
Comme l'astre éteignant sa flamme
S'ensevelit dans ses rayons !
Lamartine, Les Méditations.

ARRIVISME

Pour arriver, il faut mettre de l'eau dans son vin jusqu'à ce qu'il n'y ait plus de vin.
Jules Renard, Journal.

◆ Il y en a qui, étant montés, voudraient bien tirer l'échelle après eux.
◆ Un clou chasse l'autre.

ART

L'amour n'est pas seulement un sentiment, il est un art aussi.
Honoré de Balzac,
La recherche de l'absolu.

Une œuvre d'art, c'est le moyen d'une âme.
Maurice Barrès

Bien qu'on ait du cœur à l'ouvrage
L'art est long et le Temps est court.
Charles Baudelaire,
Les Fleurs du Mal.

En art comme en amour, l'instinct suffit.
Anatole France

L'art est l'habileté réduite en théorie.
Joseph Joubert, Pensées.

Tout passe. L'art robuste
Seul a l'éternité,
Le buste
Survit à la cité.
Théophile Gautier,
Émaux et Camées.

Les petits esprits ne tiennent jamais pour naturel rien de ce que l'art peut produire.
Paul de Gondi, cardinal de Retz, Mémoires.

L'objet de l'art est d'unir la matière aux formes qui sont ce que la nature a de plus vrai, de plus beau et de plus pur.
Joseph Joubert, Pensées.

Être naturel dans les arts, c'est être sincère.
Joseph Joubert, Pensées.

L'art est un anti-destin.
André Malraux

Par l'art seulement nous pouvons sortir de nous, savoir ce que voit un autre de cet univers qui n'est pas le même que le nôtre, et dont les paysages nous seraient restés aussi inconnus que ceux qu'il peut y avoir dans la lune.
Marcel Proust,
Un amour de Swann.

L'art : pousser un peu du doigt la vérité. *Jules Renard*

Un art qui a de la vie ne reproduit pas le passé ; il le continue. *Auguste Rodin*

Aurions-nous cultivé les arts, sans les passions ?
Vauvenargues

L'art est de cacher l'art.

ARTISAN
A l'œuvre, on connaît l'artisan.
Jean de La Fontaine, Le frelon et les mouches à miel.

ARTISTE
Il en est de certains artistes comme du duc de Guise : ils paraissent plus grands couchés que debout.
Jules Clarétie

La nature est une œuvre d'art, mais Dieu est le seul artiste qui existe, et l'homme n'est qu'un arrangeur de mauvais goût. *George Sand, François le Champi.*

Le savant généralise, l'artiste individualise.
Jules Renard, Journal.

L'artiste ne compte que sur l'imprévu.
Jules Renard, Journal.

La netteté est le vernis des maîtres. *Vauvenargues*

ASCENSION SOCIALE
Au plus élevé trône du monde, si ne sommes assis que sur notre cul.
Montaigne, Essais.

Le difficile n'est pas de monter, mais, en montant, de rester soi.
Michelet, Le Peuple.

La fortune exige des soins. Il faut être souple, amusant, cabaler, n'offenser personne, plaire aux femmes et aux hommes en place, se mêler des plaisirs et des affaires, cacher sons secret, s'avoir s'ennuyer la nuit à table, et jouer trois quadrilles sans quitter sa chaise : même après tout cela, on n'est sûr de rien. Combien de dégoûts et d'ennuis ne pourrait-on pas s'épargner, si on osait aller à la gloire par le seul mérite !
Vauvenargues,
Réflexions et Maximes.

J'ai toujours vu que pour réussir dans le monde, il fallait avoir l'air fou et être sage.
Montesquieu

Tel brille au second rang qui s'éclipse au premier.
Voltaire, La Henriade.

◆ Chacun veut être un homme de bien.
◆ Plus le singe s'élève, plus il montre son cul pelé.

ASIE
Laissez-moi un peu regarder du côté de la plus haute Asie, vers le profond Orient. J'ai là mon immense poème.
Michelet

ASILE
L'asile le plus sûr est le sein d'une mère.
Florian, Fables.

On construit des maisons de fous pour faire croire à ceux qui n'y sont pas enfermés qu'ils ont encore la raison.
Montaigne

ASSASSINAT
On tue un homme, on est un assassin. On tue des millions d'hommes, on est un conquérant. On les tue tous, on est un dieu. *Jean Rostand*

Elle me résistait, je l'ai assassinée.
Alexandre Dumas, Antony.

Ah, le méchant moine, il m'a tué !
Henri III, poignardé par le moine Clément.

ASSISTANCE
Aide-toi, le ciel t'aidera.
Jean de La Fontaine, Le chartier embourbé.

◆ Un peu d'aide fait grand bien.
◆ Qui a peu Dieu lui donne.

ASSOCIATION
Je marcherai pour vous, vous y verrez pour moi.
Florian, L'aveugle et le paralytique.

ASTROLOGUE
Astrologue parle bien d'avenir,
Mais il ne le fait pas venir.

ASTRONOME
Il est tard ; l'astronome aux veilles obstinées,
Sur sa tour, dans le ciel où meurt le dernier bruit
Cherche des îles d'or, et le front dans la nuit,
Regarde à l'infini blanchir des matinées.
Sully Prud'homme, Poésies.

ATHÉISME
Une société d'athées inventerait aussitôt une religion.
Balzac, La catéchisme social.

C'est une méchante manière de raisonner que de rejeter ce qu'on ne peut comprendre.
Chateaubriand,
Génie du christianisme.

L'incrédulité est quelquefois le vice d'un sot, et la crédulité le défaut d'un homme d'esprit.
Diderot,
Pensées philosophiques.

L'athéisme dresse contre Dieu un procès-verbal de carence.
Victor Hugo

L'incroyance est la ruine non seulement des individus, mais des sociétés.
Lammenais

Ce n'est pas la science qui est irréligieuse ; ce sont les savants. *Paul-Jean Toulet*

L'impie dit à Dieu : pourquoi as-tu fait des misérables ?
Vauvenargues,
Réflexions et Maximes.

◆ Vous êtes confrères de saint Thomas, et ne voulez croire les choses si vous ne les voyez.

ATTENDRISSEMENT
Celui qui sait attendrir sait tout. *Alphonse de Lamartine*

ATTENTE
Tout vient à point à qui sait attendre. *Clément Marot*

Ne t'attends qu'à toi seul.
Jean de La Fontaine,
L'Alouette et ses petits.

"Anne, ma sœur Anne, ne vois-tu rien venir ?" Et la sœur Anne lui répondait : "Je ne vois rien que le soleil qui poudroie, et l'herbe qui verdoie".
Charles Perrault,
La Barbe bleue.

◆ L'attente tourmente.
◆ Il faut attendre le boiteux.

ATTENTION
Écouter est une politesse qu'un homme d'esprit fait souvent à un sot mais que celui-ci ne lui rend jamais.
Pierre-Adrien Decourcelle

Qui se tient aux écoutes entend souvent son fait.

AUBE
L'aube d'un jour sinistre a blanchi les hauteurs.
José Maria de Heredia, Les Trophées.

J'ai embrassé l'aube d'été.
Arthur Rimbaud, Illuminations.

AUBERGE
Vous souvient-il de l'auberge
Et combien j'y fus galant ?
Vous étiez en piqué blanc :
On eût dit la Sainte Vierge.
De l'auberge dans les Landes
Je rêve, -et voudrais revoir
L'hôtesse au sombre mouchoir,
Et la glycine en guirlandes.
Paul-Jean Toulet, Les Contrerimes.

AUDACE
Messieurs, il faut de l'audace, encore de l'audace et toujours de l'audace et la France est sauvée.
Danton, Discours du 2/9/1792 à l'Assemblée législative.

Il existe de par les chemins une race de gens qui, au lieu d'accepter une place que leur offrait le monde, ont voulu s'en faire une tout seul, à coup d'audace ou de talent.
Jules Vallès, Les Réfractaires.

AUMÔNE
Vous sortiez de l'église et, d'un geste pieux,
Vos nobles mains faisaient l'aumône au populaire,
Et sous le porche obscur votre beauté si claire
Aux pauvres éblouis montrait tout l'or des cieux.
José Maria de Heredia, Les trophées.

Elle donnait comme on dérobe,
En se cachant aux yeux de tous.
Victor Hugo

AURORE
L'aurore grelottante en robe rose et verte
S'avançait lentement sur la Seine déserte,
Et le sombre Paris, en se frottant les yeux,
Empoignait ses outils, vieillard laborieux.
Charles Baudelaire,
Les Fleurs du Mal.

AUSTERLITZ (2-12-1805)
Il dit, en galopant sur le front de bandière :
"Soldats, il faut finir par un coup de tonnerre !"
Il va, tachant de gris l'état-major vermeil ;
L'armée est une mer ; il attend le soleil ;
Il le voit se lever du haut d'un promontoire ;
Et, d'un sourire, il met ce soleil dans l'Histoire !
Edmond Rostand, L'Aiglon.

AUTEUR
Un auteur doit être dans un livre comme la police dans la ville : partout et nulle part.
Jules et Edmond Goncourt,
Journal.

C'est un métier que de faire un livre, comme de faire une pendule : il faut plus que de l'esprit pour être auteur.
Jean de La Bruyère,
Les caractères.

La fureur de la plupart des Français, c'est d'avoir de l'esprit, et la fureur de ceux qui veulent avoir de l'esprit, c'est de faire des livres.
Montesquieu

AUTOCRITIQUE
Ne t'attends qu'à toi seul.
Jean de La Fontaine,
L'Alouette et ses petits.

Le vrai moyen d'être trompé, c'est de se croire plus fin que les autres.
La Rochefoucauld, Maximes.

Nos ennemis approchent plus de la vérité dans les jugements qu'ils font de nous que nous n'en approchons nous-mêmes.
La Rochefoucauld, Maximes.

Qui se connaît, connaît aussi les autres ; car chaque homme porte la forme entière de l'humaine condition.
Montaigne, Essais.

Je préfère être détesté pour ce que je suis plutôt que d'être aimé pour ce que je ne suis pas. *Georges Simenon*

Apprends à te connaître : tu t'aimeras moins ; et à connaître les autres : tu ne les aimeras plus. *Paul-Jean Toulet*

Dans ta vie, il faut apprendre à compter ; mais non pas sur les autres. *Paul-Jean Toulet*

Je suis flexible comme un anguille et vif comme un lézard et travaillant toujours comme un écureuil. *Voltaire*

- ◆ Connais-toi toi-même.
- ◆ Il ne faut pas mesurer les autres à son aune.

AUTOMNE
L'automne fait les bruits froissés
De nos tumultueux baisers.(...)
Charles Cros

Déjà plus d'une feuille sèche
Parsème les gazons jaunis ;
Soir et matin, la brise est fraîche,
Hélas ! les beaux jours sont finis !
Théophile Gautier,
Émaux et camées.

Un caractère moral s'attache aux scènes de l'automne : ces feuilles qui tombent comme nos ans, ces fleurs qui se fanent comme nos heures, ces nuages qui fuient comme nos illusions, cette lumière qui s'affaiblit comme notre intelligence, ce soleil qui se refroidit comme nos amours, ces fleuves qui se glacent comme notre vie, ont des rapports secrets avec nos destinées.
Chateaubriand,
Mémoires d'outre-tombe.

Automne, automne, adieux de l'Adieu !
La tisane bout, noyant mon feu ;
Le vent s'époumone
A reverdir la bûche où mon grand cœur tisonne.
Jules Laforgue,
Les Complaintes.

Salut ! bois couronnés d'un reste de verdure !
Feuillages jaunissant sur les gazons épars !
Salut derniers beaux jours ! le deuil de la nature
Convient à la douleur et plaît à mes regards !
Alphonse de Lamartine,
Les Méditations.

Et puis, avec les premières brumes de l'automne on rentre au foyer, à Paimpol ou dans les chaumières éparses du pays de Goëlo, s'occuper pour un temps de famille et d'amour, de mariages et de naissances. Presque toujours on trouve là des petits nouveaux-nés, conçus l'hiver d'avant, et qui attendent des parrains pour recevoir le sacrement de baptême. *Pierre Loti,*
Pêcheur d'Islande.

Souvenir, souvenir, que me veux-tu ? L'automne
Faisait voler la grive à travers l'air atone,
Et le soleil dardait un rayon monotone
Sur le bois jaunissant où la bise détone.
Paul Verlaine,
Poèmes saturniens.

Les sanglots longs
Des violons
De l'automne.
Paul Verlaine

L'automne est un andante mélancolique et gracieux qui prépare admirablement le solennel adagio de l'hiver.
George Sand

◆ Chaleur en automne
pique fort
Et cause à bien des gens
la mort.
◆ D'été bien chaud
vient un automne
◆ Pendant lequel souvent
il tonne.

AUTORITÉ

Quand on veut gouverner les hommes, il ne faut pas les chasser devant soi ; il faut les faire suivre.*Montesquieu*

L'autorité contraint à l'obéissance, mais la raison y persuade.
Cardinal de Richelieu

◆ Quand Dieu ne veut
le saint ne peut.
◆ N'est pas maître
qui n'ose commander.
◆ Volonté de roi fait loi.
◆ Dure chose est regimber
contre aiguillon.

AUTOSATISFACTION

Il est doux d'être aimé pour soi-même. *Beaumarchais*

Je sais ce que je vaux et crois ce qu'on m'en dit. *Corneille*

On reproche aux gens de parler d'eux-mêmes, c'est pourtant le sujet qu'ils traitent le mieux. *Anatole France*
On renonce plus aisément à son intérêt qu'à son goût.
La Rochefoucauld, Maximes.

Les ouvrages communs durent quelques années ;
Ce que Malherbe écrit dure éternellement.
François de Malherbe
La raison et l'extravagance, la vertu et le vice ont leurs heureux. Le contentement n'est pas la marque du mérite.
Vauvenargues,
Réflexions et Maximes.

L'admiration est un sentiment qu'on éprouve quand on se regarde devant un miroir.
Pierre Véron

◆ A un chacun
sent bon sa merde.
◆ Chacun en sa beauté
se mire.
◆ Charité bien ordonnée
commence par soi-même.

AUTRUI

L'homme le plus heureux est celui qui fait le bonheur d'un plus grand nombre d'autres.
Diderot

Pour vivre en paix avec tout le monde, il ne suffit pas de ne point se mêler des affaires d'autrui, il faut encore souffrir qu'autrui se mêle des vôtres.
Fréron

Il faut aimer les gens, non pour soi, mais pour eux.
Collin d'Harleville

Nous avons assez de force pour supporter les maux d'autrui.
La Rochefoucauld, Maximes.

Dans ta vie, il faut apprendre à compter ; mais non pas sur les autres.
Paul-Jean Toulet, Monsieur du Paur, homme public.

Apprends à te connaître : tu t'aimeras moins ; et à connaître les autres : tu ne les aimeras plus. *Paul-Jean Toulet*

Ceux qui croient n'avoir plus besoin d'autrui deviennent intraitables. *Vauvenargues*

> N'attends jamais d'autrui ce que tu peux toi-même faire.

AVARICE
Quand l'avarice se propose un but, elle cesse d'être un vice, elle est le moyen d'une vertu.
Honoré de Balzac, Béatrix.

A femme avare galant escroc.
La Fontaine, Contes.

Bon roi, roi avare.
Louis XII

Un avare est un imbécile qui se laisse mourir de faim pour garder de quoi vivre.
Charles Narrey

L'avare se moque du prodigue, le prodigue de l'avare : ils se prennent réciproquement pour des dupes. *Rivarol*

Cy-gît qui se plut tant à prendre
Et qui l'avait si bien appris,
Qu'elle aima mieux mourir que rendre
Un lavement qu'elle avait pris.
Scarron

- L'amour ne loge point sous le toit de l'avarice.
- L'argent est un remède à tout mal, hormis à l'avarice.
- Quand l'avarice entre au cerveau Vénus s'en va.
- L'avare n'est jamais charitable.
- L'avare et le cochon ne sont bons qu'à leur mort.
- A père avare, enfant prodigue.
- Quand tous les vices sont vieux, l'avarice est encore jeune.
- L'avarice est comme le feu, plus on y met de bois, plus il brûle.
- Homme chiche n'est jamais riche.
- L'avare manque aussi bien de ce qu'il a de ce qu'il n'a pas.

L'avarice annonce le déclin de l'âge et la fuite précipitée des plaisirs. *Vauvenargues*

L'avarice est la dernière et la plus absolue de nos passions.
Vauvenargues,
Réflexions et Maximes.

AVENIR

Les vieillards sont assez enclins à doter de leurs chagrins l'avenir des jeunes gens.
Honoré de Balzac,
La Femme de trente ans.

Il faut laisser le passé dans l'oubli et l'avenir à la Providence. *Bossuet*

L'avenir est ce qu'il y a de pire dans le présent.
Gustave Flaubert

L'avenir est un lieu commode pour y mettre les songes.
Anatole France

L'avenir n'est interdit à personne. *Léon Gambetta*

Le présent touche toujours, sans comparaison, davantage les âmes faibles que l'avenir même le plus proche.
Cardinal de Retz, Mémoires.

Non, l'avenir n'est à personne !
Sire ! l'avenir est à Dieu !
Victor Hugo,
Les Chants du crépuscule.

L'avenir n'est peut-être qu'un perfectionnement.
Jules Renard, Journal.

Peut-être l'avenir me gardait-il encore
Un retour de bonheur dont l'espoir est perdu ?
Peut-être, dans la foule, une âme que j'ignore
Aurait compris mon âme, et m'aurait répondu !...
Alphonse de Lamartine,
Les Méditations.

Je me trouve dans un engagement qui m'embarrasse : je suis embarquée dans la vie sans mon consentement ; il faut que j'en sorte, cela m'assomme ; et comment en sortirai-je ? par où ? par quelle porte ? quand sera-ce ? en quelle disposition ? Souffrirai-je mille et mille douleurs, qui me feront mourir désespérée ? aurai-je un transport au cerveau ? mourrai-je d'un accident ? Comment serai-je avec Dieu ? qu'aurai-je à lui présenter ?
Mme de Sévigné, Lettres.

Ma foi, sur l'avenir bien fou qui se fiera :
Tel qui rit vendredi dimanche pleurera.
Jean Racine, Les Plaideurs.

Nous entrons dans l'avenir à reculons. *Paul Valéry*

◆ Nul ne sait ce que lui garde l'avenir.
◆ Il ne faut se fier sur l'avenir.
◆ Par le passé l'on connaît l'avenir.
◆ Bien fou qui s'inquiète de l'avenir.

AVERSION
Une grande aversion présente est souvent le seul signe d'un grand amour passé.
Sainte-Beuve

J'ai conçu pour mon crime une juste terreur ;
J'ai pris la vie en haine, et ma flamme en horreur.
Jean Racine, Phèdre.

AVERTISSEMENT
Père, gardez-vous à droite ; père, gardez-vous à gauche.
Philippe II le Hardi, Bataille de Poitiers 1356.

AVEU
Sidonie a plus d'un amant
C'est une chose bien connue
Qu'elle avoue, elle, fièrement.
Charles Cros

Il est loin le temps des aveux
Naïfs, des téméraires vœux !
Charles Cros, Le Coffret de santal.

Il est, à mon sens, d'un plus grand homme de savoir avouer sa faute que de savoir ne la pas faire.
Paul de Gondi, cardinal de Retz, Mémoires.

Non non, mon cher amour je ne vous aimais pas !
Edmond Rostand, Cyrano de Bergerac.

AVEUGLEMENT
Nous courons sans souci dans le précipice, après que nous avons mis quelque chose devant nous pour nous empêcher de le voir.
Pascal, Pensées.

AVIDITÉ

Les vertus se perdent dans l'intérêt, comme les fleuves se perdent dans la mer.
La Rochefoucauld, Maximes.

L'homme a plus d'ardeur pour acquérir que pour conserver.
Rivarol

◆ Plus a le diable
et plus il veut avoir.
◆ Autant croît le désir
que le trésor.
◆ Plus on a,
plus on veut avoir.
◆ Qui s'enrichit en six
mois se fait quelquefois
pendre au bout d'un an.
◆ Qui trop embrasse
mal étreint.
◆ Qui plus a, plus convoite.

AVIS

Les gens du même avis ne sont jamais d'accord.
Delaville, Le Folliculaire.

Autant de têtes, autant d'avis.
Jean de La Fontaine,
Le meunier, son fils et l'âne.

Si on m'avait demandé mon avis, j'aurais bien aimé à mourir entre les bras de ma nourrice : cela m'aurait ôté bien des ennuis, et m'aurait donné le Ciel bien sûrement et bien aisément ; mais parlons d'autre chose. *Mme de Sévigné*

Je pardonne aux gens de n'être pas de mon avis, je ne leur pardonne pas de n'être pas du leur.
Talleyrand

◆ Le bedeau de la paroisse
est toujours de l'avis
de monsieur le curé.
◆ Les gens du même avis
ne sont jamais d'accord.
◆ Un bon avis vaut
un œil dans la main.

AVOCAT

La gloire d'un bon avocat consiste à gagner de mauvais procès. *Honoré de Balzac,*

L'affection ou la haine change la justice de face. Et combien un avocat bien payé par avance trouve-t-il plus juste la cause qu'il plaide ?
Pascal, Pensées.

Ce serait beau, l'honnêteté d'un avocat qui demanderait la condamnation de son client !
Jules Renard, Journal.

◆ Avocats se querellent,
et vont boire ensemble.
◆ Quand l'avocat prête,
il achète.
◆ Le vent n'entre jamais
dans la maison d'un avocat.

AZUR
Où fuir dans la révolte inutile
et perverse ?
Je suis hanté. L'Azur !
L'Azur ! L'Azur ! L'Azur !
Stéphane Mallarmé, Poésies.

AVRIL
◆ Lune d'avril
Ne passe pas sans gelée.
◆ Avril froid
pain et vin donne.
◆ Gelée d'avril ou de mai
Misère nous prédit au vrai.
◆ Au mois d'avril
ne quitte pas un fil ;
Au mois de mai
va comme il te plaît.
◆ Quand il tonne en avril
Prépare tes barils.
◆ Bourgeon qui pousse
en avril
Met peu de vin au baril.
◆ Avril le doux
Quand il se fâche
le pire de tous.
◆ Le mois d'avril est cousu
de mauvais fil.
◆ Fleur d'avril
Tien par un fil.
◆ En avril nuée,
en mai rosée.
◆ La pluie d'avril
remplit les greniers.
◆ Mars venteux
et avril pluvieux
Font le mai gai et gracieux.

B

BADAUDS
Le peuple de Paris est tant sot, tant badaud et tant inepte de nature, qu'un bateleur, un porteur de rogatons, un mulet avec ses cymbales, un vielleux au milieu d'un carrefour, assemblera plus de gens que ne ferait un bon prêcheur évangélique. *François Rabelais*

BAISER
Sentir sur ma lèvre appauvrie
Ton dernier baiser se gercer
La mort dans tes bras me bercer...
Me déshabiller de la vie !
Tristan Corbière,
Les Amours jaunes.

(...) Boire à sa bouche de rose
Son souffle en un baiser.
Théophile Gautier, Poésies.

Baise m'encor, rebaise moi et baise :
Donne m'en un de tes plus savoureux
Donne m'en un de tes plus amoureux :
Je t'en rendrai quatre plus chauds que braise.
Louise Labé, Sonnets.

Plaignons les tourterelles, qui ne se baisent qu'au printemps !
Ninon de Lenclos

Un baiser légal ne vaut jamais un baiser volé. *Maupassant*

Notre premier baiser, ne t'en souviens-tu pas,
Quand je te vis si pâle au toucher de mon aile,
Et que, les yeux en pleurs, tu tombas dans mes bras ?
Musset, La nuit de mai.

Baiser de la bouche et des lèvres
Où notre amour vient se poser,
Plein de délices et de fièvres,
Ah ! j'ai soif, j'ai soif d'un baiser !
Gérard de Nerval

Baisc ct rcbaisc-moi ; bcllc bouche pourquoi
Te gardes-tu là-bas, quand tu seras blêmie,
A baiser (de Pluton ou la femme ou l'amie),
N'ayant plus ni couleur, ni rien semblable à toi ?
En vivant presse-moi de tes lèvres de roses,
Bégaye, en me baisant, à lèvres demi-closes
Mille mots tronçonnés, mourant entre mes bras.
Pierre de Ronsard

Un baiser, mais à tout prendre, qu'est-ce que c'est ?
Un serment fait d'un peu plus près, une promesse
Plus précise, un aveu qui veut se confirmer,
Un point rose qu'on met sur l'i du verbe aimer ;
C'est un secret qui prend la bouche pour oreille.
Edmond Rostand,
Cyrano de Bergerac.

Lèvres ! Lèvres ! Baiser qui meurt, baiser qui mord.
Lèvres, lit de l'amour profond comme la mort !
Albert Samain,
Au Jardin de l'Infante.

> Le baiser est un fruit qu'il faut cueillir sur l'arbre.

BAL

En un moment, je fus suffoqué par la chaleur, ébloui par les lumières, par les tentures rouges, par les ornements dorés, par les toilettes et les diamants... Les cuivres ardents et les éclats bourboniens de la musique militaire étaient étouffés sous les hourra.
Balzac, Le lys dans la vallée.

Dansez, multipliez vos pas précipités,
Et dans les blanches mains les mains entrelacées,
Et les regards de feu, les guirlandes froissées,
Et le rire éclatant, cri des joyeux loisirs,
Et que la salle au loin tremble de vos plaisirs.
Alfred de Vigny, Le bal.

Les bals de l'Opéra sont l'endroit où l'on s'ennuie le plus et où l'on retourne avec le plus de plaisir.
Alexandre Dumas, Herminie.

Toute mère au bal est un notaire déguisé. *Léon Gozlan*

BALEINE
◆ Sauts de baleine,
Grosse bise prochaine.
Mais sauts plus hauts,
Tempête au plus haut.

BALLE ◆ Il faut prendre la balle au bond.

BALZAC
Chacun, dans Balzac, même les portières, a du génie. Toutes les âmes sont des âmes, chargées de volontés jusqu'à la gueule. (...) J'ai maintes fois été étonné que la grande gloire de Balzac fût de passer pour un observateur ; il m'avait toujours semblé que son principal mérite était d'être visionnaire, et visionnaire passionné.
Charles Baudelaire, L'art romantique.

Il a des intuitions de génie, et des réflexions d'imbécile. C'est un chaos et un problème.
Émile Faguet

Quel homme aurait été Balzac s'il avait su écrire !
Gustave Flaubert

BANALITÉ
J'aime mieux être impoli que banal.
Jules Renard, Journal.

BANQUET
◆ Les fous font
les banquets
et les sages les mangent.

BAPTÊME
Courbe la tête, fier Sicambre, adore ce que tu as brûlé, brûle ce que tu as adoré.
Saint-Rémi, Baptême de Clovis à Reims le 25/12/496.

◆ Tout bateau non baptisé
est mené par le diable
aux rochers.

BARBARE
Le mot me plaît, je l'accepte... C'est-à-dire plein d'une sève nouvelle, vivante et rajeunissante. C'est-à-dire voyageurs en marche vers la Rome de l'avenir, allant lentement sans doute, chaque génération avançant un peu, faisant halte dans la mort, mais d'autres n'en continuent pas moins.
Michelet, Le Peuple.

Nous ne passons les peuples qu'on nomme barbares ni en courage, ni en humanité, ni en santé, ni en plaisirs ; et, n'étant ainsi ni plus vertueux, ni plus heureux, nous ne laissons pas de nous croire bien plus sages. L'énorme différence que nous remarquons entre les sauvages et nous ne consiste qu'en ce que nous sommes un peu moins ignorants.
Vauvenargues

BARBARIE
L'invasion des idées a succédé à l'invasion des Barbares ; la civilisation actuelle décomposée se perd en elle-même ; le vase qui la contient n'a pas versé la liqueur dans un autre vase ; c'est le vase qui s'est brisé.
Chateaubriand, Mémoires...

Ce que les hommes appellent civilisation, c'est l'état actuel des moeurs et ce qu'ils appellent barbarie, ce sont les états antérieurs. Les moeurs présentes, on les appellera barbares quand elles seront des moeurs passées.
Anatole France

Telle est la différence entre la corruption et la barbarie : l'une est plus féconde en vices, et l'autre en crimes.
Rivarol

BARBE
Sa barbe était d'argent comme un ruisseau d'avril.
Victor Hugo, La légende des siècles.

Du côté de la barbe se trouve la toute-puissance.
Molière, L'école des femmes.

◆ En la grande barbe ne gît pas le savoir.
◆ La barbe ne fait pas l'homme.

BARBON
Un homme riche n'est jamais vieux pour une fille.

BAS
Un bas rosâtre, orné de coins d'or, à la jambe,
Comme un souvenir est resté ;
La jarretière, ainsi qu'un œil secret qui flambe,
Darde un regard diamanté.
Charles Baudelaire, Les Fleurs du Mal.

(...) Et sur chaque jambe
Un bas céleste et vermeil
Flambe.
Théodore de Banville, Sonnailles et clochettes.

BATAILLE
La France a perdu une bataille, mais la France n'a pas perdu la guerre.
Charles de Gaulle

Le choc avait été très rude. Les tribuns
Et les centurions, ralliant les cohortes,
Humaient encor, dans l'air où vibraient leurs voix fortes,
La chaleur du carnage et ses âcres parfums.
De Heredia, Les Trophées.

Depuis deux mille ans n'a point été vue une si fière ni si cruelle bataille.
François Ier, après Marignan

Comment ne pas mourir de chagrin si on la perd, et de joie si on la gagne ?
Prince de Ligne

Tel que la haute mer contre les durs rivages,
A la grande tuerie ils se sont tous rués,
Ivres et haletants, par les boulets troués,
En d'épais tourbillons pleins de clameurs sauvages.
Leconte de Lisle, Poèmes barbares.

Ils tombent épuisés, la bataille était rude.
Près d'un fleuve, au hasard sur le dos, sur le flanc,
Ils gisent, engourdis par tant de lassitude
Qu'ils sont bien, dans la boue et dans leur propre sang.
Sully Prud'homme, Poésies.

Messieurs les Anglais, tirez les premiers !
Le comte d'Anterroche à la bataille de Fontenoy

Waterloo n'est point une bataille : c'est le changement de front de l'univers.
Victor Hugo, Les Misérables

Plus de morts,
moins d'ennemis.

BATAILLON
Dieu est d'ordinaire pour les gros bataillons contre les petits. *Bussy-Rabutin*

BÂTARD
Vous ne traiteriez pas ainsi vos bâtards !
Catherine de Médicis à Henri IV, corrigeant Louis XIII enfant.

Enfant de loup,
qui n'a jamais vu son père.

BÂTON
◆ Battre en vain l'eau avec un bâton.
◆ Mettre un bâton dans les roues.
◆ Bâton merdeux, que celui qu'on ne sait par quel bout prendre.

BAVARDAGE
Moins on pense, plus on parle.
Montesquieu

Les gens qui ont peu d'affaires sont de très grands parleurs : moins on pense, plus on parle.
Montesquieu

La nature a horreur des bavards. *Jules Renard*

La plus mauvaise roue fait le plus de bruit. *Rivarol*

Généralement, les gens qui savent peu parlent beaucoup, et les gens qui savent beaucoup parlent peu.
Jean-Jacques Rousseau
Moins on parle, et bien souvent mieux on pense.
Sainte-Beuve

Quelquefois on parle, on parle : c'est pour ne pas s'entendre penser.
Paul-Jean Toulet

◆ Les tonneaux vides sont ceux qui font le plus de bruit.
◆ Trop gratter cuit, trop parler nuit.
◆ Qui parle beaucoup dit beaucoup de sottises.

BEAUTÉ

La beauté de la femme est un fruit délicat : elle fleurit partout, mais elle ne mûrit qu'en espalier contre un mari.
Edmond About

Être belle et aimée, ce n'est être que femme. Être laide et savoir se faire aimer, c'est être princesse.
Barbey d'Aurevilly

La bêtise est souvent l'ornement de la beauté.
Charles Baudelaire

Le beau est toujours bizarre.
Charles Baudelaire

S'il y eut jamais une au monde parfaite en beauté, c'est la reine de Navarre.
Brantôme, au sujet de la reine Margot.

...Car le Beau
Que je rêve, avant le tombeau,
M'aura fait des heures sereines.
Charles Cros

De tout temps la beauté a été ressentie par certains comme une secrète insulte.
Claude Debussy

Une belle femme est le paradis des yeux, l'enfer de l'âme et le purgatoire de la bourse.
Fontenelle

Qu'il est doux d'être belle,
alors qu'on est aimée !
Delphine Gay de Girardin

Le pouvoir est une beauté ; il fait aimer aux femmes la vieillesse même.
Joseph Joubert, Pensées.

Il ne sert à rien d'être jeune sans être belle, ni d'être belle sans être jeune.
La Rochefoucauld, Maximes.

Il y a de belles choses qui ont plus d'éclat quand elles demeurent imparfaites que quand elles sont trop achevées.
La Rochefoucauld, Maximes.

Beau comme la rencontre fortuite sur une table de dissection d'une machine à coudre et d'un parapluie.
Lautréamont,
Les chants de Maldoror

Elle était belle comme la femme d'un autre.
Paul Morand

Beauté, mon beau souci, de qui l'âme incertaine
A comme l'Océan son flux et son reflux :
Pensez de vous résoudre à soulager ma peine,
Ou je me vois résoudre à ne le souffrir plus.
François de Malherbe

La beauté pour le sexe est un rare trésor.
De l'admirer jamais on ne se lasse ;
Mais ce qu'on nomme bonne grâce
Est sans prix, et vaut mieux encor.
Charles Perrault, Cendrillon.

Tout est beau dans ce que l'on aime ;
Tout ce qu'on aime a de l'esprit.
Charles Perrault,
Riquet à la houppe.

Tout est beau. Il faut parler d'un cochon comme d'une fleur.
Jules Renard, Journal.

Dès qu'on dit a une femme qu'elle est jolie, elle se croit de l'esprit.
Jules Renard, Journal.

La beauté est une promesse de bonheur.
Stendhal

On a dit de la beauté que c'était une promesse du bonheur. On n'a pas dit qu'elle fut tenue. *Paul-Jean Toulet*

◆ La beauté sans bonté
est comme un vin éventé.
◆ Beauté n'est
qu'image fardée.
◆ Par grande beauté
Est l'homme hébété.
◆ Beau visage
et cœur arrière.
◆ Beauté de femme
n'enrichit homme.
◆ En grande beauté
rarement loyauté.
◆ Femme fort belle
Est rude et rebelle.
◆ Beau et bon
on ne peut pas être.

BEAU TEMPS

◆ Rouge vespré et blanc
matin est la joie du pèlerin.
◆ Arc-en-ciel du soir
De beau temps espoir.
◆ Après la pluie vient
le beau temps.
◆ Hirondelle volant haut
Le temps sera beau.

BELLE-MÈRE

C'est une dame qui donne sa ravissante fille en mariage à un monstre horrible et dépravé pour qu'ils fassent, ensemble, les plus beaux enfants du monde.
Alphonse Karr

Est-qu'en vérité je ne vous ai pas donné la plus jolie femme du monde ? Peut-on être plus honnête, plus régulière ? Peut-on vous aimer plus tendrement ? Peut-on avoir des sentiments plus chrétiens ? Peut-on souhaiter plus passionnément d'être avec vous ? et peut-on avoir plus d'attachement à tous ses devoirs ? Cela est assez ridicule que je dise tant de bien de ma fille ; mais c'est que j'admire sa conduite comme les autres.
Mme de Sévigné, Lettres.

BÉNÉDICTION

Dieu vous bénisse et vous fasse le nez comme j'ai la cuisse.
Beaumarchais,
Le Barbier de Séville.

BÉNÉFICE

Plus un bénéfice est illégal, plus l'homme y tient.
Honoré de Balzac,
César Birotteau.

◆ Bénéfice à l'indigne est maléfice.
◆ On ne peut avoir en même temps femme et bénéfice.
◆ Il faut prendre le bénéfice et les charges.

BERCEUSE

Et quand tu t'endormiras,
Dans les draps
D'un somme, je t'éventerai de lointains opéras.
Jules Laforgue,
Les Complaintes.

Et le ressouvenir des amours et des haines
Me bercera, pareil au bruit des mers lointaines.
Sully Prud'homme, Poésies.

BERGER
Bon berger tond,
mais n'écorche pas.

BERLIOZ
Berlioz attache une boucle romantique à de vieilles perruques.
Claude Debussy

BESOIN
Pour moi, je n'ai qu'un besoin, celui de réussir.
Napoléon 1er

BÊTE
Un peuple, c'est une bête qui se laisse menre par le nez, principalement les Parisiens.
Henri IV

◆ A toute bête la nature
a donné son ennemi.
◆ Souvent les bêtes montrent à vivre aux hommes.
◆ Une bonne femme,
une bonne mule,
une bonne chèvre
sont trois méchantes bêtes.
◆ On prend les bêtes
par les cornes
Et les hommes
par les paroles.
◆ Mauvaise bête se prend
par douceur.

BÊTISE
La bêtise est souvent l'ornement de la beauté ; c'est elle qui donne aux yeux cette limpidité morne des étangs noirâtres et ce calme huileux des mers tropicales.
Charles Baudelaire

La guigne ne s'acharne que sur la bêtise.
Jules Renard, Journal.

BIBLE
La Bible est aux religions ce que l'Iliade est à la poésie.
Joseph Joubert, Pensées.

BIBLIOTHÈQUE
Que de gens sur la bibliothèque desquels on pourrait écrire "usage externe" comme sur les fioles de pharmacie.
Alphonse Daudet

Il y a des gens qui ont une bibliothèque comme les eunuques ont un harem.
Victor Hugo

Quand un Africain meurt, c'est une bibliothèque qui brûle.
Léopold Sedar Senghor

BIEN

Les méchants font quelquefois de bonnes actions. On dirait qu'ils veulent voir s'il est vrai que cela fasse autant de plaisir que le prétendent les honnêtes gens.
Chamfort

Il m'a fait trop de bien pour en dire du mal,
Il m'a fait trop de mal pour en dire du bien.
Corneille, Poésies.

Assez de gens méprisent le bien, mais peu savent le donner.
La Rochefoucauld, Maximes.

Nous aurions souvent honte de nos plus belles actions si le monde voyait tous les motifs qui les produisent.
La Rochefoucauld, Maximes.

Voulez-vous qu'on croie du bien de vous ? N'en dites pas.
Pascal, Pensées.

BIENFAISANCE

La bienfaisance est bien plutôt un vice de l'orgueil qu'une véritable vertu de l'âme.
Marquis de Sade, La philosophie dans le boudoir.

◆ Il ne faut attendre son bien que de soi-même.
◆ Il ne faut pas délibérer pour faire le bien.
◆ Bien vient à mieux, et mieux à mal.
◆ Nul bien sans peine.
◆ Bien mal acquis ne profite jamais.
◆ On trouve plutôt le mal que le bien.
◆ Il faut faire le bien pour lui-même.
◆ Tout est bien, qui finit bien.

BIENFAIT

Tout bienfait qui n'est pas cher au cœur est odieux.
Chamfort,
Maximes et Pensées.

Un bienfait perd sa grâce à le trop publier.
Pierre Corneille, Théodore.

Souvent on oublie un bienfait parce que le bienfaiteur s'en souvient.
Malesherbes

La bienfaisance est bien plutôt un vice de l'orgueil qu'une véritable vertu de l'âme.
Marquis de Sade

◆ Rien ne vieillit plus vite
qu'un bienfait.
◆ Un bienfait n'est
jamais perdu.
◆ On s'attache par
ses bienfaits.

BIJOUX

Elle n'avait gardé que ses bijoux sonores,
Dont le riche attirail lui donnait l'air vainqueur
Qu'ont dans leurs jours heureux les esclaves des Mores.
Charles Baudelaire.
Les Fleurs du Mal.

Métaux qui donnez à ma jeune chevelure
Une splendeur fatale et sa massive allure.
Stéphane Mallarmé

J'ai placé sur mon front et l'or et le lapis.
Alfred de Vigny,
La femme adultère.

BILAN

Quand le moment viendra d'aller trouver les morts,
J'aurai vécu sans soins, et mourrai sans remords.
Jean de La Fontaine, Le songe d'un habitant du Mogol.

BLÂME

Sans la liberté de blâmer, il n'est point d'éloge flatteur.
Beaumarchais,
Le mariage de Figaro.

BLÉ

◆ Bon champ semé
Bon blé rapporte.
◆ Année de gelée,
Année de blé.
◆ Si tu veux des blés,
Fais des prés.
◆ En petit champ
croit bien blé.

BLESSURE

Chacun de nous a sa blessure : j'ai la mienne.
Toujours vive, elle est là, cette blessure ancienne.
Elle est là, sous la lettre au papier jaunissant
Où l'on peut voir encor des larmes et du sang !
Edmond Rostand,
Cyrano de Bergerac.

Le souvenir du fer gît dans ses flancs meurtris.
Sully Prud'homme, Poésies.

BŒUF

J'ai deux grands bœufs dans mon étable,
Deux grands bœufs blancs, marqués de roux...
Pierre Dupont, Chansons.

Non loin, quelques bœufs blancs, couchés parmi les herbes,
Bavent avec lenteur sur leurs fanons épais,
Et suivent de leurs yeux languissants et superbes
Le songe intérieur qu'ils n'achèvent jamais.
Leconte de Lisle

Deux bœufs tranquilles, à la robe d'un jaune pâle, véritables patriarches de la prairie, hauts de taille, un peu maigres, les cornes longues et rabattues, de ces vieux travailleurs qu'une longue habitude a rendu frères, et qui, privés l'un de l'autre, se refusent au travail avec un nouveau compagnon et se laissent mourir de chagrin.
George Sand

◆ Dieu donne le bœuf, mais pas la corne.
◆ Vieux bœuf fait droit sillon.
◆ Mieux vaut aujourd'hui un œuf que demain un bœuf.

BOHÈME

Je m'en allais, les poings dans mes poches crevées ;
Mon paletot aussi devenait idéal ;
J'allais sous le ciel, Muse ! et j'étais ton féal ;
Oh ! là ! là ! que d'amours splendides j'ai rêvées !
Arthur Rimbaud

BOIRE

Boire sans soif et faire l'amour en tout temps, madame, il n'y a que ça qui nous distingue des autres bêtes. *Beaumarchais*

BOIS

Grands bois, vous m'effrayez comme des cathédrales ;
Vous hurlez comme l'orgue ; et dans vos cœurs maudits,
Chambres d'éternel deuil où vibrent de vieux râles,
Répondent les échos de vos De Profondis.
Charles Baudelaire

◆ Bois inutile porte fruit précieux.
◆ Il ne faut pas aller au bois qui craint les feuilles.
◆ Tout bois ne fait pas flèche.
◆ Il ne faut pas mettre le doigt entre le bois et l'écorce.
De tout bois on fait feu.
◆ Bois tordu fait flamme droite.

BON

Bonnes gens font les bons pays ;
Bon cœur fait le bon caractère ;
Bons comptes font les bons amis ;
Bon fermier fait la bonne terre.
Bons livres font les bonnes moeurs,
Bons maîtres font les bons serviteurs ;
Bons maris font les bonnes femmes,
Bonnes femmes les bons maris,
Bonnes actions les bonnes âmes,
Bons sentiments les bons esprits.
Le bon goût fait les bons écrits ;
Bonne foi les bonnes affaires,
Bonnes lois les bons citoyens ;
Bons fils encor font les bons pères,
Bonnes filles les bonnes mères.
Dieu, qui tout est bon, fait tous biens.

BONHEUR

Il y a du bonheur dans toute espèce de talent.
Honoré de Balzac,
Le cabinet des antiques.

Le bonheur humain est composé de tant de pièces qu'il en manque toujours.
Bossuet

On est heureux ou malheureux par une foule de choses qui ne paraissent pas, qu'on ne dit point et qu'on ne peut dire.
Chamfort

Il en est du bonheur comme des montres. Les moins compliquées sont celles qui se dérangent le moins.
Chamfort

Le vrai bonheur coûte peu ; s'il est cher, il n'est pas d'une bonne espèce.
Chateaubriand,
Mémoires d'outre-tombe.

Religion à part, le bonheur est de s'ignorer et d'arriver à la mort sans avoir senti la vie.
Chateaubriand

Il ne faut jamais chercher le bonheur. Il passe sur la route, mais toujours en sens inverse.
Isabelle Eberhardt, Journal.

Pour vivre heureux, vivons caché. *Florian, Fables.*

Le plus grand secret du bonheur, c'est d'être bien avec soi.
Fontenelle

J'étais heureux, si le bonheur consiste à vivre rapidement, à aimer de toutes ses forces, sans aucun sujet de repentir et sans espoir.
Eugène Fromentin

Car le bonheur est fait de trois choses sur terre,
Qui sont : - un beau soleil, une femme, un cheval !
Théophile Gautier, Poésies.

Il entre dans la composition de tout bonheur l'idée de l'avoir mérité.
Joseph Joubert, Pensées.

Ni l'or ni la grandeur ne nous rendent heureux.
Jean de La Fontaine, Philémon et Baucis.

Nulle part le bonheur ne m'attend. *Alphonse de Lamartine*

On n'est jamais si heureux ni si malheureux qu'on s'imagine.
La Rochefoucauld, Maximes.

On n'est jamais si malheureux qu'on croit, ni si heureux qu'on avait espéré.
La Rochefoucauld, Maximes.

Notre grand et glorieux chef-d'œuvre, c'est vivre à propos. Toutes autres choses, régner, thésauriser, bâtir, n'en sont qu'appendicules et adminicules pour le plus.
Montaigne, Les Essais.

Si l'on bâtissait la maison du bonheur, la plus grande pièce serait la salle d'attente.
Jules Renard

On n'est pas heureux : notre bonheur, c'est le silence du malheur. *Jules Renard*

Le bonheur, c'est de le chercher. *Jules Renard, Journal.*

Le but, c'est d'être heureux. On n'y arrive que lentement. Il y faut une application quotidienne. Quand on l'est, il reste beaucoup à faire : à consoler les autres.
Jules Renard, Journal.

Le vrai bonheur serait de se souvenir du présent.
Jules Renard, Journal.

Il n'est pas nécessaire de vivre, mais il l'est de vivre heureux. *Jules Renard*

Le bonheur n'est pas si bon marché que ça.*Jules Renard*

Il ne suffit pas d'être heureux : il faut encore que les autres ne le soient pas.
Jules Renard, Journal.

On n'est pas heureux : notre bonheur, c'est le silence du malheur. *Jules Renard*

J'ai connu le bonheur, mais ce n'est pas ce qui m'a rendu le plus heureux.
Jules Renard, Journal.

Le bonheur que les autres vous croient ajoute à notre détresse de savoir que nous ne sommes pas heureux.
Jules Renard, Journal.

Le bonheur ne rend pas bon. C'est une remarque qu'on fait sur le bonheur des autres.
Jules Renard, Journal.

Les gens heureux n'ont pas le droit d'être optimistes : c'est une insulte au malheur.
Jules Renard, Journal.

L'homme heureux et optimiste est un imbécile.
Jules Renard, Journal.

On se reconnaît si peu de droits au bonheur qu'on a un peu hâte que ça finisse.
Jules Renard, Journal.

Prends garde ! Le bonheur qui déborde éclabousse le voisin.
Jules Renard, Journal.

On n'est heureux que par hasard.*Jules Renard, Journal.*

Mes bonheurs, je les ai presque toujours eus par maladresse. *Jules Renard*

Le goût mûrit aux dépens du bonheur.
Jules Renard, Journal.

Il faut être discret quand on parle de son bonheur, et l'avouer comme si l'on se confessait d'un vol.
Jules Renard, Journal.

Poil de Carotte, mon ami, renonce au bonheur. Je te préviens, tu ne seras jamais plus heureux que maintenant, jamais, jamais.
Jules Renard, Poil de Carotte.

J'ai fait la magique étude
Du bonheur, que nul n'élude.
Arthur Rimbaud, Poésies.

Le désir est à la passion ce que le plaisir est au bonheur : mais le désir devient souvent passion, et nul plaisir n'est encore devenue bonheur.
Rivarol

Le bonheur en général fait plus de flatteurs et d'envieux que le mérite ; parce qu'il éblouit et irrite plus de monde.
Rivarol

Ce qu'il y a d'horrible en général dans le monde, c'est que nous cherchions avec une égale ardeur à nous rendre heureux et à empêcher les autres de l'être. *Rivarol*

Nous recherchons tous le bonheur, mais sans savoir où, comme des ivrognes qui cherchent leur maison, sachant confusément qu'ils en ont une.
Voltaire

La grande affaire et la seule qu'on doive avoir, c'est de vivre heureux.
Voltaire

Il y a certainement des gens heureux de vivre, dont les jouissances ne ratent pas et qui se gorgent de bonheur et de succès.
Émile Zola

◆ De bonne amour
vient beauté.
◆ Est heureux qui peut
Mais ne l'est qui veut.
◆ N'est heureux
que qui croit l'être.
◆ A l'heureux l'heureux.

BON SENS

Le bon sens est de savoir ce qu'il faut faire ; le bon esprit, de savoir ce qu'il faut penser.
Joseph Joubert, Pensées.

Le bon sens dispense de savoir.
Jules Renard, Journal.

BONTÉ

Un homme sans élévation ne saurait avoir de bonté ; il ne peut avoir que de la bonhomie. *Chamfort, Maximes et Pensées.*

La pitié est une loi contre la justice, la bonté est un devoir comme la probité. *Victor Hugo*

On fait souvent du bien pour pouvoir impunément faire du mal. *La Rochefoucauld*

Un sot n'a pas assez d'étoffe pour être bon. *La Rochefoucauld*

Rien n'est plus rare que la véritable bonté ; ceux mêmes qui croient en avoir n'ont d'ordinaire que de la complaisance ou de la faiblesse.
La Rochefoucauld, Maximes.

Dans ce monde, il faut être un peu trop bon pour l'être assez.
Marivaux

Comme on serait meilleur sans la crainte d'être dupe !
Jules Renard, Journal.

Notre bonté, c'est notre méchanceté qui dort.
Jules Renard, Journal.

La bonté ne mène jamais à la bêtise. *Jules Renard*

C'est difficile d'être bon quand on est clairvoyant.
Jules Renard, Journal.

La bonté n'est pas naturelle ; c'est le fruit pierreux de la raison. *Jules Renard, Journal.*

C'est difficile d'être bon quand on est clairvoyant.
Jules Renard, Journal.

Celui qui a bon cœur n'est jamais sot.
George Sand, François le Champi.

Car la bonté de l'Homme est forte, et sa douceur
Écrase, en l'absolvant, l'être faible et menteur.
Alfred de Vigny.
La colère de Samson.

◆ Aux bons ils arrivent souvent malheur.
◆ Beau et bon on ne peut pas être.
◆ Bonté vaut mieux que beauté.

BOTANIQUE
La botanique est l'art de dessécher les plantes entre des feuilles de papier buvard et de les injurier en grec et en latin.
Alphonse Karr

BOUCHE
Il ne faut pas courir deux lèvres à la fois.
Honoré de Balzac, Proverbes.

Douce et belle bouchelette
Plus fraîche et plus vermeillette
Que le bouton aiglantin
Au matin.
Rémy Belleau

Bouche riant, plaisante bouche,
Qui baille devant qu'on la touche.
Bouche voudrois-tu emboucher
Celui qui voudrois te boucher ?
Victor Brodeau

Une bouche si belle que, vraiment, on ne saurait dire qu'elle a une lèvre inférieure.
Jules Renard, Journal.

◆ Qui garde sa bouche
garde son âme.
◆ Gouverne ta bouche
Selon ta bourse.
◆ Bouche en cœur au sage,
Cœur en bouche au fou.
◆ Il arrive bien des choses
entre la bouche et le verre.
◆ Qui est large de la bouche
est étroit de la main.
◆ La bouche fait jaillir le
feu en soufflant sur
l'étincelle et l'éteint
en crachant dessus.
◆ La bouche est la prison
de la langue.

BOUDOIR
Je suis un vieux boudoir plein de roses fanées,
Où gît tout un fouillis de modes surannées,
Où les pastels plaintifs et les pâles Boucher,
Seuls, respirent l'odeur d'un flacon débouché.
Charles Baudelaire.
Les Fleurs du Mal.

BOULIMIE
◆ Qui mange tout le soir
Le lendemain ronge
son pain noir.

BOUQUET
Je vous envoie un bouquet que ma main
Vient de trier de ces fleurs épanies ;
Qui ne les eût à ce vêpre cueillies,
Chutes à terre elles fussent demain.
Ronsard. Les amours de Marie.

BOURGEOIS
Le vrai bourgeois est, par caractère, possesseur paisible et paresseux de ce qu'il a ; il est toujours content de lui, et facilement content des autres.
Joseph Joubert, Pensées.

Le bourgeois du XVIIe et XVIIIe siècle est un être bâtard, que la nature semble avoir arrêté dans son développement imparfait, être mixte, peu gracieux à voir, qui n'est ni d'en haut ni d'en bas, ne sait ni marcher ni voler, qui se plaît à lui-même et se prélasse dans ses prétentions.
Michelet, Le Peuple.

Les bourgeois, ce sont les autres. *Jules Renard*

Un bourgeois a ses vertus comme il a ses habitudes.
Paul-Jean Toulet

BOURGEOISIE
La bourgeoisie sans le peuple, c'est la tête sans les bras. Le peuple sans la bourgeoisie, c'est la force sans la lumière.
Edgar Quinet

BOURSE
Toute une vie de vols effroyables, non plus à main armée, comme les nobles aventuriers de jadis, mais en correct bandit moderne, au clair soleil de la Bourse, dans la poche du pauvre monde crédule, parmi les effondrements et la mort.
Émile Zola, L'Argent.

◆ Gouverne ta bouche
Selon ta bourse.

BRAISES
Le rêveur sent brûler des âmes
Dans les bleus éclairs des tisons.
Sully Prud'homme, Poésies.

BRAS
Pleurons avec la voix des femmes malheureuses
Sur la jeunesse morte et sur l'amour qui fuit
Malgré les bras tendus des tristes amoureuses.
Renée Vivien

BRAVOURE
Il vous suffira de dire : j'étais à la bataille d'Austerlitz, pour qu'on vous réponde : Voilà un brave ! *Napoléon Ier*

Je suis brave, mais tu es plus brave encore, et tu m'as vaincu. *Vercingétorix à César*

BREBIS
◆ Il faut tondre les brebis et non pas les écorcher.
◆ Qui se fait brebis le loup le mange.
◆ Brebis mal gardée
Du loup est mangée.

BROUILLARD
Brouillards, montez ! versez vos cendres monotones
Avec de longs haillons de brume dans les cieux
Que noiera le marais livide des automnes
Et bâtissez un grand plafond silencieux !
Mallarmé, Poésies.

BRUINE
◆ Bruine est bonne à la vigne,
Et à blé la ruine.
◆ Bruine obscure
Trois jours dure,
Si elle poursuit
En dure huit.

BRUIT ◆ Faire beaucoup de bruit pour rien.

BUREAUCRATIE
Il me semble que la bureaucratie ait, en France, pour unique fonction de ne rien faire et de tout empêcher. Si tel est en effet son rôle, il faut convenir qu'elle le remplit d'une façon irréprochable.
Delphine Gay de Girardin

BUISSON
◆ Il n'est si petit buisson qui ne porte son ombre.

BUVEUR
Un homme qui ne boit que de l'eau a un secret à cacher à ses semblables.
Charles Baudelaire

◆ Ce que le sobre tient au cœur
Est sur la langue du buveur.
◆ Les méchants sont buveurs d'eau.
◆ Trop boire noie la mémoire.

C

CACHE-CACHE
A cache-cache, il se cache si bien qu'on l'oublie.
Jules Renard. Poil de Carotte.

CADEAUX
Donner est un plaisir plus durable que recevoir ; car celui des deux qui donne est celui qui se souvient le plus longtemps.
Chamfort

CAFÉ
Ce bon élixir, le café
Met dans nos cœurs sa flamme noire.
Théodore de Banville, Rondels

On apprête le café de telle manière qu'il donne de l'esprit à ceux qui en prennent.
Montesquieu, Lettres persanes

Si c'est un poison, c'est un poison lent. *Voltaire*

◆ On ne donne rien pour rien.
◆ Jamais un don ne vaut autant qu'au moment où l'on veut l'obtenir.
◆ Qui tôt donne, Deux fois donne.
◆ On ne donne que pour recevoir.
◆ Donner un œuf pour avoir un bœuf.
◆ Il n'y a pas de plus bel acquêt que le don.
◆ A cheval donné on ne regarde pas les dents.
◆ Ceux qui donnent et qui reçoivent restent longtemps amis.

CAGE

Pour avoir une idée de l'ennui, il faut regarder les fauves dans leurs cages.
Jules Renard, Journal.

> ◆ La belle cage
> ne nourrit pas l'oiseau.

CALEMBOUR

Le calembour est la fiente de l'esprit qui vole.
Victor Hugo, Les Misérables.

CALICE

Je voudrais maintenant vider jusqu'à la lie
Ce calice mêlé de nectar et de fiel !
Au fond de cette coupe où je buvais la vie,
Peut-être restait-il une goutte de miel ?
Alphonse de Lamartine

CALOMNIE

La calomnie est une guêpe qui vous importune et contre laquelle il ne faut faire aucun mouvement, à moins qu'on ne soit sûr de la tuer, sans quoi elle revient à la charge, plus furieuse que jamais.
Chamfort

Si ceux qui disent du mal de moi savaient exactement ce que je pense d'eux, ils en diraient bien davantage.
Sacha Guitry

Le ciel punit souvent les fautes des gens de bien dans leur mémoire, en la livrant à la calomnie.
Joseph Joubert, Pensées.

L'odeur d'un coquillage putréfié suffit pour accuser toute la mer.
Jules Renard, Journal.

Les calomniateurs sont comme le feu qui noircit le bois vert, ne pouvant le brûler.
Voltaire, Le Sottisier.

> ◆ La calomnie s'arme
> du vraisemblable.
> ◆ La fumée s'attache au
> blanc.
> ◆ Qui veut tuer son chien
> l'accuse de la rage.
> ◆ Celui qui a attaché
> le grelot doit le détacher.
> ◆ Qui crache en l'air
> reçoit le crachat.
> ◆ On offre les poisons
> enveloppés de miel.

CAMPAGNE

La campagne, cet éternel remède des affections auxquelles la médecine ne connaît rien.
Balzac, Le lys dans la vallée.

CANARD

◆ Canard qui crie
Et c'est la pluie.
◆ S'il pleut à la saint Médard,
C'est du beau temps pour les canards.

CAPACITÉ

Un défaut qui empêche les hommes d'agir, c'est de ne pas sentir de quoi ils sont capables.
Bossuet

Les hommes ne croient jamais les autres capables de ce qu'ils ne le sont pas eux-mêmes.
Paul de Gondi, cardinal de Retz, Mémoires.

La France doit redouter également les gens qui ne sont capables de rien et les gens qui sont capables de tout.
Adolphe Thiers

CAPITAL

Le capital est du travail volé.
Auguste Blanqui

Le Capital mourrait si, tous les matins, on ne graissait pas les rouages de ses machines avec de l'huile d'homme.
Jules Vallès, Jacques Vingtras.

CARACTÈRE

Quiconque n'a pas de caractère n'est pas un homme, c'est une chose. *Chamfort, Maximes et pensées.*

Il faut savoir faire les sottises que nous demande notre caractère. *Chamfort*

Un acte de vertu, un sacrifice ou de ses intérêts ou de soi-même, est le besoin d'un âme noble, l'amour-propre d'un cœur généreux, et, en quelque sorte, l'égoïsme d'un grand caractère.
Chamfort

Un homme d'esprit est perdu s'il ne joint pas à l'esprit l'énergie de caractère. Quand on a la lanterne de Diogène, il faut avoir son bâton.
Chamfort

CALENDRIER MÉTÉO

(Les dates indiquées ne sont pas celles du calendrier actuel, corrigé par le concile Vatican II, en 1963, afin que les dates des fêtes correspondent à celles de la mort des saints, mais celles utilisées en France au cours des siècles passés, et sur lesquelles s'est bâtie la tradition populaire.)

ÉPIPHANIE (6 JANVIER)
Beaucoup d'étoiles pour la nuit des Rois
Et sécheresse en été tu auras.

SAINT RAYMOND (6 JANVIER)
S'il gèle à la saint Raymond
L'hiver est encore long.

CHANDELEUR (2 FÉVRIER)
A la fête de la Chandeleur,
Les jours croissent de plus d'une heure
Et le froid pique avec douleur.

La veille de la Chandeleur
L'hiver se passe ou prend vigueur.

SAINTE AGATHE (5 FÉVRIER)
A la sainte Agathe sème ton oignon fût-il dans la glace.

SAINT VINCENT (22 JANVIER)
Si saint Vincent est clair et beau
On boira plus de vin que d'eau.

ANNONCIATION (25 MARS)
Annonciation mouillée
Crains les giboulées.

SAINT GEORGES (23 AVRIL) / SAINT MARC (25 AVRIL)
A la saint Georges, Sème ton orge.
A la saint Marc, Il est trop tard.

ASCENSION
Quand il pleut à l'Ascension
Tout dépérit jusqu'à la moisson

SAINTS DE GLACE : SAINT MAMERT (11 MAI)
SAINT GERVAIS (12 MAI) / SAINT PANCRACE (13 MAI)

Au printemps ramènent l'hiver
Pancrace, Gervais et Mamert.

Saint Gervais, saint Pancrace et saint Mamert
Font à eux trois un petit hiver.

SAINTE ANGÈLE (24 MAI)
Après sainte Angèle,
Ne crains plus le gel.

SAINT MÉDARD (8 JUIN)
S'il pleut le jour de Saint-Médard,
Il pleut quarante jours plus tard.

SAINT BARNABÉ (11 JUIN)
Pluie de saint Barnabé
Diminue la récolte de moitié.

Saint Barnabé reboutonne la culotte de saint Médard.

SAINT AURÉLIEN (16 JUIN)
Pluie à la saint Aurélien,
Belle avoine et mauvais foin.

SAINT JEAN (24 JUIN)
Eau de saint Jean
Peu de vin et peu de grain.

SAINT THIBAULT (1 JUILLET)
A la saint Thibault
Sème tes raves, arrache tes aulx.

ASSOMPTION (15 AOÛT)
Quand il pleut le jour de Notre-Dame,
Il pleut jusqu'au 8 septembre.

SAINTE JUSTINE (26 SEPTEMBRE)
A la sainte Justine, Toutes les fleurs s'inclinent.
-
SAINT MICHEL (29 SEPTEMBRE)
Les hirondelles à la saint Michel
L'hiver s'en vient après la Noël.

SAINT LUC (18 OCTOBRE)
A la saint Luc ne sème plus, Ou sème dru.

SAINT HUBERT (3 NOVEMBRE)
A la saint Hubert, Les oies sauvages fuient l'hiver.

SAINT MARTIN (11 NOVEMBRE)
A la saint Martin, Tout le moût passe pour bon vin.

A la Saint-Martin on boit du bon vin.

Pour saint Martin, Mène la chèvre au bouquin.

SAINT CLÉMENT (23 NOVEMBRE)
Passé la saint Clément
Ne sème plus froment.

SAINTE CATHERINE (25 NOVEMBRE)
A la sainte Catherine
Le bois prend racine.

SAINT ANDRÉ (30 NOVEMBRE)
A la saint André la nuit
L'emporte sur le jour qui suit.

Neige de saint André, Peut cent jours durer.

SAINT AMBROISE (7 DÉCEMBRE)
A la saint Ambroise, du froid pour huit jours.

SAINTE LUCE (13 DÉCEMBRE)
A la Sainte-Luce, les jours croissent du saut d'une puce.

SAINT NICOLAS (6 DÉCEMBRE)
Saint-Nicolas marie les filles avec les gars.

SAINT THOMAS (21 DÉCEMBRE)
A la saint Thomas
Les jours sont au plus bas.

SAINTE EUGÉNIE (25 DÉCEMBRE)
A la sainte Eugénie
Toute semaille est finie.

NOËL (25 DÉCEMBRE)
On a tant crié Noël qu'à la fin il est venu.

NOËL & PÂQUES
Noël au balcon, Pâques aux tisons.

A Noël les moucherons, A Pâques les glaçons.

Le caractère, c'est d'abord de négliger d'être outragé ou abandonné par les siens.
Charles De Gaulle

Chaque homme a trois caractères : celui qu'il a, celui qu'il montre, et celui qu'il croit avoir.
Alphonse Karr

Un caractère bien fade est celui de n'en avoir aucun.
Jean de La Bruyère,
Les Caractères.

CARNAVAL

Pour le bal qu'on prépare,
Plus d'une qui se pare,
Met devant son miroir
Le masque noir.
Alfred de Musset

CARRIÈRE

Dans tout service, il faut des gens intelligents, car enfin il y a un travail à faire, se disait-il. Sous Napoléon, j'eusse été sergent ; parmi ces futurs curés, je serais grand vicaire.
Stendhal, Le rouge et le noir.

CATIN

Je ne suis pas étonné que ce roman (Manon Lescaut) dont le héros est un fripon et l'héroïne une catin, plaise, parce que toutes les actions du héros, le chevalier des Grieux, ont pour motif l'amour, qui est toujours un motif noble, quoique la conduite soit basse. Manon aime aussi, ce qui lui fait pardonner le reste de son caractère.
Montesquieu

CÉLÉBRITÉ

La plupart des hommes célèbres meurent dans un véritable état de prostitution.
Sainte-Beuve

La célébrité c'est l'avantage d'être connu de ceux qui ne vous connaissent pas.
Chamfort,
Maximes et Pensées.

La célébrité est le châtiment du mérite et la punition du talent. *Chamfort,*
Maximes et Pensées.

CÉLÉRITÉ
Au fait ! est ma devise
Voltaire

◆ Aussitôt dit, aussitôt fait.

CÉLIBAT
Le mariage et le célibat ont tous deux des inconvénients ; il faut préférer celui dont les inconvénients ne sont pas sans remède. *Chamfort*

◆ Se garde de femme épouser qui veut en paix se reposer.
◆ Femme seule n'est rien.

CÉLIBATAIRE
Hélas chez ton amant tu n'es point ramenée.
Tu n'as point revêtu ta robe d'hyménée.
L'or autour de tes bras n'a point serré de nœuds.
Les doux parfums n'ont point coulé sur tes cheveux.
André Chénier.
La jeune Tarentine.

L'avantage du célibataire sur l'homme marié, c'est qu'il peut toujours cesser de l'être s'il trouve qu'il s'est trompé.
Alphonse Karr

CENSURE
Pourvu que je ne parle ni de l'autorité, ni du culte, ni de la politique, ni de la morale, ni des gens en place, ni des corps en crédit, ni de l'Opéra, ni des autres spectacles, ni de personne qui tienne à quelque chose, je puis tout imprimer librement, sous l'inspection de deux ou trois censeurs.
Beaumarchais,
Le mariage de Figaro.

La censure qu'elle qu'elle soit me paraît une monstruosité.
Gustave Flaubert

CENTENAIRE
Un sexagénaire est toujours robuste
Un septuagénaire est toujours robuste
Un octogénaire est toujours robuste
Un nonagénaire est toujours robuste
Un centenaire est toujours bulgare.
Gustave Flaubert

CERCUEIL

Le cercueil est le salon des morts, ils y reçoivent des vers.
Xavier Forneret

CERISE

Cerises d'amour, aux robes pareilles,
Tombant sous la feuille en gouttes de sang !...
Jean-Baptiste Clément,
Le Temps des cerises.

◆ Il ne faut pas manger de cerises avec les grands seigneurs, ils vous jettent les noyaux à la figure.
◆ Année de cerises rouges
Met le rire sur les bouches.
◆ Quand la cerise périt,
Tout s'ensuit.

CERVEAU

Un cerveau bien soigné ne se fatigue jamais.
Jules Renard, Journal.

CHAGRIN

Les premiers sujets de chagrin m'ont servi de cuirasse contre les autres.
Chamfort,
Maximes et Pensées.

Seigneur, je reconnais que l'homme est en délire
S'il ose murmurer ;
Je cesse d'accuser, je cesse de maudire,
Mais laissez-moi pleurer.
Victor Hugo,
Les contemplations.

Elle est partie hier. Suis-je pas triste d'elle ?
Mais c'est vrai ! Voilà donc le fond de mon chagrin !
Oh ! ma vie est aux plis de ta jupe fidèle !
Jules Laforgue, Complaintes.

Ne réveillez pas le chagrin qui dort.
Jules Renard, Journal.

On ne console pas des chagrins, on s'en distrait.
Stendhal, Armance.

Le doge a ses chagrins, les gondoliers ont les leurs.
Voltaire, Candide.

CHAÎNES
Pour enchaîner les peuples, on commence par les endormir.
Jean-Paul Marat

Debout ! La honte est lourde
et pesantes les chaînes,
Debout, il est beau de mourir !
Louise Michel

D'un sourire j'ai fait la chaîne
de mes yeux,
Et j'ai fait d'un baiser la chaî-
ne de ma bouche.
Sully Prud'homme, Poésies.

CHAIR
La chair des femmes se nourrit de caresses comme l'abeille de fleurs. *Anatole France*

La chair est triste, hélas, et j'ai
lu tous les livres.
Stéphane Mallarmé, Poésies.

CHAISE
Vis-à-vis la mienne
Une chaise attend :
Elle fut la sienne,
La nôtre un instant ;
D'un ruban signée
Cette chaise est là,
Toute résignée,
Comme me voilà !
Marceline Desbordes-Valmore, Poésies.

CHAMBRE
Et la chambre drapée en tulle
vaporeux
Rose de la lueur des
veilleuses voilées,
Où ne sonnent jamais les
heures désolées !...
Parfums persuadeurs qui
montent du lit creux !...
Charles Cros,
Le coffret de santal.

Et moi je suis dans ce lit cru
De chambre d'hôtel, fade
chambre,
Seul, battu dans les vents
bourrus
De novembre.
Jules Laforgue,
Les complaintes.

Je devinais, dans la pénombre,
Que tu tirais tes bas.
Ton cœur d'oiseau battait tout
bas :
La chambre était très
sombre...
Paul-Jean Toulet,
Les Contrerimes.

CHAMP DE BATAILLE

CHAMP
◆ A faible champ
fort laboureur.

...Nous nous figurions
Que la vague immobile et lourde des sillons
Ne laissait rien flotter ! Mais les plaines racontent,
Et la terre, ce soir, a des morts qui remontent !
Edmond Rostand, L'Aiglon.

CHAMPS ÉLYSÉES
Soleil sur les drapeaux ! multitudes grisées !
O retour, retour triomphal !
Parfum des marronniers de ces Champs ÉLysées
Que je vais descendre à cheval !
Edmond Rostand, L'Aiglon.

CHANCE
Les chanceux sont ceux qui arrivent à tout ; les malchanceux, ceux à qui tout arrive.
Eugène Labiche

La déveine est bien ennuyeuse, mais la veine a quelque chose d'humiliant.
Jules Renard, Journal.

CHANGEMENT
Plus ça change, plus c'est la même chose.
Alphonse Karr

CHANSON / CHANT
Aujourd'hui, ce qui ne vaut pas la peine d'être dit, on le chante.
Beaumarchais, Le barbier de Séville.

Le gouvernement de la France est une monarchie absolue tempérée par des chansons.
Chamfort

Mais, ô mon cœur, entends le chant des matelots !
Stéphane Mallarmé, Poésies.

Écoutez la chanson bien douce
Qui ne pleure que pour vous plaire,
Elle est discrète, elle est légère :
Un frisson d'eau sur la mousse !
Paul Verlaine. Sagesse.

CHAPEAU
Il choisissait de ridicules chapeaux étroits pour se donner l'air d'avoir une forte tête.
Jules Renard, Journal.

CHARCUTIER
◆ A charcutier bonne saucisse.

CHARDON

Qui s'y frotte s'y pique

Dicton populaire repris comme devise par Louis XII

◆Il ne faut pas couper le chardon
le jour de l'Ascension,
il en viendrait dix sur le même tronc.

CHARITÉ

Il y a beaucoup à dire contre la charité. Le reproche le plus grave qu'on puisse lui faire, c'est de n'être pas pratiquée.

Georges Clemenceau

Qui donne au pauvre, prête à Dieu.

Victor Hugo,
Les Voix intérieures.

Il faut toujours rendre justice avant que d'exercer la charité.

Nicolas Malebranche

La mauvaise charité, c'est celle qui offre plutôt un verre de vin qu'une bouchée de pain.

Jules Renard, Journal.

La charité n'est jamais perdue, pour ceux qui la font.

Paul-Jean Toulet

◆ Charité bien ordonnée commence par soi-même.
◆ Qui a peu
Dieu lui donne.
◆ La main du pauvre
est la bourse de Dieu.
◆ Donner au pauvre
n'appauvrit pas.

CHARNIER

Mais je n'ai plus trouvé qu'un horrible mélange
D'os et de chairs meurtris, et traînés dans la fange,
Des lambeaux pleins de sang, et des membres affreux
Que des chiens dévorants se disputaient entre eux.

Jean Racine, Athalie.

CHAROGNE

Au détour d'un sentier une charogne infâme
Sur un lit semé de cailloux,
Les jambes en l'air, comme une femme lubrique,
Brûlante et suant les poisons,
Ouvrait d'une façon nonchalante et cynique
Son ventre plein d'exhalaisons.

Charles Baudelaire.
Les Fleurs du Mal.

CHASSE
Les hommes s'occupent à suivre une balle et un lièvre ; c'est le plaisir même des rois.
Pascal, Pensées.

CHAT
Les amoureux fervents et les savants austères
Aiment également, dans leur mûre saison,
Les chats puissants et doux, orgueils de la maison,
Qui comme eux sont frileux, et comme eux sédentaires.
Charles Baudelaire, Les fleurs du mal.

L'idéal du calme est dans un chat assis.
Jules Renard, Journal.

Le chat ne nous caresse pas ; il se caresse à nous.
Rivarol

Elle jouait avec sa chatte,
Et c'était merveille de voir
La main blanche et la blanche patte
S'ébattre dans l'ombre du soir.
Paul Verlaine

◆ Qui naquit chat court après les souris.
◆ Chat échaudé craint l'eau froide.
◆ La nuit tous les chats sont gris.
◆ Chat se chauffant
Est signe de mauvais temps.
◆ Quand chat se frotte la tête,
Il y aura bientôt tempête.
◆ Appeler un chat un chat.
◆ A bon chat bon rat.

CHAUVINISME
J'aime tant mon village que je n'aime pas voir les autres s'y installer.
Jules Renard, Journal.

CHEF
Chef, c'est un qualificatif de cuisinier !
Adolphe Thiers

CHEF-D'ŒUVRE
Les chefs-d'œuvre ne sont jamais que des tentatives heureuses. *George Sand*

CHEMIN

◆ Tous les chemins
mènent à Rome.
◆ A chemin battu il ne croît
point d'herbe.
◆ Aller et venir font
le chemin pelé.
◆ Bonne terre,
mauvais chemins.
◆ Beau chemin
n'est jamais long.

CHÊNE

◆ Petit homme abat
grand chêne.
◆ Année de glands,
Année d'argent.
◆ Année de glands,
Année d'enfants.

CHÈRE (BONNE)

◆ Viande et boisson
Perdition de maison.
◆ Grande chère,
petit testament.
◆ Grasse cuisine,
maigre testament
◆ Bien nourrir fait dormir,
Et bien vivre fait mourir.

CHEVAL

La plus noble conquête que l'homme ait jamais faite est celle de ce fier et fougueux animal, qui partage avec lui les fatigues de la guerre et la gloire des combats.
Buffon

◆ A cheval donné
on ne regarde pas les dents.
◆ Au cheval maigre
va la mouche.
◆ Il n'est si bon cheval
qui ne bronche.
◆ Il est bien aisé d'aller à
pied, quand on tient son
cheval par la bride.
◆ Abreuver son cheval
à tous gués,
Mener sa femme
à tous festins
De son cheval on fait
une rosse
Et de sa femme une catin.

CHEVELURE

O toison, moutonnant jusque sur l'encolure !
O boucles ! O parfum chargé de nonchaloir !
Extase ! Pour peupler ce soir l'alcôve obscure
Des souvenirs dormant dans cette chevelure,
Je la veux agiter dans l'air comme un mouchoir !
Charles Baudelaire

Longtemps ! Toujours ! ma main dans ta crinière lourde
Sèmera le rubis, la perle et le saphir,
Afin qu'à mon désir tu ne sois jamais sourde.
Charles Baudelaire

Elle avait de beaux cheveux, blonds
Comme une moisson d'août, si longs
Qu'ils lui tombaient jusqu'aux talons.
Charles Cros

...Je n'ai jamais vu des cheveux comme les tiens, Mélisande !... Ils sont tièdes et doux comme s'ils venaient du ciel !... Je ne vois plus le ciel à travers tes cheveux et leur belle lumière me cache sa lumière ! (...) Ils tressaillent, ils s'agitent, ils palpitent dans mes mains comme des oiseaux d'or ; et ils m'aiment, ils m'aiment mille fois mieux que toi !...
Maeterlinck,
Pelléas et Mélisande.

Mais ta chevelure est une rivière tiède,
Où noyer sans frissons l'âme qui nous obsède
Et trouver ce Néant que tu ne connais pas !
Stéphane Mallarmé, Poésies.

Et délivrés des morsures du peigne
Ses grands cheveux baisent son dos charmant.
Théophile Gautier, Poésies.

Elle avait les yeux verts, et jusque sur sa croupe
Ondoyait en torrent l'or de ses cheveux roux.
Théophile Gautier, Poésies.
Cheveux gris, poussière du temps. *Jules Renard*

CHÈVRE
M. Seguin n'avait jamais eu de bonheur avec ses chèvres. Il les perdait toutes de la même façon : un beau matin, elles cassaient leur corde, s'en allaient dans la montagne, et là-haut le loup les mangeait.
Alphonse Daudet,
Les lettres de mon moulin.

◆ Où la chèvre est attachée, il faut qu'elle broute.
◆ A la chandelle la chèvre semble demoiselle.
◆ On n'a jamais vu chèvre morte de faim.
◆ Une bonne femme, une bonne mule, une bonne chèvre sont trois méchantes bêtes.

CHIEN
Le chien, c'est la vertu qui, ne pouvant se faire homme, s'est faite bête.
Victor Hugo

Qui veut noyer son chien l'accuse de la rage.
Molière,
Les femmes savantes.

◆ Chien qui aboie ne mord pas.
◆ Un chien regarde bien un évêque.
◆ Jamais bon chien n'aboie à faux.
◆ Bon chien chassc dc racc.
◆ Il n'est pas nécessaire de montrer le méchant au chien.
◆ Il n'est de chasse que de vieux chiens.
◆ Le chien se défend quand on lui ôte son os.
◆ Chien hargneux a toujours les oreilles déchirées.
◆ Le chien se frotte à la charogne.
◆ Caresses de chien donnent des puces.
◆ Pour l'alouette le chien perd son maître.
◆ On ne connaît ni les gens aux robes, ni les chiens au poil.
◆ Par petits chiens le lièvre est trouvé, Et par les grands est happé.
◆ Ressemble aux grands chiens qui veut pisser contre les murailles.
◆ A toute heure Chien pisse et femme pleure.

CHOIX
Devine, si tu peux, et choisis, si tu l'oses.
Pierre Corneille, Héraclius.

CHOPIN
Chopin, frère du gouffre, amant des nuits tragiques,
Âme qui fut si grande en un si frêle corps.
Maurice Rollinat, Les névroses.

CHRIST
Le Christ est un anarchiste qui a réussi. C'est le seul.
André Malraux, L'Espoir.

CHRISTIANISME
Je suis devenu chrétien. Je n'ai point cédé, j'en conviens, à de grandes lumières surnaturelles ; ma conviction est sortie du cœur ; j'ai pleuré et j'ai cru.
Chateaubriand, Le génie du christianisme.

Le christianisme a été prêché par des ignorants et cru par des savants, et c'est en quoi il ne ressemble à rien de connu.
Joseph de Maistre

CHUTE
Quand on tombe, on ne tombe jamais bien.
Alexandre Dumas fils, Le Demi-Monde.

L'archidiacre, lancé dans l'espace tomba d'abord la tête en bas et les deux mains étendues, puis il fit plusieurs tours sur lui-même. Le vent le poussa sur le toit d'une maison où le malheureux commença à se briser. Cependant il n'était pas mort quand il y arriva. (...) Il essaya encore de se retenir au pignon avec ses ongles. Mais le plan était trop incliné, et il n'avait plus de force. Il glissa rapidement sur le toit comme une tuile qui se détache, et alla rebondir sur le pavé. Là, il ne remua plus.
Victor Hugo, Notre-Dame de Paris.

CICATRICE
Une cicatrice pareille
A celle d'un coup de poignard,
Forme une couture vermeille
Sur sa gorge d'un ton blafard.
Théophile Gautier, Émaux et Camées.

CID
En vain, contre le Cid, un ministre se ligue.
Tout Paris, pour Chimène, a les yeux de Rodrigue.
L'Académie en corps a beau le censurer
Le public révolté s'obstine à l'admirer.
Boileau, Satires.

CIEL
Quand le ciel bas et lourd pèse comme un couvercle.
Charles Baudelaire, Les fleurs du mal.

Le ciel est triste et beau comme un grand reposoir ;
Le soleil s'est noyé dans son sang qui se fige.
Charles Baudelaire, Les fleurs du mal.

Ils regardaient monter en un ciel ignoré
Du fond de l'Océan des étoiles nouvelles.
José Maria de Heredia, Les Trophées.

Nous sommes tous les deux voisins du ciel, Madame,
Puisque vous êtes belle, et puisque je suis vieux.
Victor Hugo

Qu'il était bleu, le ciel, et grand, l'espoir !
L'espoir a fui, vaincu, vers le ciel noir.
Paul Verlaine. Les Fêtes galantes

◆ Ciel rouge le soir, blanc le matin
Ravit le pèlerin.
◆ Ciel pommelé et femme fardée ne sont pas de longue durée.
◆ Ciel moutonné
Beau temps passé.
◆ Ciel bleu foncé
Vent renforcé.

CISEAUX
Les jeunes femmes du peuple ont à la ceinture de larges crochets d'argent destinés à porter des ciseaux, qui pendent à l'extrémité d'une chaîne d'argent... Ces ciseaux, d'ailleurs, serviraient au besoin d'armes contre les insolents.
Stendhal, Mémoires d'un touriste. (Marseille)

CITATION
On peut citer de mauvais vers, quand ils sont d'un grand poète.
Choderlos de Laclos, Les liaisons dangereuses.

CITROUILLE
Le melon a été divisé en tranches par la nature, afin d'être mangé en famille ; la citrouille, étant plus grosse, peut être mangée avec les voisins.
Bernardin de Saint-Pierre

CIVILISATION
L'invasion des idées a succédé à l'invasion des Barbares ; la civilisation actuelle décomposée se perd en elle-même ; le vase qui la contient n'a pas versé la liqueur dans un autre vase ; c'est le vase qui s'est brisé.
Chateaubriand
Mémoires d'outre tombe

Ce que les hommes appellent civilisation, c'est l'état actuel des mœurs et ce qu'ils appellent barbarie, ce sont les états antérieurs. Les mœurs présentes, on les appellera barbares quand elles seront des mœurs passées.
Anatole France

La chute des civilisations est le plus frappant et en même temps le plus obscur de tous les phénomènes de l'histoire.
Gobineau

CIVISME
Je suis un bon citoyen parce que j'aime le gouvernement où je suis né, sans le craindre, et que je n'en attends d'autres faveurs que ce bien infini que je partage avec tous mes compatriotes. *Montesquieu*

CLAIRON
L'air est pur, la route est large
Le clairon sonne la charge.
Paul Déroulède,
Les chants du soldat.

Sonnez, sonnez toujours, clairons de la pensée.
Victor Hugo, Les châtiments.

CLEF
L'homme a reçu de la nature une clef avec laquelle il remonte la femme toutes les vingt-quatre heures.
Victor Hugo

Un poème est un mystère dont le lecteur doit chercher la clef.
Stéphane Mallarmé

Ayant remarqué que la clef du cabinet était tachée de sang, elle l'essuya deux ou trois fois, mais le sang ne s'en allait point. *Charles Perrault,*
Barbe bleue.

CLÉMENCE

La clémence des princes n'est souvent qu'une politique pour gagner l'affection des peuples.
La Rochefoucauld, Maximes.

Cette clémence dont on fait une vertu se pratique tantôt par vanité, quelquefois par paresse, souvent par crainte, et presque toujours par tous les trois ensemble.
La Rochefoucauld, Maximes.

La magnanimité méprise tout pour avoir tout.
La Rochefoucauld, Maximes.

La clémence qui compose avec la tyrannie est barbare.
Robespierre

La clémence vaut mieux que la justice.
Vauvenargues

CLERGÉ

Le mariage est une vie, le voile est une mort.
Honoré de Balzac, Eugénie Grandet.

La royauté est anéantie, la noblesse et le clergé ont disparu, le règne de l'égalité commence. *Robespierre.*

◆ Il faut se garder du devant d'une femme, du derrière d'une mule, et d'un moine de tous côtés.
◆ Il n'y a pas de plus sage abbé que celui qui a été moine.
◆ Il faut bien mentir quelquefois quand on est évêque.
◆ L'abbaye est bien pauvre quand les moines vont aux glands.
◆ Ferveur de novice ne dure pas longtemps.

CLÉRICALISME

Le cléricalisme ? Voilà l'ennemi. *Léon Gambetta*

CLOCHE

◆ Qui n'entend qu'une cloche n'entend qu'un son.
◆ On ne peut sonner les cloches et faire la procession.

CLOU

Il me semble, bercé par ce choc monotone,
Qu'on cloue en grande hâte un cercueil quelque part...
Baudelaire, Les Fleurs du Mal.

◆ Un clou chasse l'autre.

COCHON

◆ Où il y a beau cochon,
il y a bonne soupe.
◆ A la saint Martin,
tue ton cochon
et invite tes voisins.

COCU

J'ai fini par m'apercevoir que je n'étais plus le seul à partager la fidélité de mon épouse.
Eugène Labiche

N'est pas cocu qui veut. Si tu l'es, ta femme sera belle, tu seras bien traité d'elle, tu auras beaucoup d'amis, ton bien s'accroîtra.
Rabelais

Cocu : chose étrange que ce petit mot n'ait pas de féminin !
Jules Renard, Journal.

Les rois sont avec leurs minstres comme les cocus avece leurs femmes : ils ne savent jamais ce qui se passe.
Voltaire

CODE CIVIL

C'est là mon vrai titre de gloire, celui qui vivra éternellement.
Napoléon Ier

CŒUR

On voit dans le cœur des femmes par les trous qu'on fait à leur amour-propre.
Barbey d'Aurevilly

Nos deux cœurs seront deux vastes flambeaux,
Qui réfléchiront leurs doubles lumières
Dans nos deux esprits, ces miroirs jumeaux.
Charles Baudelaire,
Les Fleurs du Mal.

S'emparer d'un cœur qui n'a pas l'habitude des attaques, c'est entrer dans une ville ouverte et sans garnison.
Alexandre Dumas fils,
La Dame aux camélias.

Mon Cœur est une horloge oubliée à demeure,
Qui, me sachant défunt, s'obstine à sonner l'heure !
Jules Laforgue,
Les Complaintes.

Ah ! Frappe-toi le cœur, c'est là qu'est le génie.
Alfred de Musset, Poésies

Le cœur d'un homme d'État doit être dans sa tête.
Napoléon Ier

Soldats, droit au cœur !
Maréchal Ney, à son peloton d'exécution.

Le cœur a ses raisons que la raison ne connaît point.
Pascal, Pensées

Tout homme a dans le cœur un orgue de Barbarie qui ne veut pas se taire.
Jules Renard, Journal.

La mémoire est toujours aux ordres du cœur. *Rivarol*

Le cœur n'a pas de rides.
Marquise de Sévigné, Correspondance.

La vie est pleine de choses qui blessent le cœur.
Marquise de Sévigné

Mon cœur, si doux à prendre
Entre tes mains,
Ouvre-le, ce n'est rien
Qu'un peu de cendre
Paul-Jean Toulet, les Contrerimes.

Découper un cœur dans une girouette : plus il est grand, moins elle tourne.
Paul-Jean Toulet, Monsieur du Paur, homme public.

Les grandes pensées viennent du cœur.
Vauvenargues

Voici des fruits, des fleurs, des feuilles et des branches
Et puis voici mon cœur, qui ne bat que pour vous.
Ne le déchirez pas avec vos deux mains blanches
Et qu'à vos yeux si beaux l'humble présent soit doux.
Verlaine, Romances sans paroles.

◆ Le cœur mène où il va.
◆ A cœur vaillant, rien d'impossible.
◆ Loin des yeux, loin du cœur.
◆ Bon cœur ne peut mentir
◆ Faire contre mauvaise fortune bon cœur.
◆ Avoir le cœur sur la main.
◆ Les sages ont la bouche dans le cœur, Les fous ont le cœur dans la bouche.

COLÈRE
Ce sont nos impuissances qui nous irritent.
Joseph Joubert, Pensées.

Si je n'était roi, je me mettrais en colère.
Louis XIV

◆ Qui se fâche a tort.
◆ Douces paroles apaisent grande colère,
Dures paroles irritent un cœur félon.
◆ Dure parole grande colère.
◆ Craignez la colère de la colombe.
◆ Courroux est vain sans forte main.
◆ En ire
On ne doit rire.
◆ Tant chauffe-t-on le fer qu'il rougit.
◆ La soumission désarme la colère.

COLLÈGE
Rêves d'enfant, voix de la neige,
Et vous, murs où la nuit
Tournait avec mon jeune ennui...
Collège, noir manège.
Paul-Jean Toulet, les Contrerimes.

COLOMBE
J'ai couvé un œuf de colombe, Luther en a fait sortir un serpent.
Érasme

◆ Craignez la colère de la colombe.
◆ A sainte Colombe (*juillet*),
Le ramier quitte sa colombe.

COLONIES
Dans les colonies nouvelles, les Espagnols commencent par bâtir une église, les Anglais une taverne et les Français un fort.
Chateaubriand, Itinéraire de Paris à Jérusalem.

L'effet ordinaire des colonies est d'affaiblir le pays d'où on tire les colons, sans peupler ceux où on les envoie.
Montesquieu

COMBAT
Et le combat cessa, faute de combattants.
Pierre Corneille, Le Cid.

COMMANDEMENT

Aucun homme n'a reçu de la nature le droit de commander les autres.
Diderot, Encyclopédie.

Servir ! C'est la devise de ceux qui aiment commander.
Jean Giraudoux

Celui qui obéit est presque toujours meilleur que celui qui commande.
Ernest Renan, Dialogues et fragments philosophiques.

◆ Il faut apprendre à obéir pour savoir commander.
◆ Qui ne sait obéir
Ne sait commander.

COMÈTE

J'ai vu cette nuit la comète : sa queue est d'une fort belle longueur ; j'y mets une partie de mes espérances.
Mme de Sévigné, Lettres.

COMMERÇANT

Cette figure blême annonçait la patience, la sagesse commerciale, et l'espèce de cupidité rusée que réclament les affaires. *Balzac, La maison du chat-qui-pelote.*

COMMERCE

Le commerce est une guerre d'argent.
Colbert

Le commerce est l'école de la tromperie.
Vauvenargues, Réflexions et Maximes.

Du commerce, rien que du commerce.
Devise de la Compagnie des Indes.

◆ Il faut être marchand ou larron.
◆ Marchandise qui plaît est à moitié vendue.
◆ Marchand qui perd ne peut rire.

COMPARAISON

◆ Il ne faut pas mesurer les autres à son aune.
◆ Comparaison n'est pas raison.
◆ Ce qui nuit à l'un convient à l'autre.
◆ Le malheur des uns fait le bonheur des autres.

COMPLICITÉ

◆ De larron à larron il n'y a que la main.

COMPLIMENT
Les compliments sont des bonbons dont les femmes raffolent toute leur vie ; jeunes, pour les croquer à pleines dents ; vieilles, pour les faire fondre doucement entre leurs dents. *Auguste Rodin*

COMPRÉHENSION
Comprendre tout, c'est n'égaler rien.
Jules Renard, Journal.

La condition de comprendre, ce n'est pas l'intelligence, c'est l'amour.
Paul-Jean Toulet, Monsieur du Paur, homme public.

COMPTE
Dans la vie il faut savoir compter, mais pas sur les autres.
Paul-Jean Toulet

CONCERT
(...) Un de ces concerts, riches de cuivre,
Dont les soldats parfois inondent nos jardins,
Et qui, dans ces soirs d'or où l'on se sent revivre,
Versent quelque héroïsme au cœur des citadins.
Charles Baudelaire, Les Fleurs du Mal.

CONCURRENCE
◆ Deux gloutons
ne s'accordent point
en une même assiette.

CONDAMNATION
◆ Il ne faut pas condamner
sans entendre.
◆ Qui casse les verres
les paie.
◆ Avec le vent
on nettoie le froment
Et vice avec
supplice et châtiment.

CONFESSION
Ceux-là seuls vous font de belles confessions qui aiment encore leurs fautes.
Anatole France

Il est, à mon sens, d'un plus grand homme de savoir avouer sa faute que de savoir ne la pas faire. *Paul de Gondi, cardinal de Retz, Mémoires.*

On doit se consoler de ses fautes, quand on a la force de les avouer.
La Rochefoucauld, Maximes.

◆ Mieux vaut être martyr
que confesseur.

CONFIANCE

Savoir se fier est une qualité très rare, et qui marque autant un esprit élevé au-dessus du commun.
Paul de Gondi, cardinal de Retz, Mémoires.

Un homme qui ne se fie pas à soi-même ne se fie véritablement à personne.
Paul de Gondi, cardinal de Retz, Mémoires.

La confiance fournit plus à la conversation qu'à l'esprit.
La Rochefoucauld, Maximes.

La confiance doit venir d'en bas et le pouvoir d'en haut.
Sieyès

◆ Confiance est mère de déception.

CONNAISSANCE

Savoir par cœur n'est pas savoir : c'est tenir ce qu'on a donné en garde à sa mémoire.
Montaigne, Essais.

Le simple écolier sait maintenant des vérités pour lesquelles Archimède eût sacrifié sa vie. *Ernest Renan*

CONNAISSANCE (DE SOI)

Qui se connaît, connaît aussi les autres ; car chaque homme porte la forme entière de l'humaine condition.
Montaigne, Essais.

Apprends à te connaître :
tu t'aimeras moins ;
et à connaître les autres,
tu ne les aimeras plus.
Paul-Jean Toulet

CONQUÉRANTS

Les conquérants passeront toujours pour les premiers des hommes, comme on dira toujours que le lion est le roi des animaux.
Chamfort, Maximes et Pensées.

Il y a trois mois, ce n'était qu'in voleur ; c'est à présent un conquérant.
Voltaire, au sujet de Mandrin.

CONQUÊTE

La liberté de la pensée est la première conquête du siècle.
Napoléon Ier

CONQUISTADORS
Comme un vol de gerfauts hors du charnier natal,
Fatigués de porter leurs misères hautaines,
De Palos de Moguer, routiers et capitaines
Partaient, ivres d'un rêve héroïque et brutal.
José Maria de Heredia, Les trophées.

CONSCIENCE
La conscience est un bâton que chacun prend pour battre son voisin.
Balzac, Pensées.

Science sans conscience n'est que ruine de l'âme.
Rabelais, Pantagruel.

La conscience est la voix de l'âme, les passions sont la voix du corps.
Jean-Jacques Rousseau, Émile.

La conscience est à l'âme ce que l'instinct est au corps ; qui la suit obéit à la nature et ne craint point de s'égarer.
Jean-Jacques Rousseau

◆ Une bonne conscience est un bon oreiller

CONSEILS
Il y a des mauvais conseils que seule une honnête femme peut donner.
Alfred Capus, Les Passagères.

En général, on ne demande de conseils que pour ne pas les suivre ou, si on les a suivis, reprocher à quelqu'un de les avoir donnés.
Alexandre Dumas

On donne facilement des conseils ; ça amuse beaucoup celui qui les donne et ça n'engage à rien celui qui les reçoit.
Alphonse Karr

On ne donne rien si libéralement que ses conseils.
La Rochefoucauld, Maximes.

Il y a plus de mauvais conseils que de caprices.
Vauvenargues, Réflexions et Maximes.

On ne fait pas beaucoup de grandes choses par conseil.
Vauvenargues

Les conseils faciles à pratiquer sont les plus utiles.
Vauvenargues

Conseiller, c'est donner aux hommes des motifs d'agir qu'ils ignorent.
Vauvenargues,
Réflexions et Maximes.

◆ Les conseilleurs ne sont pas les payeurs.
◆ La nuit porte conseil.
◆ Écoute les conseils de tous et prends celui qui te convient.
◆ Il est plus facile de dire que de faire.
◆ Conseil de nuit
Ne fait ennui,
Conseil en vin
N'a bonne fin.
◆ Ce que chacun sait n'est pas conseil.

CONSEILLER
Ne faut-il que délibérer ?
La cour en conseillers foisonne :
Est-il besoin d'exécuter ?
L'on ne rencontre plus personne.
Jean de La Fontaine,
Conseil tenu par les rats.

CONSÉQUENCES
◆ Petite étincelle engendre grand feu.
◆ Petites causes, grands effets.

CONSERVATEUR
Il n'y a que deux grands courants dans l'histoire de l'humanité : la bassesse qui fait les conservateurs et l'envie qui fait les révolutionnaires.
Edmond et Jules de Goncourt,
Journal.

N'ayez pas peur du peuple, il est plus conseervateur que vous.
Napoléon III

CONSERVATISME
J'ai mes vieilles idées, je veux mourir avec elles.
Charles X

CONTAGION
◆ Il ne faut qu'une brebis galeuse pour infecter tout un troupeau.

CONTE
Depuis plus de cinquante ans que je subis l'ennui de la vie réelle, je n'ai trouvé aux soucis qui la dévorent qu'une compensation, c'est d'entendre des contes et d'en composer moi-même.
Charles Nodier

CONTEMPLATION
La vie contemplative est souvent misérable. Il faut agir davantage, penser moins, et ne pas se regarder vivre.
Chamfort,
Maximes et Pensées.

CONTENTEMENT
Quand on n'a pas ce que l'on aime, il faut aimer ce que l'on a.
Bussy-Rabutin (attribué aussi à Thomas Corneille)

Contentement passe richesse.
Molière,
le Médecin malgré lui.

◆ On ne peut contenter tout le monde et son père.

CONTESTATION
Être contesté, c'est être constaté.
Victor Hugo

CONTINUITÉ
Pourquoi faire des adieux ?
Le même sang change d'artères,
Les filles ont les yeux de leurs mères,
Et les fils le front des aïeux.
Sully Prud'homme, Poésies.

CONTRE-EMPLOI
On pense à moi pour une place mais par malheur j'y étais propre ; il fallait un calculateur, ce fut un danseur qui l'obtint. *Beaumarchais,*
Le mariage de Figaro.

CONTRITION
Prince Jésus qui sur tous a maistrie
Garde qu'Enfer n'ait de nous seigneurie :
A luy n'avons que faire ne que souldre
Hommes, ici n'a point de moquerie,
Mais priez Dieu que tous nous veuille absoudre !
François Villon,
Ballade des pendus.

CONVERSATION
En conversation, il gravait le mot. Il avait le style lapidaire, et même lapidant, car il était né caustique, et les pierres qu'il jetait dans le jardin des autres atteignaient toujours quelqu'un.
Barbey d'Aurevilly,
Les Diaboliques.

On reproche aux gens de parler d'eux-mêmes, c'est pourtant le sujet qu'ils traitent le mieux. *Anatole France*

L'esprit de la conversation consiste bien moins à en montrer beaucoup qu'à en faire trouver aux autres. Celui qui sort de votre entretien content de soi et de son esprit l'est de vous parfaitement.
La Bruyère, Caractères.

Nous faisons quelquefois des conversations d'une tristesse qu'il semble qu'il n'y ait plus qu'à nous enterrer.
Marquise de Sévigné, Correspondance.

Pour juger combien nous importunons en parlant de nous, il faut songer combien les autres nous importunent quand ils parlent d'eux.
Mme de Sévigné, Lettres.

Les discours des hommes ne sont que des masques qu'ils appliquent sur leurs actions.
Stendhal

◆ Conversation
en jeunesse
Fraternité en vieillesse.

CONVERTI
Un traître est celui qui quitte son parti pour s'inscrire à un autre ; et un converti, celui qui quitte cet autre pour s'inscrire au vôtre.
Georges Clemenceau

CONVERSION
Je suis devenu chrétien. Je n'ai point cédé, j'en conviens, à de grandes lumière surnaturelles ; ma conviction est sortie du cœur : j'ai pleuré, et j'ai cru...
Chateaubriand, Le génie du christianisme.

CONVICTION
La conviction est la volonté humaine arrivée à sa plus grande puissance.
Balzac, Le Curé de village.

La conviction est la conscience de l'esprit.
Chamfort, Maximes et Pensées.

COQ
Un oiseau qui chante sur le fumier.
Napoléon 1er

◆ Le coq et le serviteur
Un seul an sont en vigueur.
◆ C'est chose qui
moult déplaît
Quand poule chante
et coq se tait.
◆ A Mardi Gras qui n'a
pas de viande tue son coq
Qui n'a pas de coq tue
sa femme.
◆ Si le coq boit en été,
bientôt il pleut.
◆ Si le coq chante le soir,
C'est signe qu'il va pleuvoir.

COQUETTERIE

Une laide est plutôt coquette qu'une belle ; elle agace les hommes et l'autre les attend.
Sainte-Beuve

Une femme qui n'a qu'un amant croit n'être point coquette ; celle qui a plusieurs amants croit n'être que coquette.
La Bruyère, Caractères.

C'est une espèce de coquetterie de faire remarquer qu'on n'en fait jamais. *La Rochefoucauld*

L'envie est détruite par la véritable amitié, et la coquetterie par le véritable amour.
La Rochefoucauld, Maximes.

Les coquettes se font honneur d'être jalouses de leurs amants pour cacher qu'elles sont envieuses des autres femmes.
La Rochefoucauld, Maximes.

La femme coquette est l'agrément des autres et le mal de qui la possède.
Voltaire, Épîtres.

◆ Ciel pommelé
et femme fardée ne sont
pas de longue durée.

COR

Dieu que le son du cor est triste au fond des bois !
Alfred de Vigny, Poèmes antiques et modernes.

CORBEAU

◆ Les corbeaux ne crèvent
pas les yeux aux corbeaux.
◆ N'élève pas un corbeau,
il te crèvera les yeux.
◆ Au corbeau,
préfère la pie
◆ De mauvais corbeau
mauvais œuf.

CORDE

◆ On ne parle pas de corde dans la maison d'un pendu.
◆ Vaurien qui ne vaut pas la corde pour se pendre.
◆ A trop tirer, on rompt la corde.

CORDONNIER

◆ Cordonnier est toujours le plus mal chaussé.

CORNE

◆ On prend les bêtes par les cornes
Et les hommes par les paroles.

CORNEILLE (PIERRE)

Corneille nous assujettit à ses caractères et à ses idées, (...) il peint les hommes comme ils devraient être.
Jean de La Bruyère, Les caractères.

CORPS

Le corps est la baraque où notre existence est campée.
Joseph Joubert, Pensées.

Oui, mon corps est moi-même, et j'en veux prendre soin :
Guenille si l'on veut ; ma guenille m'est chère.
Molière, Les femmes savantes.

(...) Heureux les corps !
Ils ont la paix quand ils se couchent,
Et le néant quand ils sont morts.
Sully Prud'homme, Poésies.

◆ A trop vieux corps, point de remède.

CORRECTION

Il y a deux chose que l'expérience doit apprendre : la première, c'est qu'il faut beaucoup corriger ; la seconde, c'est qu'il ne faut pas trop corriger.
Delacroix, Journal.

◆ L'expérience corrige.

CORRUPTION

Telle est la différence entre la corruption et la barbarie : l'une est plus féconde en vices, et l'autre en crimes.
Rivarol

◆ Les petits présents entretiennent l'amitié.

CORSE

Un pays qui, de nos jours encore, lutte contre la civilisation avec une force d'inertie telle, qu'il a conservé son caractère, à défaut de son indépendance.
Alexandre Dumas père

J'ai quelque pressentiment qu'un jour cette petite île étonnera l'Europe.
Jean-Jacques Rousseau

COUCOU

◆ Chant du coucou,
Temps doux.
◆ En été le coucou
perd son chant,
C'est la caille
qui le reprend.

COUPABLE

Il vaut mieux hasarder de sauver un coupable que de condamner un innocent.
Voltaire, Zadig.

◆ Coupable craint de comparaître

COUPLE

L'homme sans la femme et la femme sans l'homme, sont des êtres imparfaits dans l'ordre naturel. Mais plus il y a de contraste dans leurs caractères, plus il y a d'union dans leurs harmonies.
Bernardin de Saint-Pierre

COURAGE

On ne peut répondre de son courage quand on n'a jamais été dans le péril.
La Rochefoucauld, Maximes.

Un fait courageux ne doit pas conclure un homme vaillant.
Montaigne, Essais.

C'est dans les grands dangers qu'on voit les grands courages.
Jean-François Regnard

Il faut du courage pour être heureux.
Armand Salacrou

Le courage consiste à savoir choisir le moindre mal, si affreux soit-il encore.
Stendhal,
La Chartreuse de Parme.

Le courage a plus de ressources contre les disgrâces, que la raison.
Vauvenargues,
Réflexions et Maximes.

Le terme du courage est l'intrépidité dans le péril.
Vauvenargues

Le courage, c'est l'art d'avoir peur sans que cela paraisse.
Pierre Véron

◆ Cœur content, grand talent.
◆ Cœur et courage font l'ouvrage.
◆ A cœur vaillant rien d'impossible.
◆ A vaillant homme courte épée.
◆ Au danger on connaît les braves.
◆ Il n'y a que le premier pas qui coûte.

COURONNE

Mon prix n'est pas dans ma couronne.
Devise d'Anne d'Autriche

Nous ne tenons notre couronne que de Dieu. *Maupeou, au nom de Louis XV*

COURTISAN

L'état de courtisan est un métier dont on a voulu faire une science. Chacun cherche à se hausser. *Champfort,*
Maximes et Pensées.

Les courtisans sont des pauvres enrichis par la mendicité.
Chamfort, Maximes

En vain, pour satisfaire à nos lâches envies,
Nous passons près des rois tout le temps de nos vies
A souffrir des mépris et ployer les genoux.
François de Malherbe

J'aime mieux être ridicule aux courtisans que lourd au peuple. *Louis XII*

Un courtisan est semblable à ces plantes faites pour ramper qui s'attachent à tout ce qu'elles trouvent. *Montesquieu*

◆ Un courtisan
doit être sans humeur
et sans honneur.

COURTISANE
A Paris, lorsque Dieu y plante une jolie femme, le Diable, en réplique, y plante immédiatement un sot pour l'entretenir.
Barbey d'Aurevilly,
Les diaboliques.

Chez elles, le corps a usé l'âme, les sens ont brûlé le cœur, la débauche a cuirassé les sentiments. Les mots qu'on leur dit, elles les savent depuis longtemps, les moyens que l'on emploie, elles les connaissent, l'amour même qu'elles inspirent, elles l'ont vendu.
Alexandre Dumas fils,
La Dame aux camélias.

Pauvres créatures ! Si c'est un tort de les aimer, c'est bien le moins qu'on les plaigne.
Alexandre Dumas fils,
La Dame aux camélias.

La courtisane est un mythe. Jamais une femme n'a inventé la débauche.
Gustave Flaubert

COURTOISIE
◆ Courtois de bouche,
main au bonnet,
Peu coûte, et bon est.
◆ Courtoisie qui ne vient
que d'un côté ne peut
longtemps durer.
◆ Courtoisie passe beauté.
◆ Courtoisie vaut beaucoup
contre rusé ennemi.

CRAINTE
La jalousie est un doute, la crainte est une petitesse.
Honoré de Balzac

Nous vivions dans la crainte, nous allons vivre dans l'espoir. *Tristan Bernard*

Un défaut qui empêche les hommes d'agir, c'est de ne pas sentir de quoi ils sont capables.
Bossuet

Fi du plaisir
Que la crainte peut corrompre.
Jean de La Fontaine, Le rat de ville et le rat des champs.

L'espérance et la crainte sont inséparables, et il n'y a point de crainte sans espérance ni d'espérance sans crainte.
La Rochefoucauld, Maximes.

Quand je pourrais me faire craindre, j'aimerais encore mieux me faire aimer.
Montaigne, Essais.

Qui craint de souffrir, il souffre déjà de ce qu'il craint.
Montaigne, Essais.

La crainte suit le crime, et c'est son châtiment.
Voltaire, Sémiramis.

CRÉATION
Dieu, modeste, n'ose pas se vanter d'avoir créé le monde.
Jules Renard, Journal.

CRÉDULITÉ
L'incrédulité est quelquefois le vice d'un sot, et la crédulité le défaut d'un homme d'esprit.
Diderot,
Pensées philosophiques.

La dévote croit aux dévots, l'indévote aux philosophes ; mais toutes deux sont également crédules.
Rivarol

CRÉPUSCULE
Les soleils couchants
Revêtent les champs,
Les canaux, la ville entière,
D'hyacinthe et d'or.
Charles Baudelaire

Le soleil suspendu aux portes du couchant dans des draperies de pourpre et d'or.
Chateaubriand,
Essai sur les révolutions.

L'horizon tout entier s'enveloppe dans l'ombre,
Et le soleil mourant, sur un ciel riche et sombre,
Ferme les branches d'or de son rouge éventail.
José Maria de Heredia,
Les Trophées.

Un couchant mal bâti suppurant du livide.
Jules Laforgue

Le couchant de sang est taché
Comme un tablier de boucher.
Jules Laforgue,
Les Complaintes.

On rit, on se baise,
on déjeune...
Le soir tombe :
on n'est plus très jeune.
Paul-Jean Toulet

Douceur du soir ! Douceur de la chambre sans lampe !
Le crépuscule est doux comme une bonne mort
Et l'ombre lentement qui s'insinue et rampe
Se déroule en pensée au plafond. Tout s'endort.
Georges Rodenbach,
Le règne du silence.

Tandis que dans le couchant roux
Passent les éphémères,
Dormez sous les feuilles amères.
Ma jeunesse avec vous.
Paul-Jean Toulet,
Les contrerimes.

CRI

J'entends dans le lointain des cris prolongés de la douleur la plus poignante.
Lautréamont,
Les Chants de Maldoror.

Mieux vaut, - si tu hurles - avec les loups qu'avec les chiens.
Paul-Jean Toulet,
Les trois impostures.

◆ Qui crie se décrie.

CRIME

Un crime est avant tout un manque de raisonnement.
Honoré de Balzac

Un homme couvert de crimes est toujours intéressant. C'est une cible pour la Miséricorde.
Léon Bloy, Le désespéré.

Le crime prend souvent l'accent de la vertu.
Jean-Baptiste Gresset

Les hommes rougissent moins de leurs crimes que de leurs faiblesses et de leur vanité.
La Bruyère, Les caractères.

En matière de crime d'État, il faut fermer la porte à la pitié.
Richelieu

C'est pire qu'un crime, c'est une faute !
Talleyrand, à propos de l'exécution du duc d'Enghien (attribué aussi à Fouché)

Et qui pardonne au crime en devient le complice.
Voltaire, Brutus.

Homicide, mensonge et larcin
Se découvrent toujours à la fin.

CRIMINEL
Un homme couvert de crimes est toujours intéressant. C'est une cible pour la Miséricorde.
Léon Bloy, Le désespéré.

CRITIQUE
Sans la liberté de blâmer, il n'est point d'éloge flatteur.
Beaumarchais,
Le mariage de Figaro.

Tous les grands poètes deviennent naturellement, fatalement, critiques.
Charles Baudelaire,
L'art romantique.

Tous les jours à la cour, un sot de qualité
Peut juger de travers avec impunité,
A Malherbe, à Racan, préférer Théophile,
Et le clinquant du Tasse à tout l'or de Virgile.
Nicolas Boileau, Satires.

Le besoin que les hommes ont de tout blâmer.*Chamfort*

On fait de la critique quand on ne peut pas faire de l'art, de même qu'on se met mouchard quand on ne peut pas être soldat. *Gustave Flaubert*

Le bon critique est celui qui raconte les aventures de son âme au milieu des chefs-d'œuvre.
Anatole France

La critique sans bonté trouble le goût et empoisonne les saveurs. *Joseph Joubert*

Certains critiques ressemblent assez à ces gens qui, toutes les fois qu'ils veulent rire, montrent de vilaines dents.
Joseph Joubert, Pensées.

Le plaisir de la critique nous ôte celui d'être vivement touchés de très belles choses.
La Bruyère, Les caractères.

Vieil océan, tes eaux sont amères. C'est exactement le même goût de fiel que distille la critique sur les beaux arts, sur les sciences, sur tout. Si quelqu'un a du génie, on le fait passer pour un idiot ; si quelque autre est beau de corps, c'est un bossu affreux. Certes il faut que l'homme sente avec force son imperfection, dont les trois quarts d'ailleurs ne sont dus qu'à lui-même, pour la critiquer ainsi !
Lautréamont,
Les Chants de Maldoror.

Les esprits médiocres condamnent d'ordinaire tout ce qui passe à leur portée.
La Rochefoucauld, Maximes.

Peu de gens sont assez sages pour préférer le blâme qui leur est utile à la louange qui les trahit.
La Rochefoucauld, Maximes.

La critique est aisée, mais l'art est difficile.
Destouches

La critique est Thésée, et l'art est Hippolyte !
Toulouse-Lautrec

Il est aisé de critiquer un auteur ; mais il est difficile de l'apprécier.
Vauvenargues, Réflexions et Maximes.

◆ Il est plus facile de démolir que de bâtir.

CROIRE

On risque autant à croire trop qu'à croire trop peu.
Diderot

Je crois ce que je dis, je fais ce que je crois.
Victor Hugo

Qui craint de souffrir, il souffre déjà ce qu'il craint.
Montaigne

Il est doux de croire, même à l'enfer.
Anatole France

Aimer, c'est la moitié de croire.
Victor Hugo, Les Chants du crépuscule.

◆ On croit mieux ce qu'on craint, ou ce que l'on désire.

CROIX

◆ La croix est l'échelle des cieux.

◆ Chacun porte sa croix.

CROYANCE
Il est très important de ne pas prendre de la ciguë pour du persil, mais nullement de croire ou de ne pas croire en Dieu.
Diderot

La foi est la consolation des misérables, et la terreur des heureux.
Vauvenargues

CRUAUTÉ
La cruauté, c'est le premier des attributs de Dieu.
André Gide,
Les faux-monnayeurs.

CUEILLETTE
Quand les sauvages de la Louisiane veulent avoir un fruit, ils coupent l'arbre au pied et cueillent le fruit.
Montesquieu,
L'Esprit des lois.

CUISINE
La cuisine, c'est quand les choses ont le goût de ce qu'elles sont. *Curnonsky*

◆ Petite cuisine agrandit la maison.

CUISINIER
On devient cuisinier mais on naît rôtisseur.
Brillat-Savarin,
Physiologie du goût.

CUISSON
◆ Bœuf saignant,
mouton bêlant, porc pourri,
tout n'en vaut rien.
s'il n'est bien cuit.
◆ Veaux, poulets
et poissons crus
Font les cimetières bossus.

CUL
Quand j'ai besoin de quelqu'un, je n'y regarde pas de si près, je le baiserais au cul.
Napoléon Ier

◆ Il ne faut pas péter
plus haut que son cul.
◆ S'il faut baiser le
cul du chien,
Tant vaut aujourd'hui
que demain.

CULTURE

La culture, c'est comme la confiture, moins on en a, plus on l'étale.
Anonyme

Il n'y a pas d'homme cultivé. Il n'y a que des hommes qui se cultivent.
Maréchal Foch

La culture, c'est ce qui demeure dans l'homme lorsqu'il a tout oublié.
Émile Henriot

CURIOSITÉ

Il y a toujours un moment où la curiosité devient un péché, et le diable s'est toujours mis du côté des savants.
Anatole France

La curiosité malgré tous ses attraits,
Coûte souvent bien des regrets ;
On en voit tous les jours mille exemples paraître.
C'est, n'en déplaise au sexe, un plaisir bien léger,
Dès qu'on le prend il cesse d'être,
Et toujours il coûte trop cher.
Charles Perrault,
Barbe bleue.

On n'est curieux qu'à proportion qu'on est instruit.
Jean-Jacques Rousseau,
Émile.

D

DANGER
Plus le péril est grand, plus doux est le fruit.
Pierre Corneille, Cinna.

Oh ! l'âpre volupté que le danger procure !
Jean Richepin, Les caresses

Tu trembles, carcasse, mais tu tremblerais bien davantage si tu savais où je vais te mener !
Turenne

DATE
Dans toutes les existences, on note une date où bifurque la destinée, soit vers une catastrophe, soit vers le succès.
La Rochefoucauld

DANSE
◆ Après la panse, la danse.
◆ Qui bien chante
et qui bien danse
Fait un métier
qui peu avance.
◆ Jamais danseur
ne fut bon clerc

DÉBAUCHE
On s'écrase sans plus se voir, en quête
Du plaisir d'or et de phosphore ;
Des femmes s'avancent, pâles idoles
Avec, en leurs cheveux, les sexuels symboles.
Émile Verhaeren,
Les Campagnes Hallucinées.

◆ Au danger on connaît les braves.
◆ Le danger dissout tous les liens.
◆ Danger passé, saint moqué.

DÉBUT
Rien ne sert de courir, il faut partir à point.
Jean de La Fontaine,
Le Lièvre et la Tortue.

Heureux commencement
est la moitié de l'œuvre.

DÉBUTANTS
Il faut que les jeunes gens qui entrent dans le monde soient honteux ou étourdis : un air capable et composé se tourne d'ordinaire en impertinence.
La Rochefoucauld, Maximes.

DÉCEMBRE
◆ Décembre de froid
trop chiche
Ne fait pas le paysan riche.
◆ Si l'hiver ne fait
son devoir
En mois de décembre
ou de janvier,
Au plus tard il se fera voir
Dès le deuxième février.

DÉCEPTION
Le fâcheux avec les hommes, c'est qu'ils vous déçoivent toujours, soit qu'on s'y fie, soit qu'on s'en méfie.
Fréron

DÉCHÉANCE
Quand on tombe, on ne tombe jamais bien.
Alexandre Dumas fils

◆ De grande montée,
grande chute.
◆ Quand l'arbre est tombé,
tout le monde court
aux branches.
◆ Au bout du fossé
la culbute.
◆ Aujourd'hui chevalier,
demain vacher.
◆ Aujourd'hui en chère,
demain en bière.
◆ Aujourd'hui en fleur,
demain en pleur.
◆ Aujourd'hui maître,
demain valet.
◆ Aujourd'hui roi,
demain rien.
◆ Qui entre pape au
conclave en sort cardinal.

DÉCORATIONS
Décernez aux chefs des honneurs, mais revêtez-en les soldats.
Joseph Joubert, Pensées.

DÉFAITE
Accepter l'idée d'une défaite, c'est être vaincu.
Maréchal Foch

DÉFAUT

Malheur à l'homme qui, même dans l'amitié la plus intime, laisse découvrir son faible et sa prise !
Chamfort,
Maximes et Pensées.

Fuyez un ennemi qui sait votre défaut.
Pierre Corneille, Polyeucte.

Un homme qui ne montre aucun défaut est un sot ou un hypocrite dont il faut se méfier.
Il est des défauts tellement liés à de belles qualités, qu'ils les annoncent et qu'on fait bien de ne pas s'en corriger.
Joseph Joubert, Pensées.

Chacun a son défaut, où toujours il revient.
Jean de La Fontaine

Si nous n'avions point de défauts, nous ne prendrions pas tant de plaisir à en remarquer dans les autres.
La Rochefoucauld, Maximes.

Il n'appartient qu'aux grands hommes d'avoir de grands défauts.
La Rochefoucauld, Maximes.

Nous n'avouons de petits défauts que pour persuader que nous n'en avons pas de grands.
La Rochefoucauld, Maximes.

Le plus grand effort de l'amitié n'est pas de montrer nos défauts à un ami ; c'est de lui faire voir les siens.
La Rochefoucauld, Maximes.

Nous pardonnons aisément à nos amis les défauts qui ne nous regardent pas.
La Rochefoucauld, Maximes.

On blâme aisément les défauts des autres, mais on s'en sert rarement à corriger les siens.
La Rochefoucauld, Maximes.

Nous n'avouons jamais nos défauts que par vanité.
La Rochefoucauld, Maximes.

Nous essayons de nous faire honneur des défauts que nous ne voulons pas corriger.
La Rochefoucauld, Maximes.

Les meilleurs d'entre nous ne font voir que leurs défauts.
Jules Renard, Journal.

Nous ne savons pas beaucoup de gré à nos amis d'estimer nos bonnes qualités, s'ils osent seulement s'apercevoir de nos défauts.
Vauvenargues, Réflexions et Maximes.

On peut aimer de tout son cœur ceux en qui on reconnaît de grands défauts. Il y aurait de l'impertinence à croire que la perfection a seule droit de nous plaire. Nos faiblesses nous attachent quelquefois les uns aux autres autant que pourrait faire la vertu.
Vauvenargues, Réflexions et Maximes.

Pour la plupart des hommes, se corriger consiste à changer de défauts.
Voltaire

◆ Chacun sait où son soulier le blesse.

DÉFIANCE

J'aime beaucoup mieux être trompé que de vivre éternellement dans la défiance, fille de la lâcheté et mère de la dissension.
Bossuet

Les hommes ne croient jamais les autres capables de ce qu'ils ne le sont pas eux-mêmes.
Paul de Gondi, cardinal de Retz, Mémoires.

Notre défiance justifie la tromperie d'autrui.
La Rochefoucauld, Maximes.

Il est plus honteux de se défier de ses amis que d'en être trompé.
La Rochefoucauld, Maximes.

◆ Défiance est mère de sûreté.
◆ Il faut se défier d'un ennemi réconcilié.
◆ Il faut se garder du devant d'une femme, du derrière d'une mule, et d'un moine de tous côtés.
◆ Il ne faut pas se fier aux apparences.

De toute femme qui se farde,
De personne hypocrite et bavarde,
De fille qui se recommande,
De valet qui commande,
De chair salée sans moutarde,
De vache sans lait,
De poule qui point ne pond,
Du petit dîner qui trop tarde,
De cheval qui recule,
De vieux chien qui hurle,
De fou portant massue,
De bête cornue en étroite rue,
De vieille femme borgne ou bossue,
De femme mauvaise ou malotrue,
De prêtres, sergents et guerriers,
De jeune médecin et vieux barbier,
De fille oiseuse et querelleuse,
De jument vieille et boiteuse,
Du jeune arrogant en jeunesse,
De serviteurs remplis de paresse,
De chambrière mal soigneuse,
De bourse vide et creuse,
De cuisinier morveux et poulain rogneux,
De vin éventé et pain mouillé,
De vilain enrichi et favorisé,
De maison envinée,
De personne de Dieu signée
De chausse déchirée,
De fièvre enracinée
D'ennemi familier et privé,
D'ami simulé et réconcilié,
Et de choir en dettes toute cette l'année,
Libera nos, Domine

DÉGÉNÉRESCENCE
Tout est bien sortant des mains de l'auteur des choses ; tout dégénère entre les mains de l'homme.
Jean-Jacques Rousseau

DÉGOÛT
On court les risques du dégoût en voyant comment l'administration, la justice et la cuisine se préparent.
Chamfort,
Caractères et anecdotes.

Je ne réponds pas d'avoir du goût, mais j'ai le dégoût très sûr.
Jules Renard, Journal.

Notre dégoût n'est point un défaut et une insuffisance des objets extérieurs, comme nous aimons à le croire ; mais un épuisement de nos propres organes, et un témoignage de notre faiblesse.
Vauvenargues,
Réflexions et Maximes.

◆ Au dégoûté

DÉLUGE
Il n'y a que l'inutilité du premier déluge qui empêche Dieu d'en envoyer un second.
Chamfort

Après nous, le déluge…
Mme de Pompadour
à Louis XV.

DÉMAGOGIE
La clémence des princes n'est souvent qu'une politique pour gagner l'affection des peuples.
La Rochefoucauld, Maximes.

DEMAIN
Demain, j'irai demain voir ce pauvre chez lui,
Demain, je reprendrai le livre à peine ouvert,
Demain, je te dirai, mon âme, où je te mène,
Demain, je serai juste et fort...
Pas aujourd'hui.
Sully-Prud'homme, Poésies.

◆ Il ne faut jamais remettre à demain ce qu'on peut faire le jour même.

DÉMARCHE
En marchant les femmes peuvent tout montrer, mais ne rien laisser voir. *Balzac*

DÉMÉNAGEMENT
◆ Trois déménagements valent un incendie.
◆ On n'est jamais si riche

DÉMENTI
◆ Un démenti vaut un soufflet.

DÉMOCRATIE
Le pouvoir pour les poux de manger les lions.
Clemenceau

DEMOISELLE
◆ A la chandelle la chèvre semble demoiselle.

DÉMONSTRATION
Pour expliquer un brin de paille, il faut démonter tout l'univers. *Rémy de Gourmont*

DENT
Le sourire réside sur les lèvres, mais le rire à son siège et sa bonne grâce sur les dents. *Joseph Joubert*

◆ On creuse sa tombe avec ses dents.
◆ Bonnes sont les dents

DÉPART
Rien ne sert de courir, il faut partir à point.
Jean de La Fontaine,
Le lièvre et la tortue.

DÉPRAVATION
La dépravation suit les progrès des lumières. Chose très naturelle, que les hommes ne puissent s'éclairer sans se corrompre.
Restif de la Bretonne

DÉPRESSION
On peut être las de tout sans rien connaître, fatigué de traîner sa casaque sans avoir lu Werther ni René, et il n'y a pas besoin d'être reçu bachelier pour se brûler la cervelle.
Gustave Flaubert, Par les champs et par les grèves.

DÉPUTÉ
Il faut avoir vécu dans cet isoloir qu'on appelle Assemblée nationale, pour concevoir comment les hommes qui ignorent le plus complètement l'état d'un pays sont presque toujours ceux qui le représentent.
Proudhon

DÉRISION
Je me presse de rire de tout, de peur d'être obligé d'en pleurer.
Beaumarchais,
Le barbier de Séville

DERNIER
Si l'on n'est plus que mille,
eh bien, j'en suis ! Si même
Ils ne sont plus que cent, je brave encore Sylla ;
S'il en demeure dix, je serai le dixième ;
Et s'il n'en reste qu'un, je serai celui-là.
Victor Hugo

DÉSAMOUR
Il est impossible d'aimer une seconde fois ce qu'on a véritablement cessé d'aimer.
La Rochefoucauld, Maximes.

Il est plus facile de prendre de l'amour quand on n'en a pas, que de s'en défaire quand on en a.
La Rochefoucauld, Maximes.

On a bien de la peine à rompre, quand on ne s'aime plus.
La Rochefoucauld, Maximes.

Aimer moins, ou ne plus aimer, c'est tout de même.
Paul-Jean Toulet

C'est en mourant que l'amour et la fleur du prunier répandent leur plus douce odeur.
Paul-Jean Toulet, Monsieur du Paur, homme public.

◆ Loin des yeux
loin du cœur.

DÉSESPOIR
O Seigneur ! ouvrez-moi les portes de la nuit,
Afin que je m'en aille et que je disparaisse.
Victor Hugo,
Les contemplations.

Mon unique espérance est dans mon désespoir.
Jean Racine, Bajazet.

L'homme est désespéré de faire partie d'un monde infini, où il compte pour zéro.
Ernest Renan

Le désespoir comble non seulement notre misère, mais notre faiblesse.
Vauvenargues,
Réflexions et Maximes.

Le désespoir est la plus grande de nos erreurs.
Vauvenargues

Quand on a tout perdu, quand on n'a plus d'espoir,
La vie est un opprobre et la mort un devoir.
Voltaire, Mérope.

◆ Un noyé s'accroche à un brin de paille.
◆ La vertu croît sur le désespoir.
◆ A barque désespérée Dieu fait trouver le port.

DÉSHONNEUR

Quoiqu'on fasse, on ne peut se déshonorer quand on est riche.
Diderot, Le neveu de Rameau.

Le ridicule déshonore plus que le déshonneur.
La Rochefoucauld, Maximes.

◆ Il n'est que d'être crotté pour affronter le bourbier.

DÉSIR

Et le désir s'accroît quand l'effet se recule.
Pierre Corneille, Polyeucte.

Un désir satisfait en fait naître un autre dans le cœur d'un amant. Sur ce qu'on lui permet, il voit ce qu'on peut lui permettre. *Crébillon fils*

Il est plus facile d'éteindre un premier désir que de satisfaire tous ceux qui le suivent.
La Rochefoucauld, Maximes.

Elle ne disait plus rien, les yeux baissés, révoltée toujours dans son âme et dans sa chair, devant ce désir incessant de l'époux, n'obéissant qu'avec dégoût, résignée, mais humiliée, voyant là quelque chose de bestial, de dégradant, une saleté enfin.
Guy de Maupassant, Une Vie.

Nous nous tenions la main. Je sentais la piqûre
Du désir s'enfoncer dans mon cœur énervé
Et le désir croissait, de se voir observé.
Oh ! l'âtre volupté que le danger procure !
Jean Richepin

Le désir est à la passion ce que le plaisir est au bonheur : mais le désir devient souvent passion, et nul plaisir n'est encore devenu bonheur.
Rivarol

On ne peut désirer ce qu'on ne connaît pas.
Voltaire, Zaïre.

◆ Qui désire est en peine.
◆ N'est pas pauvre qui a peu, mais qui désire beaucoup.
◆ Désir ne peut mourir.
◆ C'est grand bonheur d'avoir ce que l'on désire, mais c'est encore plus grand bonheur de ne désirer que ce que l'on a.

DÉSOBÉISSANCE

Il est des occasions où le meilleur moyen de servir les princes, c'est de leur désobéir.
Pierre Broussel, magistrat pendant la Fronde.

Il est beau qu'un soldat désobéisse à des ordres criminels.
Anatole France

DESPOTISME

Le despotisme fait illégalement de grandes choses, la liberté ne se donne même pas la peine d'en faire légalement de très petites.
Honoré de Balzac, La Peau de chagrin.

Je hais si fort le despotisme que je ne puis souffrir le mot ordonnance du médecin.
Chamfort

Quand les sauvages de la Louisiane veulent avoir un fruit, ils coupent l'arbre au pied et cueillent le fruit. Voilà le gouvernement despotique.
Montesquieu, L'Esprit des lois.

Quand on succède au peuple, on est despote. *Rivarol*

Le prétexte ordinaire de ceux qui font le malheur des autres est qu'ils veulent leur bien.
Vauvenargues

Quiconque est plus sévère que les lois est un tyran.
Vauvenargues

Les prospérités des mauvais rois sont fatales aux peuples.
Vauvenargues

DESSEIN
Pour exécuter de grandes choses, il faut vivre comme si on ne devait jamais mourir.
Vauvenargues

> **DESTIN**
> ◆ Va où tu peux, meurs où tu dois.
> ◆ Qui doit être pendu n'est jamais noyé.

DESTINATION
Savoir où l'on veut aller, c'est très bien ; mais il faut encore montrer qu'on y va.
Émile Zola

DESTINÉE
On rencontre sa destinée
Souvent par des chemins qu'on prend pour l'éviter.
Jean de La Fontaine, L'horoscope.

DÉTRESSE
La débauche et la faim s'accouplent en leur trou
Et le choc noir des détresses charnelles
Danse et bondit à mort dans les ruelles.
Émile Verhaeren, Les Campagnes Hallucinées.

DETTE
Qui perd ses dettes s'enrichit.
Balzac, Proverbes.

Les dettes abrègent la vie.
Joseph Joubert, Pensées.

> ◆ Argent comptant porte médecine, argent emprunté porte tristesse.
> ◆ Le chagrin ne paye pas les dettes.

DEUIL
Le front pâli par un long jeûne,
Triste et douce, en grand deuil.
Théodore de Banville, Odelettes.

Deuil : le mensonge noir.
Jules Renard, Journal.

... Quand vous montez lentement vers ces portes,
Votre robe de deuil traîne des feuilles mortes.
Edmond Rostand, Cyrano de Bergerac.

Le noir sied à son front poli.
Et par ce front le chagrin même
Est embelli.
Sully Prud'homme, Poésies.

DÉVEINE
La déveine est bien ennuyeuse, mais la veine a quelque chose d'humiliant.
Jules Renard, Journal.

DEVOIR
Le devoir, l'honneur ! Des mots à qui on fait dire ce qu'on veut, comme aux perroquets.
Alfred Capus

C'est le devoir qui crée le droit et non le droit qui crée le devoir.
Chateaubriand,
Mémoires d'outre-tombe.

Le devoir, c'est ce qu'on exige des autres.
Alexandre Dumas

Avec le mot devoir, on fait danser le citoyen comme un ours avec une musette.
Rémy de Gourmont

Quand dans un royaume il y a plus d'avantage à faire sa cour qu'à faire son devoir, tout est perdu.
Montesquieu

Tout le devoir ne vaut pas une faute qui s'est commise par tendresse.
Mme de La Sablière,
Pensées chrétiennes.

◆ Fais ce que dois, advienne que pourra.
◆ On a jamais fini de faire son devoir

DÉVOT
Un dévot est celui qui sous un roi athée serait athée.
Jean de La Bruyère,
Les caractères.

Force gens veulent être dévots, mais personne ne veut être humble.
La Rochefoucauld, Maximes.

La plupart des amis dégoûtent de l'amitié, et la plupart des dévots dégoûtent de la dévotion.
La Rochefoucauld, Maximes.

Ah ! pour être dévot, je n'en suis pas moins homme !
Molière, Le Tartuffe.

La plupart de nos impies ne sont que des dévots révoltés.
Rivarol

La dévote croit aux dévots, l'indévote aux philosophes ; mais toutes deux sont également crédules.
Rivarol

L'avare se moque du prodigue, le prodigue de l'avare ; l'incrédule du dévot, le dévot de l'incrédule : ils se prennent réciproquement pour des dupes.
Rivarol

Le dévot croit aux visions d'autrui : le philosophe ne croit qu'aux siennes.
Rivarol

Qui est près de l'église est souvent loin de Dieu.

DÉVOUEMENT
Le dévouement est la plus belle coiffure d'une femme.
Eugène Labiche, Un chapeau de paille d'Italie.

DIABLE
Ne disons pas du mal du diable : c'est peut-être l'homme d'affaires du bon Dieu.
Fontenelle

◆ Le diable n'est pas si noir qu'on le fait.
◆ Quand le diable dit ses patenôtres, il veut te tromper.
◆ Le diable n'est pas toujours à la porte d'un pauvre homme.
◆ Ce qui vient du diable retourne au diable.
◆ Les menteurs sont les enfants du diable.
◆ Le diable ne dort jamais.
◆ Le diable prend tout ce qu'on lui donne.
◆ Plus a le diable et plus il veut avoir.

DIAGNOSTIC
Monseigneur, dans vingt-quatre heures, vous serez mort ou guéri.
Chicot, médecin, au cardinal de Richelieu agonisant.

◆ Douleur de tête veut manger,
Douleur de ventre veut purger.

DIAMANT
L'âme du diamant est la lumière.
Joseph Joubert

DIANE
La diane chantait dans les cours des casernes,
Et le vent du matin soufflait sur les lanternes.
Charles Baudelaire, Les Fleurs du Mal.

DICTATURE
Les dictatures sont comme le supplice du pal : elles commencent bien, mais elles finissent mal.
Georges Clemenceau

Pour enchaîner les peuples, on commence par les endormir.
Jean-Paul Marat

◆ Chose contrainte ne vaut rien.

DICTIONNAIRE
Un dictionnaire, c'est tout l'univers par ordre alphabétique.
Anatole France

DIEU
Plus on approche de Dieu, plus on est seul. C'est l'infini de la solitude.
Léon Bloy

Dieu n'est pas un tout qu'on partage.
Bossuet

Il est un Dieu. Les herbes de la vallée et les cèdres du Liban le bénissent, l'insecte bruit ses louanges, et l'éléphant le salue au lever du soleil ; les oiseaux chantent dans le feuillage, le vent le murmure dans les forêts, la foudre tonne sa puissance, et l'Océan déclare son immensité ; l'homme seul a dit : il n'y a point de Dieu.
Chateaubriand,
Essai sur les révolutions.

Dieu fit la liberté, l'homme a fait l'esclavage.
Marie-Joseph Chénier

Quand on voit la vie telle que Dieu l'a faite, il n'y a qu'à le remercier d'avoir fait la mort.
Alexandre Dumas fils, Denise.

Dieu punit l'homme de ses fautes en le laissant vivre.
Xavier Forneret

Non, l'avenir n'est à personne !
Sire ! l'avenir est à Dieu !
Victor Hugo,
Les Chants du crépuscule.

Dieu premier servi
Devise de Jeanne d'Arc

La lumière est l'ombre de Dieu ; la clarté, l'ombre de la lumière.
Joseph Joubert, Pensées.

Dieu a ordonné au temps de consoler les malheureux.
Joseph Joubert, Pensées.

Dieu est tellement grand et tellement vaste que, pour le comprendre, il faut le diviser.
Joseph Joubert, Pensées.

L'espace est la stature de Dieu.
Joseph Joubert, Pensées.

C'est Dieu qui nous fait vivre
C'est Dieu qu'il faut aimer
François de Malherbe,
Poésies.

C'est le cœur qui sent Dieu, et non la raison.
Pascal, Pensées.

Mon plus grand chagrin est qu'il n'existe réellement pas de Dieu et de me voir privé, par-là, du plaisir de l'insulter plus positivement.
Marquis de Sade

La nature est une œuvre d'art, mais Dieu est le seul artiste qui existe, et l'homme n'est qu'un arrangeur de mauvais goût.
George Sand,
François le Champi.

Le vrai Dieu, le Dieu fort, c'est le Dieu des idées.
Alfred de Vigny,
Les Destinées.

L'univers m'embarrasse, et je ne puis songer
Que cette horloge existe et n'ait pas d'horloger.
Voltaire

Si Dieu n'existait pas, il faudrait l'inventer.
Voltaire

Si Dieu nous a fait à son image, nous le lui avons bien rendu.
Voltaire

◆ L'homme propose
et Dieu dispose.
◆ Ne nous plaignons pas
du mal, il vient de Dieu.
◆ Dieu a posé le travail
pour sentinelle de la vertu.
◆ Aux petits des oiseaux
Dieu donne leur pâture.
◆ Dieu donne le froid
selon la robe.
◆ Dieu aime les mal-vêtus.
◆ Dieu hait
le pauvre orgueilleux,
le jeune paresseux
et le vieux luxurieux.
◆ Bien misérable
que celui que Dieu hait,
bien riche
que celui que Dieu aime.
◆ A barque désespérée
Dieu fait trouver le port.
◆ Quand Dieu ne veut
le saint ne peut.
◆ Il vaut mieux s'adresser
au bon Dieu qu'à ses saints.

◆ Chacun pour soi
et Dieu pour tous.
◆ Contre Dieu nul ne peut.
◆ Qui est près de l'église
est souvent loin de Dieu.
◆ Quand Dieu envoie
la farine, le diable enlève
le sac.
◆ Qui a peu
Dieu lui donne.
◆ La main du pauvre
est la bourse de Dieu.
◆ Ceux à qui Dieu veut
du bien meurent jeunes.
◆ Dieu aide à trois sortes
de personnes : aux fous,
aux enfants
et aux ivrognes.
◆ Secret de deux
secret de Dieu,
Secret de trois
secret de tous.
◆ Servir Dieu, c'est régner.
◆ On ne peut servir Dieu
et le monde.

DIFFÉRENCE
J'ai assez vécu pour voir que différence engendre haine.
Stendhal, Le rouge et le noir.

◆ Difformité n'est pas vice.

DIGNITÉ
Toute notre dignité consiste donc en la pensée. C'est de là qu'il faut nous relever, et non de l'espace et de la durée, que nous ne saurions remplir. Travaillons donc à bien penser : voilà le principe de la morale.
Pascal, Pensées

DILEMME
Je meurs si je vous perds,
mais je meurs si j'attends.
Jean Racine, Andromaque.

DIMANCHE
C'est Dimanche aujourd'hui.
L'air est couleur du miel.
Le rire d'un enfant perce la cour aride :
On dirait un glaïeul élancé vers le ciel.
Un orgue au loin se tait.
L'heure est plate et sans ride.
Paul-Jean Toulet,
Les contrerimes.

Du dimanche matin la pluie
Souvent la semaine ennuie

DINDON
L'aigle marche toujours seul, le dindon fait troupe.
Marat

◆ Être le dindon de la farce.
◆ Dindon perché, temps mouillé.

DIPLOMATE
Les seuls espions avoués sont les ambassadeurs.
Casanova, Mémoires.

Les diplomates trahissent tout, excepté leurs émotions.
Victor Hugo

DIPLOMATIE
Ne coupez pas ce que vous pouvez dénouer.
Joseph Joubert, Pensées.

la diplomatie est la police en grand costume.
Napoléon Ier

DISCIPLE
Personne ne nous montre nos défauts comme un disciple.
Jules Renard, Journal.

DISCOURS

Les chefs-d'œuvre de la langue française sont les discours de distribution pour les lycées, et les discours académiques.
Lautréamont, Poésies.

Les discours des hommes ne sont que des masques qu'ils appliquent sur leurs actions.
Stendhal

◆ Les grands discours font les longs jours.

DISCRÉTION

On souhaite la paresse d'un méchant et le silence d'un sot.
Chamfort,
Maximes et Pensées.

Je me suis souvent repenti d'avoir parlé, mais jamais de m'être tu.
Philippe de Commynes

Les gens sans bruit sont dangereux :
Il n'en est pas ainsi des autres.
Jean de La Fontaine,
Le Torrent et la Rivière.

La parfaite valeur est de faire sans témoin ce qu'on serait capable de faire devant tout le monde.
La Rochefoucauld, Maximes.

Nous oublions aisément nos fautes lorsqu'elles ne sont sues que de nous.
La Rochefoucauld, Maximes.

Le grand art de l'homme fin est de ne le point paraître.
Montaigne, Essais.

Si vous croyez que je vais dire
Qui j'ose aimer,
Je ne saurais, pour un empire,
Vous la nommer.
Alfred de Musset

On ne devrait rien dire, parce que tout blesse.
Jules Renard, Journal.

Généralement, les gens qui savent peu parlent beaucoup, et les gens qui savent beaucoup parlent peu.
Jean-Jacques Rousseau, Émile.

Moins on parle, et bien souvent mieux on pense.
Sainte-Beuve

◆ Bien dire fait rire,
bien faire fait taire.
◆ Il faut tourner sept fois
sa langue dans sa bouche
avant de parler.
◆ La foudre épargne
ceux qui dorment.
◆ A grands seigneurs
peu de paroles.
◆ Bonnes sont les dents
qui retiennent la langue.
◆ Écoute beaucoup,
et parle peu.
◆ De choses tristes
et adversaires
En temps de joie
il se faut taire.
◆ Le fou semble sage
quand il se tait.
◆ A fol conteur
Sage écouteur.

DISSIMULATION

Savoir dissimuler est le savoir des rois.
Richelieu

On ne peut rien cacher. La force, c'est de ne rien cacher.
Jules Renard, Journal.

◆ Péché caché
est à demi-pardonné.

DISGRÂCE

De grande montée,
grande chute.
◆ Au bout du fossé
la culbute.
◆ Aujourd'hui chevalier,
demain vacher.
◆ Aujourd'hui en chère,
demain en bière.
◆ Aujourd'hui en fleur,
demain en pleur.
◆ Aujourd'hui maître,
demain valet.
◆ Aujourd'hui roi,
demain rien.
◆ Qui entre pape
au conclave
en sort cardinal.

DISTRACTION

Je n'ai pas été fâché de passer pour distrait : cela m'a fait hasarder bien des négligences qui m'auraient embarrassé.
Montesquieu

DIVERTISSEMENT
Les hommes ont une pente merveilleuse à s'imaginer qu'ils amuseront les autres par les mêmes moyens par lesquels ils sentent qu'ils peuvent être eux-mêmes amusés.
Paul de Gondi, cardinal de Retz, Mémoires.

Sans divertissement, il n'y a point de joie ; avec le divertissement, il n'y a point de tristesse.
Pascal, Pensées.

Les gens du monde emploient mieux leurs loisirs que leur temps ; les pauvres n'ont pas de loisirs.
Rivarol

La distraction tient à une grande passion où à une grande insensibilité.
Rivarol

DIVORCE
Le divorce est si naturel que, dans beaucoup de maisons, il couche toutes les nuits entre les deux époux.
Chamfort

DIVORCÉE
C'est toujours un grand malheur pour elle d'être contrainte d'aller chercher un second mari lorsqu'elle a perdu la plupart de ses agréments chez un autre.
Montesquieu

DOIGT
◆ Il ne faut pas mettre le doigt entre l'arbre et l'écorce.
◆ Ne pas savoir quoi faire

DOMESTIQUE
Aux vertus qu'on exige d'un domestique, Votre Excellence connaît-elle beaucoup de maîtres qui fussent dignes d'être valets ?
Beaumarchais, Le barbier de Séville.

DON
Donner est un plaisir plus durable que recevoir ; car celui des deux qui donne est celui qui se souvient le plus longtemps. *Chamfort*

Je fais à la France le don de ma personne pour atténuer son malheur. *Maréchal Pétain*

◆ Recevoir sans donner
fait tourner l'amitié.
◆ A donner donner,
à vendre vendre.
◆ Un bienfait
n'est jamais perdu.
◆ Donner tard,
c'est refuser.
◆ Qui donne peu
reçoit peu.
◆ Donner un œuf
pour un bœuf.
◆ Qui donne tôt
deux fois donne.
◆ Qui mal donne
perd sa donne.

DONS
Il avait tous les dons, hormis celui de s'en servir.
Princesse Palatine au sujet de son fils, le régent Philippe d'Orléans.

DOT
Avant notre connaissance, votre dot valait mieux que vous ; à présent, vous valez mieux que votre dot.
Marivaux, Le jeu de l'amour et du hasard.

DOUCEUR
Plus fait douceur que violence.
Jean de La Fontaine,
Phébus et Borée.

Il n'y a que les personnes qui ont de la fermeté qui puissent avoir une véritable douceur ; celles qui paraissent douces n'ont d'ordinaire que de la faiblesse, qui se convertit aisément en aigreur.
La Rochefoucauld, Maximes.

◆ Douce est la peine
qui amène après tourment
contentement.
◆ Douces paroles apaisent
grande colère,
Dures paroles
irritent un cœur félon.

DOULEUR
Il n'y a pas de douleur que le sommeil sache vaincre.
Honoré de Balzac,
Le cousin Pons.

Sois sage, ô ma douleur, et tiens-toi plus tranquille.
Baudelaire,
Les Fleurs du mal.

La douleur est un siècle et la mort, un moment.
Jean-Baptiste Gresset

Notre âme a plus de capacité pour le plaisir que pour la douleur.
Maine de Biran

La description de la douleur est un contresens. Il faut voir tout en beau.
Lautréamont

Rien ne nous rend si grands qu'une grande douleur.
Alfred de Musset,
La Nuit de mai.

La douleur qui se tait n'en est que plus funeste.
Jean Racine, Andromaque.

La douleur, c'est le vide.
Jean-Paul Sartre

◆ On se heurte toujours où l'on a mal.
◆ Les grandes douleurs sont muettes.

DOUTE

Doutons même du doute.
Anatole France

Le doute est un hommage rendu à l'espoir.
Lautréamont,
Les Chants de Maldoror.

Dans le doute, il faut choisir d'être fidèle.
François Mauriac

◆ Dans le doute, abstiens-toi.
◆ Qui doute ne se trompe point.

DRAPEAU

Tous les drapeaux ont été tellement souillés de sang et de m... qu'il est temps de n'en plus avoir du tout.
Gustave Flaubert,
Correspondance.

◆ Le drapeau déchiré fait la gloire du capitaine.

DRAPEAU TRICOLORE

Il faut faire passer avant toute chose l'honneur du drapeau.
Jules Ferry

Le drapeau tricolore a fait le tour du monde avec le nom, la gloire et la liberté de la patrie.
Alphonse de Lamartine

Plein de sang dans le bas et de ciel dans le haut,
- Puisque le bas trempa dans une horreur féconde
Et que le haut baigna dans les espoirs du monde -.
Edmond Rostand, L'Aiglon.

DROIT

Où manque la force, le droit disparaît ; où apparaît la force, le droit commence de rayonner.
Maurice Barrès

C'est le devoir qui crée le droit et non le droit qui crée le devoir.
Chateaubriand, Mémoires d'outre-tombe.

Il y a un droit du plus sage, mais non pas un droit du plus fort.
Joseph Joubert, Pensées.

◆ Bon droit a besoin d'aide.
◆ Force n'est pas droit.
◆ Droit à droit revient.
◆ Droit défend toute vilenie
Droit montre toute courtoisie.

DUEL

A la fin de l'envoi, je touche.
Rostand, Cyrano de Bergerac.

DUMAS (PÈRE ET FILS)

Le deux Dumas ont renversé la théorie de l'économie. C'est le père qui fut le prodigue, et le fils qui fut l'avare.
Jules Renard, Journal.

DUPE

Les gens les plus défiants sont souvent les plus dupes.
Paul de Gondi, cardinal de Retz, Mémoires.

Car c'est double plaisir de tromper le trompeur.
Jean de La Fontaine, Le Coq et le Renard.

Tel est pris qui croyait prendre.
Jean de La Fontaine, Le Rat et l'Huître.

L'intention de ne jamais tromper nous expose à être souvent trompés.
La Rochefoucauld, Maximes.

Le vrai moyen d'être trompé, c'est de se croire plus fin que les autres.
La Rochefoucauld, Maximes.

Comme on serait meilleur, sans la crainte d'être dupe !
Jules Renard, Journal.

◆ Il y a plus de trompés que de trompettes.

L'avare se moque du prodigue, le prodigue de l'avare ; l'incrédule du dévot, le dévot de l'incrédule : ils se prennent réciproquement pour des dupes.
Rivarol

DURÉE

Tout s'anéantit, tout périt, tout passe ; il n'y a que le monde qui reste. Il n'y a que le temps qui dure.
Diderot

E

EAU

Un homme qui ne boit que de l'eau a un secret à cacher à ses semblables.
Charles Baudelaire

Que d'eau, que d'eau !
Maréchal Mac-Mahon, lors d'inondations.

Plus douce qu'aux enfants la chair des pommes sures,
L'eau verte pénétra ma coque de sapin
Et des taches de vins bleus et des vomissures
Me lava, dispersant gouvernail et grappin.
Arthur Rimbaud, Le Bateau ivre.

◆ Les méchants sont buveurs d'eau.
◆ Il n'est pire eau que l'eau qui dort.
◆ L'eau trouble est le gain du pêcheur.
◆ L'eau fait pleurer, le vin chanter.
◆ L'eau fait pourrir la barque.
◆ On ne joue pas deux fois à l'eau.

ÉCHAFAUD

Mais quand un scélérat marche à l'échafaud, la pitié compte alors les souffrances, et non les crimes du coupable.
Chateaubriand, Essai sur les révolutions.

Comme un dernier rayon,
comme un dernier zéphyre
Animent la fin d'un beau jour,
Au pied de l'échafaud j'essaye
encore ma lyre.
Peut-être est-ce bientôt mon
tour.
André Chénier

Échafaud. S'arranger quand on y monte pour prononcer quelques mots éloquents avant de mourir.
Gustave Flaubert,
Dictionnaire des idées reçues.

ÉCHANGE
◆ Donner un œuf pour avoir un bœuf.
◆ Découvrir saint Pierre pour couvrir saint Paul.

ÉCHECS

On ne joue pas aux échecs avec un bon cœur.
Chamfort,
Maximes et pensées.

Les fous sont aux échecs les plus proches des rois.
Mathurin Régnier

◆ Au jeu d'échecs les fous sont les plus près du roi.

ÉCONOMIE
◆ Petite cuisine agrandit la maison.
◆ Il n'y a pas de petites économies.

ÉCONOMISTES

Les économistes sont des chirurgiens qui ont un excellent scalpel et un bistouri ébréché, opérant à merveille sur le mort et martyrisant le vif.
Chamfort,
Maximes et Pensées.

ÉCORCE
◆ Beau noyau gît sous faible écorce.
◆ Il ne faut pas mettre le doigt entre l'arbre et l'écorce.

ÉCOUTE

Écouter est une politesse qu'un homme d'esprit fait souvent à un sot mais que celui-ci ne lui rend jamais.
Pierre-Adrien Decourcelle

◆ Qui écoute aux portes entend son fait
◆ Si tu veux la paix Écoute et te tais.

ÉCRITS
◆ Les paroles s'envolent,
et les écrits restent.

ÉCRITURE
Avant donc que d'écrire, apprenez à penser.
Nicolas Boileau,
L'Art poétique.

Travaillez pour la gloire, et qu'un sordide gain
Ne soit jamais l'objet d'un illustre écrivain.
Nicolas Boileau

Ceux qui écrivent comme ils parlent, quoiqu'ils parlent très bien, écrivent mal.
Buffon, Discours sur le style.

Le mot ne manque jamais quand on possède l'idée.
Flaubert

Pour bien écrire, il faut sauter les idées intermédiaires, assez pour n'être pas ennuyeux, pas trop de peur de n'être pas entendu. *Montesquieu*

Il ne faut pas mettre du vinaigre dans ses écrits, il faut y mettre du sel.
Montesquieu

Écrire, c'est une façon de parler sans être interrompu.
Jules Renard, Journal.

Écrire, c'est presque toujours mentir.
Jules Renard, Journal.

Montrer la joie de l'action et le plaisir de l'existence ; il y a certainement des gens heureux de vivre, dont les jouissances ne ratent pas et qui se gorgent de bonheur et de succès.
Émile Zola

ÉCRIVAIN
L'écrivain original n'est pas celui qui n'imite personne, mais celui que personne ne peut imiter.
Chateaubriand,
Génie du christianisme.

Les yeux d'un écrivain, pour être clairs, doivent être secs.
Georges Darien

Le nombre des écrivains est déjà innombrable et ira toujours croissant, parce que c'est le seul métier, avec l'art de gouverner, qu'on ose faire sans l'avoir appris.
Alphonse Karr

Les grands écrivains, ces rois qui n'en ont pas le nom, mais qui règnent véritablement par la force du caractère et la grandeur des pensées, sont élus par les événements auxquels ils doivent commander.
Lamennais

Il y a des écrivains ravalés, dangereux loustics, farceurs au quarteron, sombres mystificateurs, véritables aliénés, qui mériteraient de peupler Bicêtre. Leurs têtes crétinisantes, d'où une tuile a été enlevée, créent des fantômes gigantesques, qui descendent au lieu de monter.
Lautréamont, Poésies.

Les meilleurs auteurs parlent trop. *Vauvenargues*

La ressource de ceux qui n'imaginent pas est de conter.
Vauvenargues,
Réflexions et Maximes.

Ce qui fait souvent le mécompte d'un écrivain, c'est qu'il croit rendre les choses telles qu'il les aperçoit ou qu'il les sent.
Vauvenargues,
Réflexions et Maximes.

Il est aisé de critiquer un auteur ; mais il est difficile de l'apprécier. *Vauvenargues*

Si on ne regarde que certains ouvrages des meilleurs auteurs, on sera tenté de les mépriser. Pour les apprécier avec justice, il faut tout lire.
Vauvenargues

ÉDUCATION

Chez un grand peuple dont les institutions sont fixes, l'éducation doit être en harmonie avec les institutions.
Lucien Bonaparte

Après le pain, l'éducation est le premier besoin d'un peuple.
Danton

Les enfants ont plus besoin de modèles que de critiques.
Joseph Joubert, Pensées.

L'éducation doit être tendre et sévère et non pas froide et molle. *Joseph Joubert*

Les enfants doivent avoir pour amis leurs camarades, et non pas leurs pères et leurs maîtres. Ceux-ci ne doivent être que leurs guides.
Joseph Joubert, Pensées.

Souvenons-nous-en bien, l'éducation ne consiste pas seulement à orner la mémoire et à éclairer l'entendement ; elle doit surtout s'occuper à diriger la volonté.
Joseph Joubert, Pensées.

L'éducation se compose de ce qu'il faut dire et de ce qu'il faut taire, de silences et d'instructions.
Joseph Joubert, Pensées.

En élevant un enfant, songez à sa vieillesse.
Joseph Joubert, Pensées.

L'éducation que l'on donne d'ordinaire aux jeunes gens est un second amour-propre qu'on leur inspire.
La Rochefoucauld, Maximes.

Combien l'éducation durera-t-elle ? Juste autant que la vie. Quelle est la première partie de la politique ? L'éducation. La seconde ? L'éducation. Et la troisième ? L'éducation.
Michelet, Le Peuple.

Trop de bonté dans les parents
Cause la perte des enfants.
Charles Perrault

Le simple écolier sait maintenant des vérités pour lesquelles Archimède eût sacrifié sa vie.
Ernest Renan

L'esprit de mon institution n'est pas d'enseigner à l'enfant beaucoup de choses, mais de ne jamais laisser entrer dans son cerveau que des idées justes et claires. Quand il ne saurait rien, peu m'importe, pourvu qu'il ne se trompe pas, et je ne mets des vérités dans sa tête que pour le garantir des erreurs qu'il apprendrait à leur place. *Jean-Jacques Rousseau*

◆ Ce que poulain
prend en jeunesse
Il le continue en vieillesse.

EFFICACITÉ

Au fait ! est ma devise
Voltaire

EFFORTS

Il ne faut pas mépriser l'homme si l'on veut obtenir des autres et de soi de grands efforts.
Tocqueville, Correspondance.

◆ Pour avoir l'amande,
il faut casser le noyau.

ÉGALITÉ

C'est toujours par là que commencent les partisans de l'égalité : ils établissent les catégories et se mettent dans la première.
Boucher de Perthes

Les Français vont instinctivement au pouvoir ; ils n'aiment point la liberté ; l'égalité seule est leur idole. Or l'égalité et le despotisme ont des liaisons secrètes.
Chateaubriand, Mémoires d'outre-tombe.

L'égalité entre les hommes est une règle qui ne compte que des exceptions.
Ernest Jaubert

Sitôt que les hommes sont en société, ils perdent le sentiment de leur faiblesse ; l'égalité qui est entre eux cesse, et l'état de guerre commence.
Montesquieu, De l'esprit des lois.

Les hommes naissent égaux. Dès le lendemain, ils ne le sont plus.
Jules Renard, Journal.

Les philosophes fondent souvent l'égalité sur des rapports anatomiques ; ils concluent de ce que les nerfs, les muscles et la configuration extérieure sont les mêmes, que deux citoyens doivent être égaux ; mais égal ne signifie pas semblable ; le croire est une erreur funeste.
Rivarol

Quand tous les hommes seront libres, ils seront égaux ; quand ils seront égaux, ils seront justes. *Saint-Just*

Il est faux que l'égalité soit une loi de la nature. La nature n'a rien fait d'égal ; la loi souveraine est la subordination et la dépendance.
Vauvenargues

◆ Le soleil luit pour tout le monde.

ÉGLISE

L'église est vraiment bien charitable : elle donne des indulgences dont elle a bien besoin.
Xavier Forneret

Hors de l'église point de salut.

ÉGOCENTRISME

On aime mieux dire du mal de soi-même que de n'en point parler. *La Rochefoucauld*

Pour juger combien nous importunons en parlant de nous, il faut songer combien les autres nous importunent quand ils parlent d'eux.
Mme de Sévigné, Lettres.

ÉGOÏSME

Un égoïste est incapable d'aimer un ami. Mais il ne peut pas se passer d'amis : il ne s'aimerait jamais assez à lui tout seul. *Labiche*

Le moi est haïssable.
Pascal, Pensées.

Il n'y a que l'égoïste à souffrir vraiment et tout le temps.
Jules Renard, Journal.

Ce qu'il y a d'horrible en général dans le monde, c'est que nous cherchions avec une égale ardeur à nous rendre heureux et à empêcher les autres de l'être. *Rivarol*

Ceux qui croient n'avoir plus besoin d'autrui deviennent intraitables. *Vauvenargues*

ÉGOTISME

Il est doux d'être aimé pour soi-même.
Beaumarchais,
Le barbier de Séville.

ÉLECTION

L'élection encourage le charlatanisme.
Ernest Renan

ÉLÉGANCE

La grâce entoure l'élégance, et la revêt.
Joseph Joubert, Pensées.

ÉLÈVE (MAUVAIS)

Celui qui disperse ses regards sur tout ne voit rien ou voit mal.
Diderot

◆ D'un busard on ne fait pas un épervier.

ÉLITISME

La seule chose raisonnable, c'est un gouvernement de mandarins, pourvu que les mandarins sachent quelque chose et même qu'ils sachent beaucoup de choses.
Gustave Flaubert,
Correspondance.

ÉLOGE

On place ses éloges comme on place de l'argent, pour qu'ils nous soient rendus avec les intérêts.
Jules Renard

Les justes éloges ont un parfum que l'on réserve pour embaumer les morts.
Voltaire

ÉLOQUENCE

L'art de la parenthèse est un des grands secrets de l'éloquence dans la société.
Chamfort

Avant d'employer un beau mot, faites-lui une place.
Joseph Joubert, Pensées.

La véritable éloquence consiste à dire tout ce qu'il faut, et à ne dire que ce qu'il faut.
La Rochefoucauld, Maximes.

Les passions sont les seuls orateurs qui persuadent toujours.
La Rochefoucauld, Maximes.

Ce qui manque aux orateurs en profondeur, ils vous le donnent en longueur.
Montesquieu

La vraie éloquence se moque de l'éloquence, la vraie morale se moque de la morale.
Pascal, Pensées.

Parler en public. Il n'est pas nécessaire de penser ce qu'on dit, mais il faut penser à ce qu'on dit : c'est plus difficile.
Jules Renard, Journal.

Les passions sont les orateurs des grandes assemblées.
Rivarol

L'éloquence vaut mieux que le savoir.
Vauvenargues

◆ On prend les oiseaux
par le bec
(*On prend les bêtes
par les cornes*)
Et les hommes
par la parole.
◆ Juge l'oiseau
à la plume et au chant,
Et au parler l'homme
bon ou méchant.
◆ De grande éloquence
Petite conscience.
◆ Beau parler
n'écorche langue.
◆ Qui n'a point argent
en bourse
ait miel en bouche.

La plupart des grands personnages ont été les hommes de leur siècle les plus éloquents. Les auteurs des plus beaux systèmes, les chefs de partis et de sectes, ceux qui ont eu dans tout les temps le plus d'empire sur l'esprit des peuples, n'ont dû la meilleure partie de leur succès qu'à l'éloquence vive et naturelle de leur âme. Il ne paraît pas qu'ils aient cultivé la poésie avec le même bonheur. C'est que la poésie ne permet guère que l'on se partage, et qu'un art si sublime et si pénible se peut rarement allier avec l'embarras des affaires, et les occupations tumultueuses de la vie : au lieu que l'éloquence se mêle partout, et qu'elle doit la plus grande partie de ses séductions à l'esprit de médiation et de manège, qui forme les hommes d'état et les politiques.
Vauvenargues,
Réflexions et Maximes.

ÉLUS
Nous sommes ici par la volonté du peuple et nous n'en sortirons que par la force des baïonnettes.
Mirabeau

ÉMOTION
Celui qui ne s'émeut a l'âme d'un barbare
Ou n'en a point du tout.
Malherbe.

EMPIRE (PREMIER)
Ce siècle avant deux ans,
Rome remplaçait Sparte.
Victor Hugo

Et l'aigle de la grande armée
Dans le ciel qu'emplit son essor,
Du fond d'une gloire enflammée,
Étend sur eux ses ailes d'or !
Théophile Gautier,
Émaux et Camées.

EMPIRES NAPOLÉONIENS
Cambronne à Waterloo a enterré le premier empire dans un mot où est né le second.
Victor Hugo

L'Empire, c'est la paix.
Louis-Napoléon Bonaparte

EMPRUNT
Voulez-vous compter vos amis ? Empruntez-leur de l'argent. *Alexandre Dumas fils*

◆ A bon demandeur
bon refuseur.
◆ Ce qui est bon à prendre
est bon à rendre.
◆ Emprunt
n'est pas avance.
◆ Si vous voulez savoir
le prix de l'argent,
essayez d'en emprunter.
◆ Qui n'a point argent
en bourse
ait miel en bouche.

ÉMULATION

Deux coqs vivaient en paix, une poule survint...
Jean de La Fontaine

◆ Il vaut mieux être
l'aiguillon que le bœuf.
◆ Un couteau
aiguise l'autre.

ENFANT

Enfant, vous êtes l'aube, et mon âme est la plaine
Qui des plus douces fleurs embaume son haleine
Quand vous la respirez.
Victor Hugo

Les enfants tourmentent et persécutent tout ceux qu'ils aiment. *Joseph Joubert*

Lorsque les manufacturiers anglais vinrent dire à M. Pitt que les salaires élevés de l'ouvrier les mettaient hors d'état de payer l'impôt, il dit un mot terrible "Prenez les enfants."
Michelet, Le Peuple.

On ne s'afflige point d'avoir beaucoup d'enfants
Quand ils sont tous beaux, bien faits et bien grands,
Et d'un extérieur qui brille ;
Mais si l'un d'eux est faible ou ne dit mot,
On le méprise, on le raille, on le pille ;
Quelquefois cependant c'est ce petit marmot
Qui fera le bonheur de toute la famille.
Perrault, Le petit Poucet.

Les enfants crient ou chantent tout ce qu'ils demandent, caressent ou brisent tout ce qu'ils touchent, et pleurent tout ce qu'ils perdent.
Rivarol

◆ Les enfants sont tels
qu'on les fait.
◆ A pauvres gens enfants
sont richesse.
◆ Enfants et sots
sont devins.

Les enfants flattent quelquefois les vieillards, mais ils ne les aiment pas.
Jean-Jacques Rousseau

ENFER

Satan fut son conseil, l'enfer son espérance.
Agrippa d'Aubigné

Criez après l'enfer : de l'enfer il ne sort
Que l'éternelle soif de l'impossible mort.
Agrippa d'Aubigné

Toutes ces vertus dont l'enfer est rempli. *Bossuet*

L'enfer, Madame, c'est de ne plus aimer. *Georges Bernanos*

Enfer chrétien, du feu. Enfer païen, du feu. Enfer mahométan, du feu. Enfer hindou, des flammes. A en croire les religions, Dieu est né rôtisseur.
Victor Hugo

Pas besoin de gril, l'enfer, c'est les Autres.
Jean-Paul Sartre, Huis clos.

◆ L'enfer est pavé de bonnes intentions.

ENNEMI

Nos vrais ennemis sont en nous-mêmes.
Bossuet, Oraison funèbre de la reine de France.

Plus de morts, moins d'ennemis. *Charles IX, lors de la Saint-Barthélémy.*

Fuyez un ennemi qui sait votre défaut.
Pierre Corneille, Polyeucte.

Ami est quelquefois un mot vide de sens, ennemi, jamais.
Victor Hugo

Entre nos ennemis
Les plus à craindre sont souvent les plus petits.
Jean de La Fontaine, Le lion et le moucheron.

Si vous voulez vous faire des ennemis, surpassez vos amis ; mais si vous voulez vous faire des alliés, laissez vos amis vous surpasser.
La Rochefoucauld, Maximes.

Nos ennemis approchent plus de la vérité dans les jugements qu'ils font de nous que nous n'en approchons nous-mêmes. *La Rochefoucauld*

Si vous voulez vous faire des ennemis, surpassez vos amis ; mais si vous voulez vous faire des alliés, laissez vos amis vous surpasser.
La Rochefoucauld, Maximes.

L'une des plus grandes sagesses en l'art militaire, c'est de ne pousser son ennemi au désespoir. *Montaigne*

Vivent mes ennemis !
Eux au moins ne peuvent pas me trahir.
Henry de Montherlant, Malatesta.

◆ En la maison de ton ennemi, tiens une femme pour ton amie.
◆ A toute bête la nature a donné son ennemi.
◆ Il faut se défier d'un ennemi réconcilié.
◆ Il faut faire un pont d'or à l'ennemi qui fuit.
◆ Les présents de l'ennemi sont funestes.
◆ Il n'y a point de petit ennemi.
◆ Ennemi ne dort jamais.

ENNUI

Rien n'égale en longueur les boiteuses journées,
Quand sous les lourds flocons des neigeuses années
L'ennui, fruit de la morne incuriosité,
Prend les proportions de l'immortalité.
Charles Baudelaire, Les Fleurs du Mal.

On croit communément que l'art de plaire est un grand moyen de faire fortune : s'avoir s'ennuyer est un art qui réussit bien davantage. Le talent de faire fortune, comme celui de réussir auprès des femmes, se réduit presque à cet art-là.
Chamfort

Tout me lasse ; je remorque avec peine mon ennui avec mes jours, et je vais partout bâillant ma vie.
Chateaubriand, Mémoires d'outre-tombe.

La chair est triste, hélas, et j'ai lu tous les livres.
Stéphane Mallarmé, Poésies.

L'ennui est entré dans le monde par la paresse.
La Bruyère, Les Caractères.

La France est une nation qui s'ennuie.
Alphonse de Lamartine

Nous pardonnons souvent à ceux qui nous ennuient, mais nous ne pouvons pardonner à ceux que nous ennuyons.
La Rochefoucauld, Maximes.

On s'ennuie presque toujours avec les gens avec qui il n'est pas permis de s'ennuyer.
La Rochefoucauld, Maximes.

L'extrême ennui sert à nous désennuyer.
La Rochefoucauld, Maximes.

L'ennui naquit un jour de l'uniformité.
Antoine de La Motte-Houdar

La peur de l'ennui est la seule excuse du travail.
Jules Renard, Journal.

Surtout, ne pas confondre tristesse et ennui. *Jules Renard*

La vie est courte, mais on s'ennuie quand même.
Jules Renard, Journal.

La vie est courte, mais l'ennui l'allonge. *Jules Renard*

Pour avoir une idée de l'ennui, il faut regarder les fauves dans leur cage.
Jules Renard, Journal.

Il y a des gens si ennuyeux qu'ils vous font perdre une journée en cinq minutes.
Jules Renard, Journal.

Il n'y a point d'homme qui ait assez d'esprit pour n'être jamais ennuyeux.
Vauvenargues, Réflexions et Maximes.

ENSEIGNEMENT

Enseigner, c'est apprendre deux fois.
Joseph Joubert

L'enseignement, c'est une amitié.
Jules Michelet

Un homme qui enseigne peut devenir aisément opiniâtre, parce qu'il fait le métier d'un homme qui n'a jamais tort.
Montesquieu

Il ne faut pas beaucoup d'esprit pour enseigner ce que l'on sait, il en faut infiniment pour enseigner ce qu'on ignore.
Montesquieu

Les méthodes sont les habitudes de l'esprit et les économies de la mémoire.
Rivarol

ENTERREMENT
La pompe des enterrements regarde plus la vanité des vivants que l'honneur des morts.
La Rochefoucauld, Maximes.

ENTÊTEMENT
L'entêtement représente le caractère, à peu près comme le tempérament représente l'Amour. *Chamfort*

◆ A tête de fer bras d'acier.
◆ Il n'y a pas pire sourd qui ne veut pas entendre.

ENTRAIDE
Je marcherai pour vous, vous y verrez pour moi. *Florian*

Il se faut entraider, c'est la loi de la nature.
Jean de La Fontaine

Il faut, autant qu'on peut, obliger tout le monde :
On a souvent besoin d'un plus petit que soi.
Jean de La Fontaine,
Le lion et le rat.

◆ Une main lave l'autre.
◆ Deux petits font un grand.
◆ Deux yeux voient plus clairs qu'un.

ENTREPRISE (ESPRIT D')
L'activité fait plus de fortunes que la prudence.
Vauvenargues

ENVIE
La bassesse fait les conservateurs et l'envie fait les révolutionnaires.
Edmond et Jules de Goncourt

L'envie est plus irréconciliable que la haine.
La Rochefoucauld, Maximes.

L'envie est une fureur qui ne peut souffrir le bien des autres.
La Rochefoucauld, Maximes.

Notre envie dure toujours plus longtemps que le bonheur de ceux que nous envions.
La Rochefoucauld, Maximes.

La plus véritable marque d'être né avec de grandes qualités, c'est d'être né sans envie.
La Rochefoucauld, Maximes.

La jalousie est en quelque manière juste et raisonnable, puisqu'elle ne tend qu'à conserver un bien qui nous appartient, ou que nous croyons nous appartenir ; au lieu que l'envie est une fureur qui ne peut souffrir le bien des autres.
La Rochefoucauld, Maximes.

L'envie est détruite par la véritable amitié, et la coquetterie par le véritable amour.
La Rochefoucauld, Maximes.

La vertu dans le monde est toujours poursuivie.
Les envieux mourront, mais non jamais l'envie.
Molière, Le Tartuffe.

L'envie avouée, c'est du courage, presqu'une excuse.
Jules Renard, Journal.

L'envie qui parle et qui crie est toujours maladroite ; c'est l'envie qui se tait qu'on doit craindre. *Rivarol*

Le mieux, c'est le bien d'autrui. *Paul-Jean Toulet*

L'envie ne saurait se cacher. Elle accuse et juge sans preuves ; elle grossit les défauts ; elle a des qualifications énormes pour les moindres fautes. Son langage est rempli de fiel, d'exagération et d'injure. Elle s'acharne avec opiniâtreté et avec fureur contre le mérite éclatant. Elle est aveugle, emportée, insensée, brutale. *Vauvenargues*

◆ Il vaut mieux faire envie que pitié.
◆ Les envieux mourront, mais non jamais l'envie.
◆ On ne jette des pierres qu'à l'arbre chargé de fruits.
◆ Plus la lune brille, plus le mâtin aboie.
◆ En vain l'anguille a sur l'aigle envie.
◆ Qui plus a Plus convoite.
◆ Qui tout convoite tout perd.

ÉPARGNE

◆ Il ne faut pas mettre tous ses œufs dans le même panier.
◆ L'épargne est un grand revenu.

ÉPAULES

De blanches épaules rebondies sur lesquelles j'aurais voulu pouvoir me rouler, des épaules légèrement rosées qui semblaient rougir comme si elles se trouvaient nues pour la première fois, de pudiques épaules qui avaient une âme, et dont la peau satinée éclatait à la lumière comme un tissu de soie.
Balzac, Le lys dans la vallée.

ÉPÉE

Ah ! Durendal, comme tu es belle et sainte ! Dans ton pommeau doré, il y a beaucoup de reliques : une dent de Saint Pierre, du sang de Saint Basile, et des cheveux de Monseigneur Saint Denis, et du vêtement de Sainte Marie. (...) Par vous, j'aurai conquis tant de vastes terres...
La chanson de Roland

Brandis-la ! L'acier souple en bouquets d'étincelles
Pétille. Elle est solide, et sa lame est de celles
Qui font courir au cœur un orgueilleux frisson.
José Maria de Heredia, Les trophées.

Un jour enfin il mit sur son lit son épée,
Et se coucha près d'elle, et dit : C'est aujourd'hui !
Victor Hugo, L'Expiation. (Mort de Napoléon 1er)

◆ A vaillant homme courte épée
◆ Qui a vécu par l'épée finira par l'épée.
◆ Bonne chère tue plus de gens que l'épée.

ÉPICURISME

Le sot glisse sur les plaisirs,
Mais le sage y demeure ferme
En attendant que ses désirs
Ou ses jours finissent leur terme. *Théophile de Viau*

ÉPIDERME

L'amour, tel qu'il existe dans la société, n'est que l'échange de deux fantaisies et le contact de deux épidermes.
Chamfort

ÉPIGRAMME

L'autre jour, au fond d'un vallon,
Un serpent piqua Jean Fréron.
Que pensez-vous qu'il arriva ?
Ce fut le serpent qui creva.
Voltaire

ÉPINE

◆ L'épine en naissant
va la pointe devant.
◆ Point de roses sans épines.

ÉPITAPHE

Quelques vers sur beaucoup d'autres. *Léo Campion*

Ci-gît ma femme : oh ! qu'elle est bien
Pour son repos, et pour le mien.
Jacques de Laurens

Cy-gît qui se plut tant à prendre
Et qui l'avait si bien appris,
Qu'elle aima mieux mourir que rendre
Un lavement qu'elle avait pris.
Scarron

ÉPÎTRE

Ses épîtres lui font des ennemis nouveaux !
Il attaque les faux nobles, les faux dévots,
Les faux braves, les plagiaires, - tout le monde.
Edmond Rostand

ÉPOPÉE

L'épopée disparaît avec l'âge de l'héroïsme individuel ; il n'y a pas d'épopée avec l'artillerie.
Ernest Renan

ÉPOUSE

On peut toujours vivre avec sa femme quand on a autre chose à faire.
Alexandre Dumas fils, L'Ami des femmes.

Il ne faut choisir pour épouse quc la fcmmc qu'on choisirait pour ami, si elle était homme.
Joseph Joubert, Pensées.

◆ Femme fort belle
Est rude et rebelle.
◆ Femme bonne
vaut une couronne.
◆ Femmes sont anges
à l'église,
diables en la maison
et singes au lit.
◆ Femme trop piteuse
Rend sa fille teigneuse.
◆ Femme veut
en toute saison
Être dame en sa maison.
◆ Il faut être compagnon
de sa femme
et maître de son cheval.
◆ La femme qui a le soleil
au visage n'est jamais nuit
pour son mari.
◆ Les femmes au profit,
l'homme à l'honneur.
◆ Ne montreà nulle femme
ce que donner ne veux.

◆ Une bonne femme,
une bonne mule,
une bonne chèvre
sont trois méchantes bêtes.
◆ Une femme ne cache
que ce qu'elle ne sait pas.
◆ Fol est celui qui veut surveiller sa femme.

ÉPOUX

Attendre quelque temps pour avoir un Époux,
Riche, bien fait, galant et doux,
La chose est assez naturelle,
Mais l'attendre cent ans et toujours en dormant,
On ne trouve plus de femelle,
Qui dormît si tranquillement.
Charles Perrault,
La belle au bois dormant.

ERRANCE

Par les soirs bleus d'été, j'irai dans les sentiers,
Picoté par les blés, fouler l'herbe menue :
Rêveur, j'en sentirai la fraîcheur à mes pieds.
Je laisserai le vent baigner ma tête nue.
Arthur Rimbaud

ERREUR

Pour avoir le droit d'admirer les erreurs d'un grand homme, il faut savoir les reconnaître, quand le temps les a mises au grand jour. *D'Alembert*

Et ceux qui ne font rien ne se trompent jamais.
Théodore de Banville

Il ne suffit pas de dire : je me suis trompé ; il faut dire comment on s'est trompé.
Claude Bernard

Pour grands que soient les rois, ils sont ce que nous sommes :
Ils peuvent se tromper comme les autres hommes.
Pierre Corneille, Le Cid.

On se trompe par supériorité et par médiocrité.
Joseph Joubert, Pensées.

Il y a des erreurs invincibles qu'il ne faut jamais attaquer.
Joseph Joubert, Pensées.

L'erreur agite ; la vérité repose.
Joseph Joubert, Pensées.

L'obscurité est le royaume de l'erreur. *Vauvenargues*

Quand on a le droit de se tromper impunément, on est toujours sûr de réussir.
Renan

Il n'y aurait point d'erreurs qui ne périssent d'elles-mêmes, rendues clairement.
Vauvenargues

Personne ne veut être plaint de ses erreurs.
Vauvenargues,
Réflexions et Maximes.

L'erreur est la nuit des esprits, et le piège de l'innocence.
Vauvenargues

Aime la vérité, mais pardonne à l'erreur. *Voltaire*

◆ Il n'y a que ceux qui ne font rien qui ne se trompent jamais.
◆ Erreur n'est pas crime.

ESCALIER

Le plus beau moment de l'amour, c'est quand on monte l'escalier.
Georges Clemenceau

ESCLAVAGE

Dieu fit la liberté, l'homme a fait l'esclavage.
Marie-Joseph Chénier

Les peuples d'Europe ayant exterminé ceux de l'Amérique, ils ont dû mettre en esclavage ceux de l'Afrique, pour s'en servir à défricher tant de terres.
Montesquieu,
De l'esprit des lois.

ESPACE

L'espace est la stature de Dieu.
Joseph Joubert, Pensées.

Le temps est du mouvement sur de l'espace.
Joseph Joubert, Pensées.

Le spectre monstrueux d'un univers détruit,
Jeté comme une épave à l'Océan du vide.
Leconte de Lisle,
Poèmes barbares.

Les sillons de l'espace où fermentent des mondes.
Leconte de Lisle

ESPÉRANCE

Tout le malheur des hommes vient de l'espérance.
Albert Camus

L'espérance est une disposition de l'âme à se persuader que ce qu'elle désire adviendra, laquelle est causée par un mouvement particulier des esprits, à savoir par celui de la joie et du désir mêlés ensemble.
Descartes

L'espérance est un emprunt fait au bonheur.
Joseph Joubert, Pensées.

Passe encore de bâtir, mais planter à cet âge !
La Fontaine, Le vieillard et les trois jeunes hommes.

Petit poisson deviendra grand
Pourvu que Dieu lui prête vie.
La Fontaine

L'espérance, toute trompeuse qu'elle est, sert au moins à nous mener à la fin de la vie par un chemin agréable.
La Rochefoucauld, Maximes.

L'espérance est le plus utile ou le plus pernicieux de tous les biens. *Vauvenargues*

L'espérance et la crainte sont inséparables, et il n'y a point de crainte sans espérance ni d'espérance sans crainte.
La Rochefoucauld, Maximes.

L'espérance a fui comme un songe,
Et mon amour seul m'est resté !
Gérard de Nerval

L'espérance, c'est sortir par un beau soleil et rentrer sous la pluie. *Jules Renard, Journal.*

Tous les espoirs sont permis à l'homme, même celui de disparaître. *Jean Rostand*

On jouit moins de ce qu'on obtient de ce qu'on espère.
Jean-Jacques Rousseau

Vous savez comment est ma vie :
L'espérance du lendemain,
Ce sont mes fêtes.
Rutebeuf

L'espérance anime le sage, et leurre le présomptueux et l'indolent, qui se reposent inconsidérément sur ses promesses.
Vauvenargues

◆ L'espérance est le pain des malheureux.
◆ Gagne beaucoupqui perd une vaine espérance.
◆ Qui a de longues espérances
a de longues douleurs.
◆ Qui s'attend à l'écuelle d'autrui
dîne souvent par cœur.
◆ L'espoir du pendu,
que la corde casse.
◆ Folle espérance
déçoit l'homme.
◆ L'espérance est le songe d'un homme éveillé.
◆ D'un veau on espère un bœuf, et d'une poule un œuf.

ESPOIR

Tous les espoirs sont permis à l'homme, même celui de disparaître. *Jean Rostand*

- Qu'il était bleu, le ciel, et grand, l'espoir !
- L'espoir a fui, vaincu, vers le ciel noir.
Paul Verlaine

L'espoir luit comme un brin de paille dans l'étable...
L'espoir luit comme un caillou dans un creux.
Paul Verlaine

ESPRIT

L'esprit de l'homme accroît ses forces à proportion des forces que lui oppose la nature.
Bernardin de Saint-Pierre

On n'imagine pas combien il faut d'esprit pour n'être jamais ridicule. *Chamfort*

L'esprit est ce qu'il y a de plus bête au monde.
Maxime Du Camp

L'esprit dans les grandes affaires n'est rien sans le cœur.
Paul de Gondi, cardinal de Retz

L'esprit est l'atmosphère de l'âme.
Joseph Joubert, Pensées

Rendre risible ce qui ne l'est pas, c'est en quelque sorte rendre mauvais ce qui était bon. *Joseph Joubert, Pensées.*

Ayez, si vous pouvez, un langage simple, et tel que l'ont ceux en qui vous ne trouvez aucun esprit : peut-être alors croira-t-on que vous en avez.
La Bruyère, Les caractères

L'esprit est toujours la dupe du cœur. *La Rochefoucauld*

Un homme d'esprit serait souvent bien embarrassé sans la compagnie des sots.
La Rochefoucauld, Maximes.

Tous ceux qui connaissent leur esprit ne connaissent pas leur cœur.
La Rochefoucauld, Maximes.

L'esprit nous sert quelquefois à faire hardiment des sottises.
La Rochefoucauld, Maximes.

Quand on court après l'esprit, on attrape la sottise.
Montesquieu

La fureur de la plupart des Français, c'est d'avoir de l'esprit, et la fureur de ceux qui veulent avoir de l'esprit, c'est de faire des livres.
Montesquieu

Il n'y a que deux puissances dans le monde : le sabre et l'esprit. J'entends par l'esprit les institutions civiles et religieuses. A la longue, le sabre est toujours battu par l'esprit.
Napoléon 1er, Le Mémorial de Sainte-Hélène.

Largeur d'esprit, étroitesse de cœur. *Jules Renard, Journal.*

Il n'est rien de si absent que la présence d'esprit. *Rivarol*

Les gens d'esprit aiment les choses de l'esprit, comme les gourmands aiment les friandises et les coquettes, la louange. *Rivarol*

Un bon esprit paraît souvent heureux, comme un homme bien fait paraît souvent adroit.
Rivarol

Les sots devraient avoir pour les gens d'esprit une méfiance égale au mépris que ceux-ci ont pour eux. *Rivarol*

Le péché contre l'esprit, c'est de n'y pas croire.
Paul-Jean Toulet

On ne s'amuse pas longtemps de l'esprit d'autrui.
Vauvenargues

La méchanceté tient lieu d'esprit *Vauvenargues*

Un peu de bon sens ferait évanouir beaucoup d'esprit.
Vauvenargues

Les beaux esprits se rencontrent. *Voltaire*

L'esprit est tout le contraire de l'argent ; moins on en a, plus on est satisfait. *Voltaire*

◆ Il vaut mieux perdre un bon mot qu'un ami.
◆ Tel croit frapper qui tue.
◆ Discur dc bons mots, mauvais caractère.
◆ Bon mot n'épargne personne.
◆ L'écoutant fait le médisant.

ESSAI
Mes pareils à deux fois en se font point connaître
Et pour leurs coups d'essai veulent des coups de maître.
Corneille, Le Cid.

ESTIME
L'amour ne va pas sans estime.
Alexandre Dumas fils

Les hommes sont souvent estimés par les endroits où ils sont le plus blâmables.
Cardinal de Retz, Mémoires.

Vous dites que la gloire est l'estime de l'homme,
Et que la paix de l'âme est l'estime de Dieu.
Sully Prud'homme, Poésies.

L'estime s'use comme l'amour.
Vauvenargues

C'est une preuve de petitesse d'esprit, lorsqu'on distingue toujours ce qui est estimable de ce qui est aimable. Les grandes âmes aiment naturellement tout ce qui est digne de leur estime.
Vauvenargues

Quand on sent qu'on n'a pas de quoi se faire estimer de quelqu'un, on est bien près de le haïr.
Vauvenargues

Il est difficile d'estimer quelqu'un comme il veut l'être.
Vauvenargues,
Réflexions et Maximes.

ESTOMAC
L'estomac est le sol où germe la pensée. *Rivarol*

ÉTANG
L'étang reflète,
Profond miroir,
La silhouette
Du saule noir
Où le vent pleure...
Paul Verlaine,
Les Fêtes galantes.

ÉTAT
L'État, c'est moi !
Louis XIV (1655)

La raison d'État est une raison mystérieuse inventée par la politique pour autoriser ce qui se fait sans raison.
Charles de Saint-Evremond

Si l'État est fort, il nous écrase. S'il est faible, nous périssons. *Paul Valéry*

ÉTÉ
Voici que vient l'été la saison violente
Et ma jeunesse est morte ainsi que le printemps
O Soleil c'est le temps de la Raison ardente. *Apollinaire*

L'été rit, et l'on voit sur le bord de la mer
Fleurir le chardon bleu des sables. *Victor Hugo*

ÉTONNEMENT
On ne devrait s'étonner que de pouvoir encore s'étonner.
La Rochefoucauld, Maximes.

ÉTINCELLE
◆ Petite étincelle luit dans la nuit.
◆ Petite étincelle engendre grand feu.
◆ Il ne faut qu'une petite étincelle pour allumer un grand incendie.

ÉTRANGER
L'Allemagne est faite pour y voyager, l'Italie pour y séjourner, l'Angleterre pour y penser, la France pour y vivre.
D'Alembert

Dans les colonies nouvelles, les Espagnols commencent par bâtir une église, les Anglais une taverne et les Français un fort.
Chateaubriand, Itinéraire de Paris à Jérusalem.

Ce qu'il y a de meilleur à l'étranger, ce sont les compatriotes qu'on y rencontre.
Paul-Jean Toulet

◆ D'été bien chaud vient un automne pendant lequel souvent il tonne.
◆ Si l'hiver est surchargé d'eau l'été en sera que plus beau.
◆ En hiver au lit ou auprès du feu, et en été au soleil et au jeu.

ÉTREINTE

Elle vient, et se livre à mes bras, toute fraîche
D'avoir senti passer l'air solennel du soir
Sur son corps opulent, sous les plis du peignoir.
A bas peignoir ! le lit embaume. O fleur de pêche
Des épaules, des seins frissonnants et peureux !...
Dans le parc les oiseaux se font l'amour entre eux.
Charles Cros

L'amour m'ouvrit ses paradis
Et l'étreinte de ses panthères.
Charles Cros

> Qui trop embrasse
> mal étreint.

ÉTUDE

J'ai l'esprit tout ennuyé
D'avoir trop étudié (...)
Bons Dieux ! qui voudrait louer
Ceux qui, collés sur un livre,
N'ont jamais souci de vivre !
Que nous sert l'étudier
Sinon de nous ennuyer ?
Pierre de Ronsard

Les mots morts, les nombres austères
Laissaient mes espoirs engourdis. *Charles Cros*

Le gain de notre étude, c'est en être devenu meilleur et plus sage. *Montaigne*

> ◆ Les bons livres
> font les bons clercs.
> ◆ Les meilleurs clercs
> ne sont pas les plus sages.

EUROPE

L'Allemagne est faite pour y voyager, l'Italie pour y séjourner, l'Angleterre pour y penser, la France pour y vivre.
D'Alembert

Voici comment on pourrait diviser le commerce des nations, d'après leur caractère : l'Espagnol, joaillier, orfèvre, lapidaire ; l'Anglais, manufacturier ; l'Allemand, marchand de papiers ; le Hollandais, marchand de vivres, et le Français marchand de modes. Dans la navigation, le premier est courageux, le second habile, le troisième savant, le quatrième industrieux, et le cinquième hasardeux. Il faut donner à un vaisseau un capitaine espagnol, un pilote anglais, un contremaître allemand et des matelots hollandais ; le Français ne marche que pour son compte.

Il faut proposer au premier une conquête ; une entreprise au second, des recherches au troisième, au quatrième du gain, et un coup de main au cinquième. Le premier veut de grands voyages, le second des voyages importants, le troisième des voyages utiles, le quatrième des voyages lucratifs, et le cinquième des voyages rapides. Le premier s'embarque pour aller, le second pour agir, le troisième pour voir, le quatrième pour gagner, et le cinquième pour arriver. La mer enfin est pour l'Espagnol un chemin, pour l'Anglais un lieu, pour l'Allemand un cabinet d'étude, pour le Hollandais une voie de transport, et pour le Français une chaise de poste.
Joseph Joubert, Pensées.

◆ D'Angleterre
ne vient ni bon vent
ni bonne guerre.
◆ Les Italiens pleurent,
les Allemands crient,
et les Français chantent.

ÈVE

Toute Eve a l'air d'un soleil
Qui brûle, et sur chaque jambe
Un bas céleste et vermeil
Flambe. *Théodore de Banville*

ÉVÉNEMENTS

Les événements ont ceci de commun avec les oies qu'ils vont en troupe.
Léon Bloy

Les événements sont plus grands que ne le savent les hommes.
François Guizot, Essais sur l'histoire de France.

Il n'y a pour l'homme que trois événements : naître, vivre et mourir. Il ne se sent pas naître, il souffre à mourir, et il oublie de vivre.
Jean de La Bruyère, Les caractères.

En France, on ne permet qu'aux événements de voter.
Mme de Staël

◆ Les grands événements
procèdent
des petites causes.

EXACTITUDE

L'exactitude est la politesse des rois.
Louis XVIII

Les femmes et les montres ne sont jamais à l'heure qu'on voudrait. *Paul-Jean Toulet*

◆ Ce n'est pas le tout
de se lever matin,
encore faut-il
arriver à l'heure.
◆ Il ne faut pas
se faire attendre
ni arriver trop tôt.

EXCEPTION
◆ Il n'y a point de règle
sans exception.
◆ L'exception
confirme la règle.

EXCÈS
C'est faire le plus grand des excès que de n'en faire aucun.
Joseph Léonard, Pensées.

◆ L'excès en tout
est un défaut.

EXCUSE
◆ Qui s'excuse s'accuse.

EXEMPLE
L'exemple descend et ne monte pas.
Joseph Joubert, Pensées.

EXISTENCE
Mon existence est une campagne triste où il pleut toujours.
Léon Bloy

Je pense, donc je suis.
Descartes

EXPÉRIENCE
Ce fruit tardif, le seul qui mûrisse sans devenir doux.
Barbey d'Aurevilly

L'expérience, qui éclaire les particuliers, corrompt les princes et les gens en place.
Chamfort,
Maximes et Pensées.

◆ Il n'y a pas
de plus sage abbé
que celui qui a été moine.
◆ L'expérience corrige.
◆ Expérience
passe science.
◆ Les ans ont
beaucoup plus vu
Que les livres
n'en ont connu.
◆ Les pots fêlés
sont ceux
qui durent le plus.
◆ Chat échaudé
craint l'eau froide.

Il y a deux chose que l'expérience doit apprendre : la première, c'est qu'il faut beaucoup corriger ; la seconde, c'est qu'il ne faut pas trop corriger. *Delacroix, Journal.*

De toutes les choses auxquelles on ne croit pas, l'expérience est celle à laquelle on croit le moins.
Lamennais

EXPLICATION
A force de vous expliquer quelque chose, on n'y comprend plus rien.
Jules Renard

EXPRESSION
Le mot ne manque jamais quand on possède l'idée.
Flaubert

EXTASE
Extase des regards, scintillement des nimbes !
Stéphane Mallarmé

Au calme clair de lune triste et beau
Qui fait rêver les oiseaux dans les arbres
Et sangloter d'extase les jets d'eau
Les grands jets d'eau sveltes parmi les marbres.
Verlaine, Clair de lune.

EXTRAIT
Bornons ici cette carrière.
Les longs ouvrages me font peur.
Loin d'épuiser une matière,
On n'en doit prendre que la fleur.
Jean de La Fontaine

F

FACILITE

La facilité est le plus beau don de la nature, à la condition qu'on n'en use jamais.
Champfort,
Maximes et pensées.

FADEUR

Les femmes sans charme sont comme les poètes qu'on ne lit pas.
Astolphe de Custine

Une femme sans grâce est un appât sans hameçon.
Julie de Lespinasse

FAIBLE

La haine des faibles n'est pas si dangereuse que leur amitié.
Vauvenargues

FAIBLESSE

Ma faiblesse m'est chère. Je tiens à mon imperfection comme à ma raison d'être.
Anatole France

La faiblesse qui conserve vaut mieux que la force qui détruit.
Joseph Joubert, Pensées.

La faiblesse est le seul défaut que l'on ne saurait corriger.
La Rochefoucauld, Maximes.

On est souvent ferme par faiblesse, et audacieux par timidité.
La Rochefoucauld, Maximes.

La faiblesse est plus opposée à la vertu que le vice.
La Rochefoucauld, Maximes.

Toute méchanceté vient de faiblesse.
Jean-Jacques Rousseau, Émile.

La haine des faibles n'est pas si dangereuse que leur amitié.
Vauvenargues,
Réflexions et Maximes.

FAIM

Pluie ou bourrasque, il faut qu'il sorte, il faut qu'il aille
Car les petits enfants ont faim.
Victor Hugo,
La légende des siècles.

Ventre affamé n'a point d'oreilles.
Jean de La Fontaine,
Le milan et le rossignol.

Ventre affamé n'a point d'oreilles, mais il a un sacré nez !
Alphonse Allais

Quand nous aurons faim, pour toute cuisine
Nous grignoterons des fruits de la Chine,
Et nous ne boirons que dans du vermeil.
Germain Nouveau

Crois-tu qu'on puisse être bien tendre lorsqu'on manque de pain ?
Abbé Prévost, Manon Lescaut.

Nécessité fait gens méprendre
et faim saillir le loup du bois.
François Villon, Le testament.

Le peuple meurt de faim et il se damne.
Saint Vincent de Paul

◆ En petit ventre
gros cœur.
◆ A faute de chapon
Pain et oignon.
◆ Dents aiguës
et ventre plat
Trouve tout bon
ce qui est dans le plat.
◆ Au pauvre un œuf
vaut un bœuf.
◆ Qui dort dîne.
◆ Qui s'attend
à l'écuelle d'autrui,
dîne souvent par cœur.
◆ La faim chasse
le loup du bois.

FAMILLE
Comme on connaît les siens on les abhorre.
Balzac, Proverbes.

Les nations n'ont de grands hommes que malgré elles - comme les familles.
Charles Baudelaire, Fusées.

Le sort fait les parents, le choix fait les amis.
Delille

Familles ! Je vous hais ! Foyers clos ; portes refermées ; possessions jalouses du bonheur.
André Gide,
Les Nourritures terrestres.

Qui aime l'arbre
aime la branche.

FANATISME
Le fanatisme est une peste qui reproduit de temps en temps des germes capables d'infester la terre.
Diderot, L'Encyclopédie.

On ne fait rien de grand sans le fanatisme.
Gustave Flaubert

N'est-il pas honteux que les fanatiques aient du zèle et que les sages n'en aient pas ?
Voltaire

FATIGUE
◆ Trop tirer rompt la corde.
◆ La fatigue du corps est la santé de l'âme.

FATUITÉ
L'ignorance est toujours prête à s'admirer.
Boileau, Art poétique.

FAUTE
Toutes les passions nous font faire des fautes, mais l'amour nous en fait faire de plus ridicules.
La Rochefoucauld, Maximes.

Il faut rougir de faire une faute, et non de la réparer.
Jean-Jacques Rousseau,
Émile.

◆ Qui fait la faute la boit.
◆ Un grand péché ne peut demeurer caché.
◆ Faute avouée est à moitié pardonnée.

FAUVES

Pour avoir une idée de l'ennui, il faut regarder les fauves dans leurs cages.
Jules Renard, Journal.

FAUX-AMIS

Amitié de cour, foi de renards, et société de loups.
Champfort

Malheur à l'homme qui, même dans l'amitié la plus intime, laisse découvrir son faible et sa prise ! *Chamfort*

La moitié d'un ami, c'est la moitié d'un traître.
Victor Hugo,
La Légende des siècles.

Chacun se dit ami : mais fou qui s'y repose ;
Rien n'est plus commun que le nom,
Rien n'est plus rare que la chose.
Jean de la Fontaine,
Parole de Socrate.

Rien n'est si dangereux qu'un ignorant ami :
Mieux vaudrait un sage ennemi.
Jean de La Fontaine, L'Ours et l'Amateur des jardins.

Ce que les hommes ont nommé amitié n'est qu'une société, qu'un ménagement réciproque d'intérêts, et qu'un échange de bons offices ; ce n'est enfin qu'un commerce où l'amour-propre se propose toujours quelque chose à gagner.
La Rochefoucauld, Maximes.

Il y a des amis. Il n'y a pas de vrais amis.
Jules Renard, Journal.

Sur vingt amis, dix-neuf disent de vous du mal, et le vingtième, qui en dit du bien, le dit mal.
Rivarol

◆ Dieu me garde de mes amis ! Mes ennemis, je m'en charge.
◆ Le faux ami ressemble à l'ombre d'un cadran.
◆ Ami de table est variable.

FAVEURS
Une femme oublie d'un homme qu'elle n'aime plus jusques aux faveurs qu'il a reçues d'elle.
La Bruyère, Les caractères.

FAVORI
N'ayez jamais de favori, ni de Premier ministre.
Louis XIV

◆ Trop grande faveur n'est pas bonne.

FÉBRILITÉ
La vivacité qui augmente en vieillissant ne va pas loin de la folie.
La Rochefoucauld, Maximes.

FÉE
Et j'ai cru voir la fée au chapeau de clarté
Qui jadis sur mes beaux sommeils d'enfant gâté
Passait, laissant toujours de ses mains mal fermées
Neiger de blancs bouquets d'étoiles parfumées.
Stéphane Mallarmé

FÉLICITÉ
Heureux les simples cœurs, ils seront rois au ciel ;
Heureux les offensés qui s'éloignent sans fiel,
Car ils seront jugés par leur miséricorde ;
Heureux les fils de Dieu, les hommes de concorde ;
Heureux les désolés, ils vont lever le front ;
Heureux les altérés de justice, ils boiront ;
Heureux les purs, leurs yeux vont goûter la lumière ;
Heureux les doux, les doux posséderont la terre.
Sully Prud'homme, Poésies.

FÉMINISME
La révolution féminine doit maintenant compléter la révolution prolétaire, comme celle-ci consolida la révolution bourgeoise, émanée d'abord de la révolution philosophique.
Auguste Comte, Catéchisme positiviste.

Le féminisme, c'est de ne pas compter sur le Prince charmant.
Jules Renard, Journal.

FEMME

La destinée de la femme et sa seule gloire sont de faire battre le cœur des hommes.
Honoré de Balzac

Un homme, quelque malicieux qu'il puisse être, ne dira jamais des femmes autant de bien ni autant de mal qu'elles en pensent elles-mêmes.
Honoré de Balzac,
Physiologie du mariage.

Il y a toujours un fameux singe dans la plus jolie et la plus angélique des femmes.
Honoré de Balzac

Toutes les femmes, même les dévotes et les sottes, s'entendent en fait d'amour.
Honoré de Balzac,
César Birotteau.

Être belle et aimée, ce n'est être que femme. Être laide et savoir se faire aimer, c'est être princesse.
Barbey d'Aurevilly

On voit dans le cœur des femmes par les trous qu'on fait à leur amour-propre.
Barbey d'Aurevilly

Les reines ont été vues pleurant comme de simples femmes.
Chateaubriand

La femme est, selon la Bible, la dernière chose que Dieu a faite. Il a dû la faire le samedi soir. On sent la fatigue.
Alexandre Dumas fils

Une belle femme est le paradis des yeux, l'enfer de l'âme et le purgatoire de la bourse.
Fontenelle

Souvent femme varie
Bien fol qui s'y fie
Proverbe attribué
à François Ier

La courtisane est un mythe. Jamais une femme n'a inventé la débauche.
Gustave Flaubert,
Correspondance.

La plus noble conquête du cheval, c'est la femme.
Alfred Jarry

O femme, mammifère à chignon, ô fétiche,
On t'absout ; c'est un Dieu qui par tes yeux nous triche.
Jules Laforgue

L'honnêteté des femmes est souvent l'amour de leur réputation et de leur repos.
La Rochefoucauld, Maximes.

De toutes les passions violentes, celle qui sied le moins mal aux femmes, c'est l'amour.
La Rochefoucauld, Maximes.

La plupart des femmes se rendent plutôt par faiblesse que par passion ; de là vient que pour l'ordinaire les hommes entreprenants réussissent mieux que les autres, quoiqu'ils ne soient pas plus aimables.
La Rochefoucauld, Maximes.

L'enfer des femmes, c'est la vieillesse.
La Rochefoucauld, Maximes.

Il n'y a que deux belles choses au monde, les femmes et les roses, et que deux bons morceaux, les femmes et les melons.
Malherbe

Il n'y a point de vieille femme. Toute, à tout âge, si elle aime et si elle est bonne, donne à l'homme le moment de l'infini.
Jules Michelet, L'amour.

La femme, dans les ménages pauvres, c'est l'économie, l'ordre, la providence.
Michelet, Le Peuple.

O femme ! étrange objet de joie et de supplice !
Mystérieux autel où, dans le sacrifice,
On entend tour à tour blasphémer et prier !
Alfred de Musset

Elle flotte, elle hésite ; en un mot, elle est femme.
Jean Racine, Athalie.

Une femme a l'importance d'un nid entre deux branches.
Jules Renard, Journal.

Dès qu'on dit a une femme qu'elle est jolie, elle se croit de l'esprit.
Jules Renard, Journal.

Les femmes ne peuvent comprendre qu'il y ait des hommes désintéressés à leur égard.
Vauvenargues, Réflexions et Maximes.

O la femme à l'amour câlin et réchauffant,
Douce, pensive et brune, et jamais étonnée,
Et qui parfois vous baise au front, comme un enfant.
Paul Verlaine,
Poèmes saturniens.

Beauté des femmes, leur faiblesse, et ces mains pâles
Qui font souvent le bien et peuvent tout le mal,
Et ces yeux, où plus rien ne reste d'animal
Que juste assez pour dire "assez" aux fureurs mâles !
Paul Verlaine, Sagesse.

Les femmes ressemblent aux girouettes : elles se fixent quand elles se rouillent.
Voltaire

◆ A femme sotte
nul ne s'y frotte.
◆ A la meilleure femme
le meilleur vin.
◆ La plus belle femme
ne peut donner
que ce qu'elle a.
◆ Femme fort belle
Est rude et rebelle.
◆ Par grande beauté
Est l'homme hébété.

◆ On ne peut avoir
en même temps
femme et bénéfice.
◆ Il faut chercher
une femme avec les oreilles
plutôt qu'avec les yeux.
◆ La plus honnête femme
est celle dont on parle
le moins.
◆ Prends le premier conseil
d'une femme
et non le second.
◆ Qui de femme
honnête est séparé,
D'un don divin est privé.
◆ Une femme ne cèle
que ce qu'elle ne sait pas.
◆ Qui femme a,
noise a.
◆ Des femmes
et des chevaux,
il n'y en a point
sans défauts.
◆ Les femmes sont trop
douces, il faut les saler.
◆ Trois femmes
font un marché.
◆ La langue des femmes
est leur épée,
et elles ne la laissent
pas rouiller.
◆ Il faut se garder
du devant d'une femme,
du derrière d'une mule,
et d'un moine de tous côtés.

FÉMININE (CONDITION)
La femme est faite pour céder à l'homme et pour supporter même son injustice.
Jean-Jacques Rousseau

L'existence de la plupart des femmes est plus dure que celle d'esclaves entre les Sarrasins.
Christine de Pisan

Toujours coucher, toujours grosse, toujours accoucher.
Marie Leczinska, reine de France, épouse de Louis XV.

La femme doit obéissance à son mari. *Code civil de 1804.*

FER
Les veilles cesseront au sommet de nos tours,
Le fer mieux employé cultivera la terre,
Et le peuple qui tremble aux frayeurs de la guerre,
Si ce n'est pour danser, n'aura plus de tambours.
Malherbe

◆ Il faut battre le fer quand il est chaud.
◆ Battre le fer il faut
Tandis qu'il est bien chaud.
◆ Tant chauffe-t-on le fer qu'il rougit.

FÊTE
◆ Après la panse vient la danse.
◆ Il n'y a point de fête sans lendemain.
◆ Laissons venir la fête avant de la chômer.
◆ Aux bonnes fêtes les bons coups.

FEU
L'homme est le seul animal qui fasse du feu, ce qui lui a donné l'empire du monde.
Rivarol

◆ Il ne faut pas attiser le feu avec l'épée.
◆ Feu, argent, sagesse et santé
Sont prisés hiver comme été.
◆ Feu, fèves argent et bois
Sont bons tous les mois.
◆ Il n'y a pas de fumée sans feu.
◆ Il ne faut point mettre le feu où il n'y a point d'eau.
◆ Au feu uriner est sain,
Et y cracher est vain.
◆ Le feu le plus couvert est le plus ardent.
◆ Mal se chauffe qui tout se brûle.
◆ Il faut faire feu qui dure.

FEUILLE
Et moi, je suis semblable à la feuille flétrie :
Emportez-moi comme elle, orageux aquilons !
Alphonse de Lamartine

Comme elles tombent bien !
Dans ce trajet si court de la branche à la terre,
Comme elles savent mettre une beauté dernière,
Et malgré leur terreur de pourrir sur le sol,
Veulent que cette chute ait la grâce d'un vol !
Rostand, Cyrano de Bergerac.

FÉVRIER
◆ Février trop doux
Printemps en courroux.
◆ Février entre tous
les mois
Le plus court
et le moins courtois.
En février qu'il grêle
et tonne
C'est la marque
d'un bel automne.
◆ Si l'hiver ne fait
son devoir
En mois de décembre
ou de janvier,
Au plus tard il se fera voir
Dès le deuxième février.

FIANCÉ
O fiancé probe,
Commandons ma robe !
Hélas ! le bonheur est là, mais lui se dérobe...
Jules Laforgue,
Les complaintes.

FIANCÉE
Printemps après printemps, de belles fiancées
Suivirent de chers ravisseurs,
Et, par la mère en pleurs sur le seuil embrassées,
Partirent en baisant leurs sœurs.
Alphonse de Lamartine,
Les Méditations.

Elle appartient à la légion des jeunes filles honnêtes "dont on est heureux de faire sa femme" jusqu'au jour où on découvre qu'on préfère justement toutes les autres femmes à celle qu'on a choisie.
Guy de Maupassant,
Le Horla.

Un matin c'est une épousée :
Elle marche à l'autel, l'œil baissé mais vainqueur ;
Aux lèvres va fleurir la joie ensemencée
Au cœur.
Sully Prud'homme, Poésies.

◆ Belle fille
et méchante robe
Trouvent toujours
qui les accroche.
◆ Fille fenestrière
ou trottière
Rarement bonne ménagère.
◆ Fille oisive
A mal pensive,
Fille trop en rue
Tôt perdue.

FIDÉLITÉ

Le naturel du Français est de ne jamais abandonner son prince.
Joachim du Bellay

Dans le doute, il faut choisir d'être fidèle.
François Mauriac

L'amour, qui vit dans les orages, et croît souvent au sein des perfidies, ne résiste pas toujours au calme de la fidélité.
Rivarol

La constance est la chimère de l'amour.
Vauvenargues, Réflexions et Maximes.

◆ Le lierre meurt
où il s'attache.

Un mari ne risque jamais de faire croire à la fidélité de sa femme et de garder un air patient ou le silence... Paraître instruit de la passion de sa femme est d'un sot ; mais feindre d'ignorer tout est d'un homme d'esprit, et il n'y a que ce parti à prendre. Aussi dit-on qu'en France tout le monde est spirituel.
Voltaire

FIERTÉ

Ses malheurs n'avaient point abattu sa fierté.
Jean Racine, Athalie.

FIÈVRE

La cause la plus ordinaire de la fièvre lente est la tristesse.
Descartes, Correspondance.

La fièvre, à ce qu'on dit, nous délivre des puces, et l'infortune de nos amis.
Paul-Jean Toulet

◆ Fièvre qui vient
pendant l'automne
Est très longue,
ou la mort nous donne.
◆ Fièvre de renard
qui se guérit
en mangeant une poule.

FILEUSE
Il n'y a fileuse en France qui sache fil filer qui ne gagnât ainsi ma fiance à filer.
Du Guesclin, sur sa rançon, aux Anglais qui l'ont fait prisonnier.

Quand vous serez bien vieille, au soir, à la chandelle,
Assise auprès du feu, dévidant et filant,
Direz, chantant mes vers, en vous émerveillant :
"Ronsard me célébrait du temps que j'étais belle."
Pierre de Ronsard

FILLE
Les bourgeois, par une vanité ridicule, font de leur fille un fumier pour les terres des gens de qualité.
Chamfort

Si le financier manque son coup, les courtisans disent de lui : c'est un bourgeois, un homme de rien, un malotru ; s'il réussit, ils lui demandent sa fille.
La Bruyère, Les Caractères.

◆ Qui a des filles
est toujours berger.
◆ Fille aimant silence
a grande science.
◆ Fille qui trop se mire
peu file.
◆ Filles sottes à marier
sont pénibles à garder.
◆ Pour une fille,
un homme riche
n'est jamais vieux.

FILS
Il n'y a que d'un fils qu'on ne soit point jaloux.
Jules Renard, Journal.

◆ Chacun est fils
de ses œuvres.

FIN
En toute chose, il faut considérer la fin.
Jean de La Fontaine,

En toute chose, il faut considérer la fin.
Jean de La Fontaine

◆ C'est la fin qui couronne
l'œuvre.
◆ La fin fait tout.
◆ En la queue et en la fin
Gît de coutume le venin.
◆ La fin justifie les moyens.

FINANCIERS
Si le financier manque son coup, les courtisans disent de lui : c'est un bourgeois, un homme de rien, un malotru ; s'il réussit, ils lui demandent sa fille.
La Bruyère, Les Caractères.

Les financiers ne font bien leurs affaires que lorsque l'État les fait mal.
Talleyrand

L'activité fait plus de fortunes que la prudence.
Vauvenargues

FINESSE
On peut être plus fin qu'un autre, mais non pas plus fin que tous les autres.
La Rochefoucauld, Maximes.

La finesse n'est qu'une pauvre habileté.
La Rochefoucauld, Maximes.

Le grand art de l'homme fin est de ne le point paraître.
Montaigne, Essais.

FIRMAMENT
Ce qui est admirable, ce n'est pas que le champ des étoiles soit si vaste, c'est que l'homme l'ait mesuré.
Anatole France

Quel dieu, quel moissonneur de l'éternel été
Avait, en s'en allant, négligemment jeté
Cette faucille d'or dans le champ des étoiles.
Victor Hugo,
La légende des siècles.

Je soulevai avec lenteur mes yeux spleenétiques, cernés d'un grand cercle bleuâtre, vers la concavité du firmament, et j'osai pénétrer, moi, si jeune, les mystères du ciel !
Lautréamont,
Les Chants de Maldoror.

FISC
Sire, il n'y a qu'un monarque dans votre royaume, c'est le fisc.
Cahier de doléances 1789

La terre est à peine remise en état, et le fisc fond dessus.
Michelet, Le Peuple.

FLATTERIE

Il n'y a rien de si dangereux que la flatterie dans les conjonctures où celui que l'on flatte peut avoir peur.
Paul de Gondi, cardinal de Retz, Mémoires.

Apprenez que tout flatteur
Vit au dépens de celui qui l'écoute.
Jean de La Fontaine, Le corbeau et le renard.

On n'aurait guère de plaisir si on ne se flattait jamais.
La Rochefoucauld, Maximes.

Quiconque flatte ses maîtres, les trahit.
Jean-Baptiste Massillon

L'encens noircit l'idole en fumant pour sa gloire.
Sébastien Mercier

Gare à la flatterie, ma fille : trop de sucre gâte les dents.
Mme de Sévigné, Lettres.

Les grandes flatteries sont muettes.
Paul Valéry

◆ Selon les gens l'encens.
◆ L'encens entête et tout le monde en veut.
◆ Tu me flattes, mais tu me plais.
◆ Tu me grattes où ça me démange.
◆ Un âne en gratte un autre.
◆ Qui te flatte veut te tromper.

FLÉAU

Le gouvernement populaire est le pire fléau dont Dieu afflige un État quand il veut le châtier.
Cyrano de Bergerac

Ils ne mouraient pas tous, mais tous étaient frappés.
Jean de La Fontaine, Les animaux malades de la peste.

FLEUR

Mainte fleur épanche à regret
Son parfum doux comme un secret
Dans les solitudes profondes.
Charles Baudelaire

◆ Qui peint la fleur n'en peut peindre l'odeur.
◆ Les fleurs du printemps ne gardent pas toujours leur beauté.

FLEUVE
Ici, gronde le fleuve aux vagues écumantes ;
Il serpente, et s'enfonce en un lointain obscur ;
Là, le lac immobile étend ses eaux dormantes
Où l'étoile du soir se lève dans l'azur.
Lamartine, Les Méditations.

Comme je descendais des Fleuves impassibles,
Je ne me sentis plus guidé par les haleurs. (...)
Les fleuves m'ont laissé descendre où je voulais.
Rimbaud, Le bateau ivre.

FLIRT
Le flirt est l'aquarelle de l'amour. *Paul Bourget*

FLOT
O flots, que vous savez de lugubres histoires !
Flots profonds redoutés des mères à genoux !
Vous vous les racontez en montant les marées,
Et c'est ce qui vous fait ces voix désespérées
Que vous avez le soir quand vous venez chez nous.
Victor Hugo, Les Rayons et les Ombres.

FOI
Ferme les yeux, et tu verras.
Joseph Joubert, Pensées.

Le ciel est pour ceux qui y pensent.
Joseph Joubert, Pensées.

Le pire de tous les états de l'âme est l'indifférence ; il faut croire ; l'incroyance est la ruine non seulement des individus, mais des sociétés.
Lamennais

Si vous ôtez la foi au peuple, vous n'avez que des voleurs de grand chemin.
Napoléon Ier

◆ Il n'y a que la foi qui sauve.

FOI (MAUVAISE)
C'est une méchante manière de raisonner que de rejeter ce qu'on ne peut comprendre.
Chateaubriand, Génie du christianisme.

FOLIE

La plupart des folies ne viennent que de sottise.
Champfort,
Maximes et Pensées.

Il y a plus de fous que de sages, et dans le sage même, il y a plus de folie que de sagesse.
Champfort,
Maximes et Pensées.

La plus subtile folie se fait de la plus subtile sagesse.
La Rochefoucauld, Maximes.

Il y a des folies qui se prennent comme des maladies contagieuses.
La Rochefoucauld, Maximes.

Les vieux fous sont plus fous que les jeunes.
La Rochefoucauld, Maximes.

Qui vit sans folie n'est pas si sage qu'il croit.
La Rochefoucauld, Maximes.

On construit des maisons de fous pour faire croire à ceux qui n'y sont pas enfermés qu'ils ont encore la raison.
Montaigne

Les hommes sont si nécessairement fous que ce serait être fou par un autre tour de folie de n'être pas fou.
Pascal

◆ Le fou se trahit lui-même.
◆ Qui ne sait être fou n'est pas sage.
◆ Il vaut mieux être fou avec tous que sage tout seul.
◆ Les fous sont plus utiles aux sages que les sages aux fous.
◆ Les sages vont chercher de la lumière, et les fous leur en donne.
◆ Fou qui se tait passe pour sage.
◆ Au rire on connaît le fou.
◆ Plus on est de fous, plus on rit.
◆ Dieu aide à trois sortes de personnes : aux fous, aux enfants et aux ivrognes.
◆ Si tous les fous portaient le bonnet blanc, nous ressemblerions à un troupeau d'oies.
◆ Courtes folies sont les meilleures.

Le monde appelle fous ceux qui ne sont pas fous de la folie commune.
Mme Roland

Les hommes ne se comprennent pas les uns les autres. Il y a moins de fous qu'on ne croit.
Vauvenargues,
Réflexions et Maximes.

FONCTIONNAIRE
Les fonctionnaires sont un peu comme les livres d'une bibliothèque : ce sont les plus hauts placés qui servent le moins.
Georges Clemenceau

Le docile, le bon sujet, sera fonctionnaire.
Michelet, Le Peuple.

FORCE
Où manque la force, le droit disparaît ; où apparaît la force, le droit commence de rayonner.
Maurice Barrès

Ce qui fait croire à la force l'augmente.
Paul de Gondi, cardinal de Retz, Mémoires.

On supporte aisément une puissance qu'on espère exercer un jour.
Joseph Joubert, Pensées.

La raison du plus fort est toujours la meilleure.
Jean de La Fontaine,
Le loup et l'agneau.

Qui a la force a souvent la raison, en matière d'État.
Richelieu

Nous avons assez de force pour supporter les maux d'autrui.
La Rochefoucauld, Maximes.

Il se sentait fort à culbuter une montagne, à broyer des pierres dans ses mains.
Guy de Maupassant, Le Loup.

Le plus fort n'est jamais assez fort pour être toujours le maître, s'il ne transforme sa force en droit et l'obéissance en devoir.
Jean-Jacques Rousseau,
Du Contrat social.

J'aime la force, et la force que j'aime, une fourmi peut en montrer autant qu'un éléphant.
Stendhal

Le sentiment de nos forces les augmente.
Vauvenargues

◆ Force n'est pas droit.
◆ L'union fait la force.

FORET

Les forêts ont été les premiers temples de la Divinité, et les hommes ont pris dans les forêts la première idée de l'architecture. Cet art a dû varier selon les climats.
Chateaubriand,
Le génie du christianisme.

FORET VIERGE

Qui dira le sentiment qu'on éprouve en entrant dans ces forêts aussi vieilles que le monde, et qui seules donnent une idée de la création, telle qu'elle sortit des mains de Dieu ?
Chateaubriand,
Voyage en Amérique.

FORGERON

◆ C'est en forgeant que l'on devient forgeron.

FORTUNE

Toute femme à sa fortune entre ses jambes.
Balzac

La fortune est souvent comme les femmes riches et dépensières, qui ruinent les maisons où elles ont apporté une riche dot. *Champfort,*
Maximes et Pensées.

Les biens de la terre ne font que creuser l'âme et en augmenter le vide.
Chateaubriand,
Le génie du christianisme.

Il faut de plus grandes vertus pour soutenir la bonne fortune que la mauvaise.
La Rochefoucauld, Maximes.

Je n'ai pas aimé à faire ma fortune par le moyen de la Cour; j'ai songé à le faire en faisant valoir mes terres et à tenir toute ma fortune immédiatement de la main des dieux.
Montesquieu

Les mêmes moyens qui rendent un homme propre à faire fortune l'empêchent d'en jouir.
Rivarol

Le bien de la fortune est un bien périssable,
Quand on bâtit sur elle on bâtit sur le sable ;
Plus on est élevé, plus on court de dangers.
Les grands pins sont en butte aux coups de la tempête.
Racan

Fortune, bonheur des pauvres d'esprit. *Jules Renard*

On ne se ruine jamais mieux que lorsqu'on a beaucoup de fortune.
Rivarol

Il faut avoir l'appétit du pauvre pour jouir de la fortune du riche.
Rivarol

On a de la fortune sans bonheur, comme on a des femmes sans amour.
Rivarol

Il y a des gens qui n'ont de leur fortune que la crainte de la perdre.
Rivarol

Il est faux qu'on ait fait fortune lorsqu'on ne sait pas en jouir. *Vauvenargues*

L'activité fait plus de fortunes que la prudence.
Vauvenargues

Les fortunes promptes en tout genre sont les moins solides, parce qu'il est rare qu'elles soient l'ouvrage du mérite.
Les fruits mûrs mais laborieux de la prudence, sont toujours tardifs.
Vauvenargues,
Réflexions et Maximes.

L'activité fait plus de fortunes que la prudence.
Vauvenargues,
Réflexions et Maximes.

◆ Bien danse
à qui la fortune chante.
◆ Chacun a dans sa vie
un sourire de la fortune.
◆ Grande fortune,
grande servitude.
◆ La fortune et l'humeur
gouvernent le monde.
◆ Les haillons de la misère
couvrent la vertu,
le manteau de la fortune
couvre le vice.

FOUINE

◆ Au poulailler
sont les fouines.

FOURBERIE

Nous plumons une coquette ; la coquette mange un homme d'affaires ; l'homme d'affaires en pille d'autres : cela fait un ricochet de fourberies le plus plaisant du monde.
Lesage, Turcaret.

FOURMIS

◆ Si les fourmis
font de gros tas
Un dur hiver viendra.
◆ Fourmilières hautes
à l'automne,
l'hiver sera long et rude.
◆ Quand on détruit
une fourmilière,
On a la pluie derrière.
◆ Celui qui est
trop endormi
doit prendre garde
à la fourmi.

FRANCE

Ma sœur, qu'ils étaient beaux les jours
De France !
O mon pays, sois mes amours
Toujours.
Chateaubriand, Poésies.

France, mère des arts, des armes et des lois,
Tu m'as nourri longtemps du lait de ta mamelle :
Ores, comme un agneau qui sa nourrice appelle,
Je remplis de ton nom les antres et les bois.
Joachim du Bellay

Vieille terre, rongée par les âges, rabotée de pluies et de tempêtes, épuisée de végétations mais prête, indéfiniment à produire ce qu'il faut pour que se succèdent les vivants ! Vieille France, accablée d'Histoire, meurtrie de guerres et de révolutions, allant et venant sans relâche de la grandeur au déclin, mais redressée, de siècle en siècle, par le génie du renouveau !
Charles de Gaulle, Le Salut.

L'Angleterre est un empire, l'Allemagne une race et la France, une personne.
Jules Michelet,
Histoire de France

Nous, en France, n'avons rien sinon le pain, le vin et la gaîté.
Louis VII

La France compte trente-six millions de sujets sans compter les sujets de mécontentement.
Henri de Rochefort

FRANÇAIS
Le naturel du Français est de ne jamais abandonner son prince.
Joachim du Bellay

Les Français vont instinctivement au pouvoir ; ils n'aiment point la liberté ; l'égalité seule est leur idole.
Chateaubriand,
Mémoires d'outre-tombe.

Les Français ne se plaisent qu'au péché et aux actes vénériens.
Un diplomate vénitien, à propos des troupes qui ont envahi l'Italie, sous la Renaissance.

Fils aînés de l'antiquité, les Français, Romains par le génie, sont Grecs par le caractère. Inquiets et volages dans le bonheur, constants et invincibles dans l'adversité ; formés pour les arts, civilisés jusqu'à l'excès durant le calme de l'État ; grossiers et sauvages dans les troubles politiques, flottants comme des vaisseaux sans lest au gré des passions (...); vains, railleurs, ambitieux, à la fois routiniers, et novateurs, méprisant tout ce qui n'est pas eux ; individuellement les plus aimables des hommes, en corps les plus désagréables de tous ; charmants dans leur propre pays, insupportables chez l'étranger...
Chateaubriand,
Le génie du christianisme.

C'est une chose étrange que la légèreté des Français.
Louis XIII

FRANÇOIS Ier
Nous travaillons en vain. Ce gros garçon nous gâtera tout.
Louis XII sur François Ier

FRANCHISE
Bien servir fait amis
Et vrai dire ennemis.

FRELON
◆ Il ne faut pas émouvoir
les frelons.
◆ S'il y a des frelons
en trop
le temps sera beau.

FRÊNE
◆ Dessous le frêne
Venin ne règne.
◆ Le frêne
en certaines saisons
Près de la mare est poison.

FRÈRE
Que tous les hommes soient Frères, c'est le rêve des gens qui n'ont pas de frère.
Charles Chincholle

◆ Le frère est
ami de nature,
Mais son amitié
n'est pas sûre.
◆ La borne sied très bien
entre les champs
de deux frères.

FRISSON
L'air est plein du frisson des choses qui s'enfuient.
Charles Baudelaire,
Les Fleurs du Mal.

FROMAGE
Un repas sans fromage est une belle à qui il manque un œil.
Brillat-Savarin,
Physiologie du goût.

FROMENT
◆ Avec le vent
on nettoie le froment
Et vice
avec supplice et châtiment.
◆ En lieu bas
sème ton froment
En lieu haut
plante ton sarment.
◆ Année neigeuse
année fromenteuse.

FRUITS
Tout âge porte ses fruits, il faut savoir les cueillir.
Raymond Radiguet

◆ Bois inutile
porte fruit précieux.
◆ Bon fruit vient
de bonne semence.
◆ De bonne plante
bon fruit.

FUGACITÉ

L'homme d'un jour n'aime qu'un jour.
Théophile Gautier, Poésies.

Tout s'en va comme la fumée,
L'espérance et la renommée.
Alfred de Musset

> ◆ Vin, fille,
> faveur et poirier,
> Sont difficiles à conserver.
> ◆ Amitié de grands
> Serments de femmes
> Et soleil d'hiver
> Ne durent guère.

FUITE

Fuir ! là-bas fuir ! Je sens que des oiseaux sont ivres
D'être parmi l'écume inconnue et les cieux !
Stéphane Mallarmé, Poésies.

> ◆ Qui s'enfuit,
> On le poursuit.
> ◆ Un chemin pour qui fuit
> Cent pour qui le poursuit.

FUITE (DU TEMPS)

Marbre, perle, rose, colombe,
Tout se dissout, tout se détruit ;
La perle fond, le marbre tombe
La fleur se fane et l'oiseau fuit.
Théophile Gautier,
Émaux et Camées.

FUMÉE

Tout s'en va comme la fumée,
L'espérance et la renommée.
Alfred de Musset

> ◆ Il n'y a point de fumée
> sans feu.
> ◆ La fumée
> s'attache au blanc.
> ◆ La fumée nuit aux yeux.

FUNÉRAILLES

Oh ! quel farouche bruit font dans le crépuscule
Les chênes qu'on abat pour le bûcher d'Hercule !
Les chevaux de la Mort se mettent à hennir
Et sont joyeux car l'âge éclatant va finir...
Victor Hugo

G

GAIN

Le vrai moyen de gagner beaucoup est de ne vouloir jamais trop gagner et de savoir perdre à propos.
Fénelon

◆ L'eau trouble est le gain du pêcheur.
◆ Petit jeu, petit gain.

GALÈRE

Que diable allait-il faire dans cette galère ?
Molière,
Les fourberies de Scapin.

GALANTERIE

Toute femme à sa fortune entre ses jambes.
Honoré de Balzac

Si vous refusez, madame, ne le dites pas ; si vous cédez, je me tairai.
Jean Dolent

La courtisane est un mythe. Jamais une femme n'a inventé la débauche.
Gustave Flaubert,
Correspondance

On peut trouver des femmes qui n'ont jamais eu de galanterie, mais il est rare d'en trouver qui n'en aient jamais eu qu'une.
La Rochefoucauld, Maximes.

Ce qui se trouve le moins dans la galanterie, c'est de l'amour.
La Rochefoucauld, Maximes.

GANT
M. de Karkoël n'ôta pas ses gants, qui rappelaient par leur perfection ces célèbres gants de Bryan Brummell, coupés par trois ouvriers spéciaux, deux pour la main et un pour le pouce.
Barbey d'Aurevilly,
Les diaboliques.

GASPILLAGE
◆ C'est folie semer
les roses aux pourceaux.
◆ Fou qui jette
à ses pieds
ce qu'il tient
dans ses mains.
◆ Qui mange tout le soir
Le lendemain
ronge son pain noir.
◆ Si vous cassez
la bouteille
vous n'y boirez plus.
◆ Pierre qui roule
n'amasse pas mousse.

GASTRONOMIE
Porcelet d'un mois,
oison de trois,
Est manger de princes
et de rois.

GAUCHE
Ce à quoi tiennent particulièrement les gens de gauche, ce n'est pas d'avoir raison, mais à être libres d'avoir tort.
Henri de Villemessant

GELÉE
◆ Blanche gelée
est de pluie messagère.
◆ Année de gelée,
Année de blé.

GENDRE
Nous travaillons en vain. Ce gros garçon nous gâtera tout.
Louis XII sur François Ier

◆ Amitié de gendre,
soleil d'hiver.

GÊNE
On incommode souvent les autres quand on croit ne les pouvoir jamais incommoder.
La Rochefoucauld, Maximes.

Où il y a de la gêne,
il n'y a pas de plaisir.

GÉNÉROSITÉ

Il n'y a que les pauvres de généreux.
Honoré de Balzac

Il faut être juste avant d'être généreux, comme on a des chemises avant d'avoir des dentelles.
Chamfort,
Maximes et Pensées.

La générosité n'est que la pitié des âmes nobles.
Chamfort,
Maximes et Pensées.

Il était généreux, quoiqu'il fût économe.
Victor Hugo,
La légende des siècles.

Ce qui paraît générosité n'est souvent qu'une ambition déguisée qui méprise de petits intérêts, pour aller à de plus grands.
La Rochefoucauld, Maximes.

Méfiez-vous du premier mouvement, il est toujours généreux.
Talleyrand

GÉNIE

Faire aisément ce qui est difficile aux autres, voilà le talent ; faire ce qui est impossible au talent, voilà le génie.
Henri Frédéric Amiel

parce que vous êtes un grand seigneur, vous vous croyez un grand génie !
Beaumarchais,
Le mariage de Figaro

Le génie est une longue patience. *Buffon*

Quand un vrai génie paraît dans le monde, on le distingue à cette marque : tous les sots se soulèvent contre lui.
Fréron

Tout homme qui ne se croit pas du génie n'a pas de talent...
Edmond de Goncourt,
Journal.

Appelons hommes de génie ceux qui font vite ce que nous faisons lentement.
Joseph Joubert, Pensées.

Ah ! Frappe-toi le cœur, c'est là qu'est le génie.
Alfred de Musset, Poésies.

Quand un vrai génie paraît dans le monde, on le distingue à cette marque : tous les sots se lèvent contre lui.
Édouard Pailleron

Le génie est peut-être au talent ce que l'instinct est à la raison.
Jules Renard, Journal.

Le génie égorge ceux qu'il pille.
Rivarol

Le génie des idées est le comble de l'esprit ; le génie des expressions est le comble du talent.
Rivarol

Le génie seul est la mesure du génie.
Paul-Jean Toulet,
Les trois impostures.

On ne peut contrefaire le génie.
Vauvenargues,
Réflexions et Maximes.

Il n'y a point de génie sans un grain de folie.

GENTLEMAN

Un gentleman est un monsieur qui se sert d'une pince à sucre, même lorsqu'il est seul.
Alphonse Allais

GÉOGRAPHIE

La géographie est le seul art dans lequel les derniers ouvrages sont toujours les meilleurs.
Voltaire

GÉRANIUM

Recette pour changer un vil géranium
En Légion d'honneur : on ôte trois pétales !
Edmond Rostand, L'Aiglon.

GIBET

Quand un scélérat marche à l'échafaud, la pitié compte alors les souffrances, et non les crimes du coupable.
Chateaubriand,
Essai sur les révolutions.

◆ Le gibet ne perd jamais ses droits.
◆ Si le gibet avait une bouche, il appellerait à lui bien des gens.

GIGOLO

Il y a des femmes déjà flétries, qui par leur complexion ou par leur mauvais caractère sont naturellement la ressource des jeunes gens qui n'ont pas assez de bien. Je ne sais qui est plus à plaindre, ou d'une femme avancée en âge qui a besoin d'un cavalier, ou d'un cavalier qui a besoin d'une vieille.
La Bruyère, Les caractères.

> Celui qui prend
> la vieille femme
> Aime l'argent
> plus que la dame.

GIROUETTE

Ce n'est pas la girouette qui tourne, c'est le vent.
Edgar Faure

Quand tourne le vent on accuse les girouettes.
Paul-Jean Toulet, Monsieur du Paur, homme public.

Découper un cœur dans une girouette : plus il est grand, moins elle tourne.
Paul-Jean Toulet, Monsieur du Paur, homme public.

Les femmes ressemblent aux girouettes : elles se fixent quand elles se rouillent.
Voltaire

> **GIVRE**
> Année de givre,
> Année de fruits.

> **GLAND**
> ◆ Le plus mauvais
> pourceau mange
> le meilleur gland.
> ◆ L'abbaye est bien pauvre
> quand les moines
> vont au gland.
> ◆ Année glanduleuse
> année chanceuse.
> ◆ Année de glands
> année d'enfants.

GLANE

Comme on voit le glaneur
Cheminant pas à pas recueillir les reliques
De ce qui va tombant après le moissonneur.
Joachim du Bellay,
Les Antiquités de Rome.

> Qui glane ne choisit pas.

GLAS
J'écoute résonner tout bas
Le glas de ma jeunesse.
Paul-Jean Toulet,
Les contrerimes.

GLOIRE
La gloire est le soleil des morts.
Honoré de Balzac

Inutile de s'étonner si les nations n'ont de grands hommes que malgré elles, puisque seuls connaissent la gloire ceux qui savent adapter leur esprit avec la sottise nationale.
Charles Baudelaire

Il y a, entre la vanité et la gloire, la différence qu'il y a entre un fat et un amant.
Chamfort,
Maximes et Pensées.

Ne dédaignons pas trop la gloire : rien n'est plus beau qu'elle si ce n'est la vertu.
Chateaubriand

La gloire se donne seulement à ceux qui l'ont toujours rêvée.
Charles de Gaulle

Vieillard, tu fus heureux, et ta fortune est telle
Que la Mort, malgré toi, fit ton rêve plus beau ;
La Gloire t'a donné la Jeunesse éternelle.
José Maria de Heredia,
Les trophées.

La gloire a sillonné de ses illustres rides
Le visage hardi de ce grand Cavalier
Qui porte sur son front que nul n'a fait plier
Le hâle de la guerre et des soleils torrides.
José Maria de Heredia,
Les trophées.

Heureux qui pour la Gloire ou pour la Liberté,
Dans l'orgueil de la force et l'ivresse du rêve,
Meurt ainsi d'une mort éblouissante et brève.
José Maria de Heredia,
Les trophées.

Les grands hommes font leur propre piédestal ; l'avenir se charge de la statue.
Victor Hugo

J'ai vu, pendant toute ma vie, sans en excepter un seul, les hommes, aux épaules étroites, faire des actes stupides et nombreux, abrutir leur semblables, et pervertir les âmes par tous les moyens. Ils appellent les motifs de leurs actions : la gloire.
Lautréamont,
Les Chants de Maldoror.

Nous élevons la gloire des uns pour abaisser celle des autres.
La Rochefoucauld, Maximes.

Quoique les hommes se flattent de leurs grandes actions, elles ne sont pas souvent les effets d'un grand dessein, mais des effets du hasard.
La Rochefoucauld, Maximes.

La gloire est un effort constant.
Jules Renard, Journal.

La gloire n'est plus qu'une denrée coloniale.
Jules Renard, Journal.

Vous dites que la gloire est l'estime de l'homme,
Et que la paix de l'âme est l'estime de Dieu.
Sully Prud'homme, Poésies.

Tout se paie, et la honte quelquefois aussi cher que la gloire.
Paul-Jean Toulet,
Les trois impostures.

Les feux de l'aurore ne sont pas si doux que les premiers regards de la gloire.
Vauvenargues,
Pensées et Maximes.

La haine est plus vive que l'amitié, moins que la gloire.
Vauvenargues

L'amour de la gloire fait les grandes fortunes entre les peuples.
Vauvenargues

Nous avons si peu de vertu, que nous nous trouvons ridicules d'aimer la gloire.
Vauvenargues

Où il y a de la grandeur, nous la sentons malgré nous. La gloire des conquérants a toujours été combattue ; les peuples en ont toujours souffert, et ils l'ont toujours respectée.
Vauvenargues

La gloire est la preuve de la vertu. *Vauvenargues*

Les feux de l'aurore ne sont pas si doux que les premiers regards de la gloire.
Vauvenargues,
Pensées et Maximes.

On n'est pas né pour la gloire lorsqu'on ne connaît pas le prix du temps.
Vauvenargues,
Pensées et Maximes.

◆ Quand vient la gloire s'en va la mémoire.

GOINFRERIE
◆ L'abondance engendre la nausée.

GOURMANDISE
Il faut manger pour vivre, et non pas vivre pour manger.
Molière, L'Avare.

◆ L'estomac devient le gouffre de la vie.
◆ Les gourmands creusent leur fosse avec leurs dents.

GOÛT (BON)
Une belle âme ne va guère avec un goût faux.
Diderot, Correspondance.

Le bon goût vient plus du jugement que de l'esprit.
La Rochefoucauld, Maximes.

Le goût, une espèce de qualité mortelle.
Jules Renard, Journal.

Je ne réponds pas d'avoir du goût, mais j'ai le dégoût très sûr. *Jules Renard, Journal.*

Le goût, ça peut être la peur de la vie et de la beauté.
Jules Renard, Journal.

Le goût mûrit aux dépens du bonheur.
Jules Renard, Journal.

Il faut donc avoir l'âme pour avoir du goût.
Vauvenargues

◆ Il ne faut pas discuter des goûts.
◆ Tous les goûts sont dans la nature.
Morceau mâché n'a plus de goût.

GOÛT (MAUVAIS)
Le mauvais goût du temps de Ronsard, c'était Marot; du temps de Boileau, c'était Ronsard; du temps de Voltaire, c'était Corneille, et c'était Voltaire du temps de Chateaubriand que beaucoup de gens, à cette heure, commencent à trouver un peu faible.
Gustave Flaubert, Par les champs et par les grèves.

GOUTTE
◆ La goutte est comme les enfants des princes; on la baptise tard.
◆ Au mal de goutte, le médecin ne voit goutte.

GOUVERNEMENT
On gouverne les hommes avec la tête. On ne joue pas aux échecs avec un bon cœur.
Chamfort

Sans le gouvernement, on ne rirait plus en France.
Chamfort

On court les risques du dégoût en voyant comment l'administration, la justice et la cuisine se préparent. *Chamfort*

On dit, en politique, que les sages ne font point de conquêtes : cela peut aussi s'appliquer à la galanterie.
Chamfort, Maximes et Pensées.

Le gouvernement est stationnaire, l'espèce humaine est progressive. Il faut que la puissance du gouvernement contrarie le moins qu'il est possible la marche de l'espèce humaine.
Benjamin Constant

La seule chose raisonnable, c'est un gouvernement de mandarins, pourvu que les mandarins sachent quelque chose et même qu'ils sachent beaucoup de choses.
Gustave Flaubert, Correspondance.

Gouverner, c'est prévoir.
Émile de Girardin

Gouverner, c'est choisir.
Duc Gaston de Lévis

Les hommes d'État s'enivrent de la vapeur du vin qu'ils versent, et leur propre mensonge les déçoit.
Joseph Joubert, Pensées.

La fortune et l'humeur gouvernent le monde.
La Rochefoucauld, Maximes.

Le gouvernement est comme toutes les choses du monde ; pour le conserver, il faut l'aimer.
Montesquieu

La crainte d'une chute, voilà ce qui suffit à un ministre pour faire égorger des milliers d'hommes.
Jules Renard, Journal.

Il faut écouter beaucoup et parler peu pour bien agir au gouvernement d'un état.
Richelieu

Les souverains ne doivent jamais oublier que, le peuple étant toujours enfant, le gouvernement doit toujours être père.
Rivarol

A prince dévot, confesseur homme d'État.
Rivarol

Les princes parvenus jouissent mieux de l'empire que les princes héréditaires.
Rivarol

Quand l'armée dépend du peuple, il se trouve à la fin que le gouvernement dépend de l'armée.
Rivarol

L'art de gouverner n'a produit que des monstres.
Saint-Just

Le meilleur moyen de renverser un gouvernement, c'est d'en faire partie.
Talleyrand

La science de gouverner est toute dans l'art de dorer les pilules.
Adolphe Thiers

Si un peuple a les seuls gouvernements qu'il mérite, quand mériterons-nous de n'en avoir pas ?
Paul-Jean Toulet

S'il est vrai qu'on ne peut anéantir le vice, la science de ceux qui gouvernent est de le faire concourir au bien public.
Vauvenargues,
Réflexions et Maximes.

GRÂCE
La grâce entoure l'élégance, et la revêt. *Joseph Joubert*

La grâce imite la pudeur, comme la politesse imite la bonté.
Joseph Joubert, Pensées.

La force est naturelle ; mais il y a de l'habitude dans la grâce. Cette qualité charmante a besoin d'être pratiquée, pour devenir continuelle.
Joseph Joubert, Pensées.

La bonne grâce est au corps ce que le bon sens est à l'esprit. *La Rochefoucauld*

Une femme sans grâce est un appât sans hameçon.
Julie de Lespinasse

La bonne grâce est au corps ce que le bon sens est à l'esprit.
La Rochefoucauld, Maximes.

Ses mouvements sont pleins d'une grâce chinoise,
Et près d'elle on respire autour de sa beauté
Quelque chose de doux comme l'odeur du thé.
Théophile Gautier, Émaux et camées.

La beauté pour le sexe est un rare trésor.
De l'admirer jamais on ne se lasse ;
Mais ce qu'on nomme bonne grâce
Est sans prix, et vaut mieux encor.
Charles Perrault, Cendrillon.

GRANDEUR
La grandeur est comme certains verres qui grossissent tous les objets.
Fénelon

Je n'ai jamais assez estimé la grandeur pour l'acheter par la haine publique.
Paul de Gondi, cardinal de Retz, Mémoires.

Qu'il est grand ! plus grand encore mort que vivant !
Henri III, Devant le corps du duc de Guise qu'il fit assassiner le 23/12/1588.

Ce qui est grand est toujours beau.
Napoléon 1er

GRAND-MÈRE
Parfois notre grand-mère,
La veuve aux chers soucis,
Qui fut si belle et qui mourut si jeune,
Se montrait sur le seuil,
Le front pâli comme par un long jeûne,
Triste et douce, en grand deuil.
Théodore de Banville

GRANDS
Parce que vous êtes un grand seigneur, vous vous croyez un grand génie !
Beaumarchais

Les reines ont été vues pleurant comme de simples femmes.
Chateaubriand

Le peuple n'a guère d'esprit, et les Grands n'ont point d'âme.
La Bruyère, Les Caractères

Hélas ! on voit que de tout temps
Les petits ont pâti des sottises des grands.
La Fontaine, Les deux taureaux et la grenouille.

J'ai eu, d'abord, en voyant la plupart des grands, une crainte puérile. Dès que j'ai eu fait connaissance, j'ai passé, presque sans milieu, jusqu'au mépris.
Montesquieu

◆ Promesse de grand n'est pas héritage.
◆ En un corps grand bien rarement Sagesse prend son hébergement.
◆ Les plus grands clercs ne sont pas les plus fins.
◆ Quand la maison est trop haute, il n'y a rien au grenier.
◆ Un homme grand est un sot.
◆ Les gros poissons mangent les petits.

GRATITUDE
La gratitude, comme le lait, tourne à l'aigre, si le vase qui la contient n'est pas scrupuleusement propre.
Rémy de Gourmont

GRAVITE

Les êtres heureux sont graves.
Jules Barbey d'Aurevilly

La gravité n'est que l'écorce de la sagesse. Mais elle la conserve. *Joseph Joubert*

La gravité est le bonheur des imbéciles. *Montesquieu*

La gravité est un mystère du corps inventé pour cacher les défauts de l'esprit.
La Rochefoucauld, Maximes.

GUÉRISON

Je le soignai, Dieu le guérit.
Ambroise Paré

Le roi te touche, Dieu te guérisse.
Phrase rituelle des rois de France, lorsqu'ils imposaient les mains sur les écrouelles.

> La guérison
> n'est jamais si prompte
> que la blessure.

GROSSESSE

Toujours coucher, toujours grosse, toujours accoucher.
Marie Leczinska, reine de France, épouse de Louis XV.

GUERRE

La vie militaire exige peu d'idées.
Honoré de Balzac,
Melmoth réconcilié.

Je fais la guerre, rien que la guerre. Nous serons sans faiblesse, comme sans violence. Le pays connaîtra qu'il est défendu.
Georges Clemenceau,
le 20/11/1917.

La guerre est une chose trop grave pour être confiée à des militaires.
Georges Clemenceau

Depuis six mille ans, la guerre
Plaît aux peuples querelleurs,
Et Dieu perd son temps à faire
Les étoiles et les fleurs.
Victor Hugo, Les chansons des rues et des bois.

Faire la guerre, c'est attaquer.
Général Mangin

Sitôt que les hommes sont en société, ils perdent le sentiment de leur faiblesse ; l'égalité qui est entre eux cesse, et l'état de guerre commence.
Montesquieu,
De l'esprit des lois.

Adieu la Cour, adieu les dames,
Adieu les filles et les femmes,
Adieu vous dis pour quelques temps,
Adieu vos plaisants passe-temps ;
Adieu le bal, adieu la danse,
Adieu mesure, adieu cadence,
Tambourins, hautbois et violons,
Puisqu'à la guerre nous allons.
Clément Marot, Épîtres.

Les nerfs des batailles sont les pécunes. *François Rabelais*

Il n'a pas de nation au monde si peu propre à la guerre que la nôtre. *Richelieu*

Vous savez qu'il n'est plus question que de guerre. Toute la cour est à l'armée, et toute l'armée est à la cour. Paris est un désert.
Mme de Sévigné, Lettres.

Le vice fomente la guerre : la vertu combat. S'il n'y avait aucune vertu, nous aurions pour toujours la paix. *Vauvenargues*

La guerre n'est pas si onéreuse que la servitude.
Vauvenargues

Le nombre infini de maladies qui nous tue est assez grand ; et notre vie est assez courte pour qu'on puisse se passer du fléau de la guerre. *Voltaire*

◆ L'argent est le nerf de la guerre.
◆ Guerre et pitié ne s'accordent pas ensemble.
◆ La guerre nourrit la guerre.
◆ Guerre est la fête des morts.

GUET

Anne, ma sœur Anne, ne vois-tu rien venir ? *Charles Perrault, Barbe bleue.*

GUIGNE

La guigne ne s'acharne que sur la bêtise. *Jules Renard*

GUILLOTINE

On le coucha sur la bascule. Cette tête charmante et fière s'emboîta dans l'infâme collier. Le bourreau lui releva doucement les cheveux, puis pressa le ressort ; le triangle se détacha et glissa lentement d'abord, puis rapidement ; on entendit un coup hideux...
Hugo, Quatrevingt-treize.

H

HABILETÉ

L'habileté est à la ruse ce que la dextérité est à la filouterie.
Champfort

Ne soyons pas si difficiles :
Les plus accommodants, ce sont les plus habiles.
Jean de La Fontaine,
Le héron.

Le désir de paraître habile empêche souvent de le devenir.
La Rochefoucauld, Maximes.

La souveraine habileté consiste à bien connaître le prix des choses.
La Rochefoucauld, Maximes.

C'est une grande habileté que de savoir cacher son habileté.
La Rochefoucauld, Maximes.

HABIT

Les beaux habits sont un signe de joie.
Joseph Joubert, Pensées.

Chez certains gens, un habit neuf, c'est presque un beau visage.
Marivaux

◆ L'habit ne fait pas le moine.
◆ Si l'habit du pauvre a des trous, celui du riche a des taches.

HABITUDE

◆ L'habitude est une seconde nature.
◆ Coutume est une autre nature.

HAINE

La haine, comme l'amour, se nourrit des plus petites choses, tout lui va.
Honoré de Balzac,
Le contrat de mariage.

La haine est tonique, elle fait vivre, elle inspire la vengeance.
Honoré de Balzac

La haine, c'est la colère des faibles.
Alphonse Daudet

Lorsque notre haine est trop vive, elle nous met au-dessous de ceux que nous haïssons.
La Rochefoucauld, Maximes.

Ces haines vigoureuses
Que doit donner le vice aux âmes vertueuses.
Molière, Le Misanthrope.

Il me semble que la haine est douloureuse.
Montesquieu

Je l'ai trop aimé pour ne point le haïr.
Jean Racine, Andromaque.

Si je la haïssais, je ne la fuirais pas.
Jean Racine, Phèdre.

Nous avons de l'amour pour une ou eux femmes, de l'amitié pour deux ou trois amis, de la haine pour un seul ennemi, de la pitié pour quelques pauvres ; et le reste des hommes nous est indifférent.
Jules Renard, Journal.

La haine des faibles n'est pas si dangereuse que leur amitié.
Vauvenargues,
Réflexions et Maximes.

La haine n'est pas moins volage que l'amitié.
Vauvenargues,
Réflexions et Maximes.

La haine est plus vive que l'amitié, moins que la gloire.
Vauvenargues,
Réflexions et Maximes.

Obliger un ingrat,
c'est acheter la haine.

HAIRE

Laurent, serrez ma haire avec ma discipline.
Molière, Le Tartuffe.

HASARD

Le hasard est le plus grand romancier du monde ; pour être fécond, il n'y a qu'à l'étudier.
Honoré de Balzac

Le hasard nous ressemble.
Georges Bernanos

Le hasard ne sert que les hommes forts et c'est ce qui indigne les sots.
Émile Gaboriau

Il livre au hasard sombre une rude bataille.
Victor Hugo,
La légende des siècles.

Dans tout ce qu'on entreprend, il faut donner les deux tiers à la raison et l'autre tiers au hasard. Augmentez la première fraction, et vous serez pusillanime. Augmentez la seconde, vous serez téméraire.
Napoléon 1er, Le Mémorial de Sainte-Hélène.

Le hasard est ordinairement heureux pour l'homme prudent. *Joseph Joubert*
Il n'y a point de hasard.
Voltaire, Zadig.

HÂTE

Hâtez-vous lentement.
Nicolas Boileau, Satires.

Le trop de promptitude à l'erreur nous expose. *Corneille*

◆ Trop grande hâte retarde.
◆ Il ne faut pas mettre la charrue devant les bœufs.
◆ Qui trop se hâte reste en chemin.
◆ Il ne faut pas vendre la peau de l'ours avant de l'avoir tué.

HÉCATOMBE

Victorieux, vaincus, fantassins, cavaliers
Les voici maintenant, blêmes, muets, farouches,
Les poings fermés, serrant les dents, et les yeux louches
Dans la mort furieuse étendus par milliers.
Leconte de Lisle

HÉRÉTIQUE

Le propre de l'hérétique, c'est-à-dire de celui qui a une opinion particulière, est de s'attacher à ses propres pensées.
Bossuet

HÉRÉDITÉ

◆ Bon sang ne peut mentir.

◆ La caque sent toujours le hareng.

◆ On ne saurait faire d'une buse un épervier.

◆ Qui naquit chat court après les souris.

◆ De nature va
le poulain l'amble
Dont la mère fut haquenée.

◆ De méchant œuf méchant oiseau.

◆ L'aigle n'engendre point la colombe.

◆ Qui naquit chat court après les souris.

◆ Bon chien chasse de race.

◆ De mauvais corbeau mauvais œuf.

◆ Le mortier sent toujours l'ail.

◆ Qui naît poule aime à gratter.

◆ Tel arbre, tel fruit.

◆ Belle vigne sans raison ne vaut rien.

◆ Bon fruit vient de bonne semence.

◆ Bonne semence
fait bon grain
Et bons arbres portent
beaux fruits.

HERBE

◆ Mauvaise herbe croît toujours.

◆ La mauvaise herbe pousse mieux que la bonne.

HÉRÉSIE

Un sot ne fait point d'hérésie.

HÉRITAGE

◆ Il ne faut pas se dépouiller avant de se coucher.

◆ N'est héritier que celui qui jouit.

◆ Qui attend les souliers d'un mort risque d'aller pieds nus.

◆ L'homme vivant n'a pas d'héritier.

◆ A père amasseur fils gaspilleur.

◆ Grande chère, petit testament.

◆ Fol et bien ignorant est le patient qui fait son médecin héritier de son bien.

◆ Qui que saille notre jument, le poulain est nôtre.

HÉROS

Les nations n'ont de grands hommes que malgré elles - comme les familles.
Charles Baudelaire, Fusées.

On peut être héros sans ravager la terre.
Nicolas Boileau, Satires

On se lasse d'être un héros et on ne se lasse pas d'être riche.
Fontenelle

Il y a des héros en mal comme en bien.
La Rochefoucauld, Maximes.

On est souvent ferme par faiblesse, et audacieux par timidité.
La Rochefoucauld, Maximes.

Le plus grand homme n'est qu'un enfant que la vie a trompé. *Jules Renard*

On peut être un grand roi, un grand homme, un grand général, sans être un héros.
Rivarol

Un peu d'éclat, un peu de poussière : c'est un héros... ou un papillon.
Paul-Jean Toulet

◆ Il n'y a point de héros pour son valet de chambre.
◆ Geste farouche et arrogant Ne fait pas le héros.

HÉROÏSME

L'héroïsme est un luxe qui n'est pas à la portée des faibles. *Henri-Frédéric Amiel*

On peut s'enivrer de son âme. Cette ivrognerie-là s'appelle l'héroïsme.
Victor Hugo,
Les Travailleurs de la mer.

HÉSITATION

Les esprits irrésolus ne suivent presque jamais ni leur vue ni leur sentiment, tant qu'il leur reste une excuse pour ne pas se déterminer.
Paul de Gondi, cardinal de Retz, Mémoires.

HEURE

Les Chinois voient l'heure dans l'œil des chats.
Baudelaire

L'heure, c'est l'heure ; avant l'heure, c'est pas l'heure ; après l'heure, c'est plus l'heure.
Jules Jouy

Tout suffoquant
Et blême, quand
Sonne l'heure,
Je me souviens
Des jours anciens
Et je pleure.
Paul Verlaine

◆ Le temps se change
en bien peu d'heure,
Tel rit le matin
qui le soir pleure.

HIÉROGLYPHES
Un sceau mis sur les lèvres du désert.
Chateaubriand,
Mémoires d'outre-tombe.

HIRONDELLE
◆ Une hirondelle ne fait
pas le printemps.
◆ Hirondelle aux champs
Amène joie et printemps.
◆ Quand l'hirondelle
fait son nid,
Plus besoin d'abri.
◆ Par temps d'orage
l'hirondelle monte
aux nuages.
◆ Quand l'hirondelle
vole en rasant,
c'est pour bientôt le
mauvais temps.

HISTOIRE
Il y a deux histoires : l'histoire officielle, menteuse, puis l'histoire secrète, où sont les véritables causes des événements. *Honoré de Balzac*

Les hommes ne veulent connaître que l'histoire des grands et des rois, qui ne sert à personne.
Bernardin de Saint-Pierre

L'Histoire est écrite par les vainqueurs. *Robert Brasillach*

Je me suis mêlé de paix et de guerre ; j'ai signé des traités et des protocoles ; j'ai assisté à des sièges, des congrès et des conclaves ; à la réédification et à la démolition des trônes ; j'ai fait de l'histoire, et je la pouvais écrire. *Chateaubriand*

Il est permis de violer l'histoire, à condition de lui faire un enfant. *Alexandre Dumas*

L'histoire est un roman qui a été, le roman est de l'histoire qui aurait pu être.
Edmond et Jules de Goncourt

L'Histoire n'est qu'une histoire à dormir debout.*Jules Renard*

L'histoire, ce riche trésor des déshonneurs de l'homme.
Henri Lacordaire, Pensées.

Je n'aime dans l'histoire que les anecdotes, et parmi les anecdotes, je préfère celles où j'imagine trouver une peinture vraie des mœurs et des caractères à une époque donnée.
Prosper Mérimée, Chronique du règne de Charles IX.

L'histoire est, dit-on, le bréviaire des rois ; à la manière dont les rois gouvernent, on voit bien que leur bréviaire ne vaut rien. *Saint-Simon*

L'histoire est une galerie de tableaux où il y a peu d'originaux et beaucoup de copies.
Alexis de Tocqueville

HISTORIEN

Le bon historien n'est d'aucun temps ni d'aucun pays : quoiqu'il aime sa patrie, il ne la flatte jamais en rien. *Fénelon*

Les historiens arrivent à tirer plusieurs volumes d'un personnage dont on ne sait pas grand-chose. C'est une manière de contempler l'univers dans une bulle de savon. *Mérimée*

HIVER

Entre les loups cruels, j'erre parmi la plaine.
Je sens venir l'hiver, de qui la froide haleine
D'une tremblante horreur fait hérisser ma peau.
Joachim du Bellay

J'aime l'hiver qui vient purger mon cœur de vice,
Comme de peste l'air, la terre de serpents.
Agrippa d'Aubigné

Tout l'hiver va rentrer dans mon être : colère,
Haine, frissons, horreur, labeur dur et forcé,
Et, comme le soleil dans son enfer polaire,
Mon cœur ne sera plus qu'ùn bloc rouge et glacé.
Charles Baudelaire, Les Fleurs du Mal.

Les vases ont des fleurs de givre,
Sous la charmille aux blancs réseaux ;
Et sur la neige on voit se suivre
Les pas étoilés des oiseaux.
Théophile Gautier

Il faisait un temps de décembre,
Vent froid, fine pluie et
brouillard.
Théophile Gautier

Blocus sentimental !
Messageries du Levant !...
Oh, tombée de la pluie ! Oh !
tombée de la nuit,
Oh ! le vent !...
Jules Laforgue

L'hiver gèle les fricots des pauvres aux assiettes sans fleurs peintes. *Jules Laforgue*

Le printemps maladif a chassé tristement
L'hiver, saison de l'art serein, l'hiver lucide.
Stéphane Mallarmé

Il faisait, dans cette avenue,
Un froid de loup, un temps de chien.
Alfred de Musset

Comme la vie est longue, l'hiver ! *Jules Renard, Journal.*

Voici venir l'hiver, tueur de pauvres gens. *Jean Richepin*

L'hiver bat la vitre et le toit.
Il fait bon dans la chambre…
Paul-Jean Toulett

◆ Ail mince de peau,
Hiver court et beau.
◆ Si l'hiver
est surchargé d'eau
L'été en sera que plus beau.
◆ En hiver au lit
ou auprès du feu,
Et en été au soleil et au jeu.
◆ Si l'hiver ne fait
son devoir
En mois de décembre
ou de janvier,
Au plus tard il se fera voir
Dès le deuxième février.
◆ L'hiver nous fait plus
de mal
que l'été nous fait de bien.
◆ Soleil d'hiver,
amour de paillarde
Tard vient et peu tarde.
◆ Amitié de grands
Serments de femmes
Et soleil d'hiver
Ne durent guère.
◆ Si les fourmis font
de gros tas
Un dur hiver viendra.
◆ Bonnes noisettes,
mauvais hiver.
◆ S'il y a des noix,
l'hiver est froid.
◆ Oignons à trois pelures
Signe de froidure.
◆ Quand siffle le merle,
l'hiver est fini.

HOMME

L'homme est plein d'imperfections mais on ne peut que se montrer indulgent si l'on songe à l'époque où il fut créé.
Alphonse Allais

Homme. C'est un être sentant, réfléchissant, pensant, qui se promène librement sur la surface de la terre, qui parait être à la tête de tous le autres animaux sur lesquels il domine, qui vit en société, qui a inventé des sciences et des arts.
Diderot

Dire que l'homme est un composé de force et de faiblesse, de lumière et d'aveuglement, de petitesse et de grandeur, ce n'est pas lui faire son procès, c'est le définir. *Diderot*

Le mâle est un accident ; la femelle aurait suivi.
Rémy de Gourmont

Chaque homme est une humanité, une histoire universelle.
Jules Michelet

L'homme n'est ni ange ni bête, et le malheur veut que qui veut faire l'ange fait la bête.
Pascal, Pensées.

Car enfin, qu'est-ce que l'homme dans la nature ? Un néant à l'égard de l'infini, un tout à l'égard du néant, un milieu entre rien et tout.
Pascal, Pensées.

L'homme, ce condamné à mort.
Jules Renard, Journal.

On aime d'abord la nature. Ce n'est bien plus tard qu'on arrive à l'homme.
Jules Renard, Journal.

Les hommes sont faux, ambitieux, vaniteux, égoïstes, et le meilleur ne vaut pas le diable, c'est bien triste.
George Sand, Correspondance.

C'est à choisir : de connaître l'homme et de ne l'aimer pas ; ou de l'aimer sans le connaître.
Paul-Jean Toulet

HOMME PUBLIC

Tout homme que la fortune seule a fait homme public devient presque toujours, avec un peu de temps, un particulier ridicule. L'on ne revient plus de cet état.
Cardinal de Retz, Mémoires.

HONNÊTE HOMME

L'honnête homme est un homme poli et qui sait vivre.
Bussy-Rabutin

Il y a dans le monde bien peu de choses sur lesquelles un honnête homme puisse reposer agréablement son âme ou sa pensée. *Chamfort*

Il n'y a personne qui ait plus d'ennemis dans le monde qu'un homme droit, fier et sensible, disposé à laisser les personnes et les choses pour ce qu'elles sont, plutôt qu'à les prendre pour ce qu'elles ne sont pas. *Chamfort*

Un honnête homme peut être amoureux comme un fou, mais pas comme un sot.
La Rochefoucauld, Maximes.

Le vrai honnête homme est celui qui ne se pique de rien.
La Rochefoucauld, Maximes.

Le plus honnête homme fait peu de bien, et beaucoup de mal. *Jules Renard, Journal.*

HONNÊTETÉ

L'honnêteté est la plus grande de toutes les malices, parce que c'est la seule que les malins ne prévoient pas.
Alexandre Dumas fils

Les bourgeois honnêtes ne comprennent pas qu'on puisse être honnête autrement qu'eux. *André Gide*

◆ On ne doit pas mettre sa faux dans le blé d'autrui.

HONNEUR

L'homme vit souvent avec lui-même, et il a besoin de vertu ; il vit avec les autres, et il a besoin d'honneur. *Chamfort*

L'honneur c'est comme la virginité, ça en sert qu'une fois.
Georges Clemenceau

Qui aura le profit aura l'honneur. *Philippe de Commynes*

L'amour n'est qu'un plaisir, l'honneur est un devoir.
Pierre Corneille, Le Cid.

Tout est perdu, fors l'honneur.
François 1er, Après la défaite de Pavie 25/2/1525.

Il y a des gens qui observent les règles de l'honneur, comme on observe les étoiles, de très loin. *Victor Hugo*

Tant de gens échangent volontiers l'honneur contre les honneurs.
Alphonse Karr

L'honneur, c'est comme les allumettes : ça ne sert qu'une fois. *Marcel Pagnol, Marius.*

Le trafic de l'honneur n'enrichit pas. *Vauvenargues*

Ceux qui nous vendent leur probité, ne nous vendent ordinairement que leur honneur.
Vauvenargues

◆ L'honneur est le loyer de la vertu.
◆ L'honneur fleurit sur la fosse.
◆ Les honneurs changent les mœurs.

HONTE

Il y a une espèce de honte d'être heureux à la vue de certaines misères.
La Bruyère, Les Caractères.

Honteux comme un renard qu'une poule aurait pris.
Jean de La Fontaine

Nous aurions souvent honte de nos plus belles actions si le monde voyait tous les motifs qui les produisent.
La Rochefoucauld, Maximes.

Tout se paie, et la honte quelquefois aussi cher que la gloire.
Paul-Jean Toulet

◆ Il n'y a que les honteux qui perdent.
◆ Honte fait dommage.
◆ Qui croit venger sa honte l'accroît.

HORIZON

Courons vers l'horizon, il est tard, courons vite,
Pour attraper au moins un oblique rayon.
Charles Baudelaire

HORLOGE

Les horloges
Volontaires et vigilantes,
Pareilles aux vieilles servantes
Boitant de leurs sabots ou glissant sur leurs bas.
Les horloges que j'interroge
Serrent ma peur en leur compas.
Émile Verhaeren

◆ Il est plus difficile
d'accorder les philosophes
que les horloges.

HOSANNAH
Hosannah sur le cistre et dans lcs cnccnsoirs,
Notre-Dame, hosannah du jardin de nos limbes !
Stéphane Mallarmé

HOSPITALITÉ
◆ L'hôte et la pluie
après trois jours ennuient.

HUMANITÉ
Chaque homme est une humanité, une histoire universelle.
Jules Michelet

Cette tristesse et ce comique d'être un homme. Tristesse qui fait rire, comique qui fait pleurer les âmes hautes.
Octave Mirbeau

Périsse la patrie, et que l'humanité soit sauvée ! *Proudhon*

HUMEUR
Les fous et les sottes gens ne voient que par leur humeur.
La Rochefoucauld, Maximes.

La fortune et l'humeur
gouvernent le monde.

HUMILIATIONS
Nous nous consolons rarement des grandes humiliations ; nous les oublions.
Vauvenargues,
Réflexions et Maximes.

HUMILITÉ
L'humilité n'est souvent qu'une feinte soumission, dont on se sert pour soumettre les autres. *La Rochefoucauld*

Force gens veulent être dévots, mais personne ne veut être humble.
La Rochefoucauld, Maximes

L'humilité est l'autel sur lequel Dieu veut qu'on lui offre des sacrifices.
La Rochefoucauld, Maximes.

La grandeur de l'homme est grande en ce qu'il se connaît misérable. Un arbre ne se connaît pas misérable. C'est donc être misérable que de se connaître misérable ; mais c'est être grand que de connaître qu'on est misérable. *Pascal*

HUMOUR
Humour : pudeur, jeu d'esprit. C'est la propreté morale et quotidienne de l'esprit.
Jules Renard, Journal.

L'humoriste, c'est un homme de bonne mauvaise humeur.
Jules Renard, Journal.

HYPOCRISIE
Quand on veut plaire dans le monde, il faut se résoudre à apprendre beaucoup de choses qu'on sait par des gens qui les ignorent. *Chamfort*

Le crime prend souvent l'accent de la vertu.
Jean-Baptiste Gresset

Un homme qui ne montre aucun défaut est un sot ou un hypocrite dont il faut se méfier. *Joseph Joubert, Pensées.*

L'hypocrisie est un hommage que le vice rend à la vertu.
La Rochefoucauld, Maximes.

Il est plus difficile de dissimuler les sentiments que l'on a que de feindre ceux que l'on n'a pas. *La Rochefoucauld*

On ne blâme le vice et on ne loue la vertu que par intérêt.
La Rochefoucauld, Maximes.

J'embrasse mon rival, mais c'est pour l'étouffer.
Racine, Britannicus.

Savoir dissimuler est le savoir des rois. *Richelieu*

L'art de plaire est l'art de tromper. *Vauvenargues,*

Les habiles ne rebutent personne. *Vauvenargues*

Il n'y a guère de gens plus aigres que ceux qui sont doux par intérêt. *Vauvenargues*

◆ Quand le diable dit ses patenôtres, il veut te tromper.
◆ Il n'est pire eau que l'eau qui dort.
◆ Qui veut noyer son chien l'accuse de la rage.
◆ Une belle solliciteuse vaut bien une bonne raison.
◆ Qui ne sait dissimuler ne peut régner.

IDÉE

On ne tire pas des coups de fusil aux idées. *Rivarol*

Les idées sont des fonds qui ne portent intérêt qu'entre les mains du talent. *Rivarol*

N'attaquez jamais un homme pour les idées qu'il n'a pas ; vous les lui donneriez.
Pierre-Paul Royer-Collard

IDIOT

Passer pour un idiot aux yeux d'un imbécile est une volupté de fin gourmet.
Georges Courteline

IDOLE

Il ne faut pas toucher aux idoles, la dorure en reste aux mains.
Gustave Flaubert

IGNORANCE

Mais le vice n'a point pour mère la science,
Et la vertu n'est pas fille de l'ignorance.
Agrippa d'Aubigné

L'ignorance vaut mieux qu'un savoir affecté. *Boileau*

L'ignorance est toujours prête à s'admirer. *Nicolas Boileau*

C'est la profonde ignorance qui inspire le ton dogmatique.
La Bruyère, Les Caractères.

Ignorance est mère de tous les vices. *François Rabelais*

Ni l'ignorance n'est défaut d'esprit, ni le savoir n'est preuve de génie.
Vauvenargues

On tue l'ignorance comme l'appétit : on mange, on étudie, et c'est ainsi qu'on avance vers cet état qui rend la mort si nécessaire. *Rivarol*

◆ On ne saurait faire d'une buse un épervier.
◆ L'ignorance fait beaucoup de mal.
◆ Qui ne sait rien ne doute de rien.

ÎLE

Une île paresseuse où la nature donne
Des arbres singuliers et des fruits savoureux ;
Des hommes dont le corps est mince et vigoureux,
Et des femmes dont l'œil par sa franchise étonne.
Charles Baudelaire

ILLUSIONS

La nature a voulu que les illusions fussent pour les sages comme pour les fous, afin que les premiers ne fussent pas trop malheureux par leur propre sagesse. *Chamfort*

Tant d'hommes qu'on croit heureux parce qu'on ne les voit que passer. *De Custine*

La vérité est une illusion et l'illusion est une vérité.
Rémy de Gourmont

En ce monde l'on n'est sûr de rien, puisque la lumière est une illusion, puisque le bruit est une illusion.
Guy de Maupassant

Pour faire illusion aux autres, il faut être capable de se faire illusion à soi-même, et c'est un privilège qui n'est donné qu'au fanatisme et au génie, aux fous et aux poètes.
Charles Nodier

Et les manteaux de duc traînent dans leur fourrure,
Pendant que des grandeurs on monte les degrés
Un bruit d'illusions sèches et de regrets.
Edmond Rostand,
Cyrano de Bergerac.

Le rêve de l'homme est semblable
Aux illusions de la mer.
Paul-Jean Toulet

IMAGE

Si Dieu nous a fait à son image, nous le lui avons bien rendu.
Voltaire

IMAGINATION

L'imagination est l'œil de l'âme. *Joseph Joubert*

C'est l'imagination qui perd les batailles.
Joseph de Maistre

L'imagination est la folle du logis. *Nicolas de Malebranche*

IMBÉCILE

On ne peut être et avoir été. Mais si ! On peut avoir été un imbécile et l'être toujours.
Léon Bloy

Passer pour un idiot aux yeux d'un imbécile est une volupté de fin gourmet.
Georges Courteline

Mais quel besoin de s'unir avec des imbéciles.
Jules Renard, Journal.

L'homme heureux et optimiste est un imbécile.
Jules Renard, Journal.

Quatre sortes de personnes dans le monde : les amoureux, les ambitieux, les observateurs et les imbéciles. Les plus heureux sont les imbéciles.
Hippolyte Taine

IMMOBILITÉ

Dans Venise la rouge,
Pas un bateau qui bouge,
Pas un pêcheur dans l'eau,
Pas un falot.
Alfred de Musset

IMMORTALITÉ

L'homme, ici-bas, n'a pas reçu de provisions pour l'immortalité : c'est un voyageur qui finit sa route. *Rivarol*

IMPATIENCE

J'ai failli attendre. *Louis XIV*

IMPÉCUNIOSITÉ

Faute d'argent, c'est douleur non pareille.
François Rabelais

IMPOPULARITÉ

On m'a aimé sans me connaître, on me hait sans me connaître encore ; j'espère me faire connaître et aimer dans peu.
Philippe d'Orléans, régent.

IMPOSSIBLE

Si c'est possible, c'est fait ; si c'est impossible, cela se fera.
Charles Alexandre de Calonne à la reine Marie-Antoinette.

Impossible n'est pas français.
Napoléon 1er

On n'a pas le droit d'une chose impossible.
Rivarol

◆ A cœur vaillant rien d'impossible.
◆ A l'impossible nul n'est tenu.

IMPÔT & TAXES

Qui presse trop la mamelle pour en tirer du lait, en l'échauffant et en la tourmentant, tire du beurre ; qui se mouche trop fortement fait venir le sang ; qui presse trop les hommes excite des révoltes et des séditions. C'est la règle que donne Salomon.
Bossuet

La France est un pays extrêmement fertile : on y plante des fonctionnaires et il y pousse des impôts.
Georges Clemenceau

Qu'ils chantent, pourvu qu'ils payent.
Mazarin, au sujet des moqueries dont il faisait l'objet.

Un pauvre passementier, dans ce faubourg Saint-Marceau, était taxé à dix écus pour un impôt sur les maîtrises. Il ne les avait pas : on le presse et represse ; il demande du temps, on lui refuse ; on prend son pauvre lit et sa pauvre écuelle. Quand il se vit en cet état, la rage s'empara de son cœur : il coupa la gorge à trois enfants qui étaient dans sa chambre ; sa femme sauva le quatrième, et s'enfuit. Le pauvre homme est au Châtelet. Il sera pendu dans un jour ou deux. Il dit que tout son déplaisir, c'est de n'avoir pas tué sa femme et l'enfant qu'elle a sauvé.
Mme de Sévigné, Lettres.

◆ Il faut tondre les brebis et non pas les écorcher.
◆ On ne peut dépouiller l'homme nu.
◆ Selon le bras la saignée.

IMPRÉVOYANCE

Vous chantiez ? J'en suis fort aise :
Eh bien ! dansez maintenant.
Jean de La Fontaine,
La cigale et la fourmi.

En fuyant le tonnerre on tombe sous la foudre.

IMPRÉVU
L'artiste ne compte que sur l'imprévu. *Jules Renard*

IMPRIMERIE
Parler est bien, écrire est mieux ; imprimer est une excellente chose.
Paul-Louis Courier

L'imprimerie est l'artillerie de la pensée. *Rivarol*

IMPUDEUR
La princesse Pauline Borghèse n'avait pas en toute sa personne une goutte de pudeur pour teinter de rose la plus petite place de son corps charmant. Son mot naïf et étonné, quand on lui demanda comment elle avait bien pu poser nue devant Canova : "mais l'atelier était chaud ! il y avait un poêle !"
Barbey d'Aurevilly

IMPUISSANCE
◆ Contre cognée
serrure ne peut.
◆ Contre Dieu
nul ne peut.

INCERTITUDE
Il n'est pas certain que tout soit certain. *Pascal, Pensées.*

INCOMMUNICABILITÉ
Elle sentait entre elle et lui comme un voile, un obstacle, s'apercevant pour la première fois que deux personnes ne se pénètrent jamais jusqu'à l'âme, jusqu'au fond des pensées, qu'elles marchent côte à côte, enlacées parfois, mais non mêlées, et que l'être moral de chacun de nous reste éternellement seul par la vie.
Guy de Maupassant, Une Vie.

◆ Nul n'est prophète
en son pays.
◆ Deux hommes peuvent
se rencontrer,
Mais deux montagnes
jamais.

INCOMPATIBILITÉ
L'amour et l'amitié s'excluent l'un l'autre.
La Bruyère, Les caractères.

◆ Âne avec le cheval
n'attèle.
◆ Jamais ne fut ni sera
Qu'une souris fasse son nid
En l'oreille d'un chat.

INCOMPRÉHENSION

Si les hommes n'entendent rien au cœur des femmes, les femmes n'entendent rien à l'honneur des hommes.
Alexandre Dumas fils

Il y a trois choses que j'ai beaucoup aimées sans rien y comprendre : la musique, la peinture et les femmes.
Fontenelle

INCONNUE

O toi que j'eusse aimée, ô toi qui le savais.
Charles Baudelaire

INCONSTANCE

Une femme oublie d'un homme qu'elle n'aime plus jusques aux faveurs qu'il a reçues d'elle.
La Bruyère, Les caractères.

◆ Souvent femme varie
Bien fol est qui s'y fie.
◆ Amitié de grands
Serments de femmes
Et soleil d'hiver
Ne durent guère.
◆ Foi de femme
est plume sur l'eau.
◆ Temps pommelé
et femme fardée
ne sont pas
de longue durée.

INCROYANCE

L'incroyance est la ruine non seulement des individus, mais des sociétés.
Lammenais

INDÉPENDANCE

◆ Chacun est roi
en sa maison.
◆ Charbonnier
est maître chez soi.
◆ Chacun se fait
fouetter à sa guise.

INDIFFÉRENCE

Hélas ! j'aurai passé près d'elle inaperçu,
Toujours à ses côtés, et pourtant solitaire,
Et j'aurai jusqu'au bout fait mon temps sur la terre,
N'osant rien demander et n'ayant rien reçu.
Félix Arvers,

Sidonie a plus d'un amant
Qu'on le lui reproche ou l'en loue
Elle s'en moque également.
Charles Cros,
Le coffret de santal.

L'indifférence fait les sages et l'insensibilité les monstres.
Diderot

Le pire de tous les états de l'âme est l'indifférence.
Lammenais

Quand on veut rester pur, il ne faut point se mêler d'agir sur les hommes.
Alfred de Vigny, Cinq-Mars.

INÉGALITÉ

Souvent, c'est par petitesse qu'on hait l'inégalité des conditions.
Chamfort

Hélas ! on voit que de tout temps
Les petits ont pâti des sottises des grands.
Jean de La Fontaine

Il n'y a que la religion qui puisse faire supporter aux hommes les inégalités de rang, parce qu'elle console de tout.
Napoléon Ier

INFIDÉLITÉ

Pour les hommes, l'infidélité n'est pas l'inconstance.
Choderlos de Laclos

Dans le doute, il faut choisir d'être fidèle.
François Mauriac

Un mari ne risque jamais de faire croire à la fidélité de sa femme et de garder un air patient ou le silence. Paraître instruit de la passion de sa femme est d'un sot ; mais feindre d'ignorer tout est d'un homme d'esprit, et il n'y a que ce parti à prendre. Aussi dit-on qu'en France tout le monde est spirituel. *Voltaire*

◆ Vide chambre
fait folle dame.
◆ Pour l'alouette
le chien perd son maître.
◆ Le lièvre revient toujours
à son gîte.

◆ Par petits chiens le lièvre est trouvé,
Et par les grands est happé.
◆ Il ne faut pas manger de cerises avec les grands seigneurs,
ils vous jettent les noyaux à la figure.
◆ Amitié de grands serments de femmes
Et soleil d'hiver ne durent guère.

INFINI

Le silence éternel de ces espaces infinis m'effraie.
Pascal, Pensées.

Nous avons de l'amour pour une ou eux femmes, de l'amitié pour deux ou trois amis, de la haine pour un seul ennemi, de la pitié pour quelques pauvres ; et le reste des hommes nous est indifférent.
Jules Renard, Journal.

L'homme est indifférent comme une montre.
Jules Renard, Journal.

Et l'Infini terrible effara ton œil bleu !
Arthur Rimbaud, Poésies.

INFORTUNE

Le cœur grossier de la prospérité ne peut comprendre les sentiments délicats de l'infortune.
Chateaubriand

La fièvre, à ce que l'on dit, nous délivre des puces, et l'infortune de nos amis.
Paul-Jean Toulet,
Les trois impostures.

INGRATITUDE

Le sentiment qu'on a pour la plupart des bienfaiteurs ressemble à la reconnaissance qu'on a pour les arracheurs de dents. On se dit qu'ils vous ont fait du bien, qu'ils vous ont délivré d'un mal, mais on se rappelle la douleur qu'ils vous ont causée, et on ne les aime guère avec tendresse *Chamfort*

Si j'avais fait pour Dieu ce que j'ai fait pour cet homme, je serais sauvé dix fois.
Colbert à l'agonie, sur Louis XIV, qui l'a renvoyé pour le remplacer par Louvois.

On n'aime point à voir ceux à qui l'on doit tout.
Pierre Corneille, Nicomède.

Les malheureux sont ingrats ; cela fait partie de leur malheur. *Victor Hugo*

S'il fallait condamner
Tous les ingrats qui sont au monde
A qui pourrait-on pardonner ?
Jean de La Fontaine

On ne trouve guère d'ingrats tant qu'on est en mesure de faire du bien. *La Rochefoucauld*

Nous aimons mieux voir ceux à qui nous faisons du bien que ceux qui nous en font.
La Rochefoucauld, Maximes.

Dieu a donc oublié tout ce que j'ai fait pour lui ?
Louis XIV, après la défaite de Malplaquet.

Soyons ingrats si nous voulons sauver la patrie.
Saint-Just

L'ingratitude la plus odieuse, mais la plus commune et la plus ancienne, est celle des enfants envers leurs pères.
Vauvenargues, Réflexions et Maximes.

INJURE

Les injures suivent la loi de la pesanteur. Elles n'ont de poids que si elles tombent de haut.
François Guizot

◆ Qui supporte une injure s'en attire une nouvelle.
◆ Le meilleur remède des injures, c'est de les mépriser.

INJUSTICE

Il y a deux choses auxquelles il faut se faire, sous peine de trouver la vie insupportable : ce sont les injures du temps et les injustices des hommes.
Chamfort

L'injustice appelle l'injustice ; la violence engendre la violence. *Lacordaire, Pensées.*

Selon que vous serez puissant ou misérable
Les jugements de cour vous feront blanc ou noir.
Jean de La Fontaine

◆ Obliger un ingrat, c'est acheter la haine.
◆ Qui oblige fait des ingrats.
◆ L'amour des parents descend et ne remonte pas.
◆ Il y en a qui, étant montés, voudraient bien tirer l'échelle après eux.
◆ N'élève pas des corbeaux, ils te crèveront les yeux.
◆ Bon temps et bonne vie, père et mère oublie.
◆ Chante à ton baudet, il te fera un pet.

On blâme l'injustice, non pas par l'aversion que l'on a pour elle, mais pour le préjudice que l'on en reçoit.
La Rochefoucauld, Maximes.

L'univers est une énorme injustice. Le bonheur a toujours été une injustice.
Jules Romains

◆ Le plus mauvais pourceau mange le meilleur gland.
◆ Les voleurs privés sont aux galères, et les voleurs publics dans les palais.

INNOCENCE
Je me défendrai mal : l'innocence étonnée
Ne peut s'imaginer qu'elle soit soupçonnée.
Pierre Corneille, Rodogune.

Nous sommes dans un siècle où l'obscurité protège mieux que la loi et rassure plus que l'innocence. *Rivarol*

Il vaut mieux hasarder de sauver un coupable que de condamner un innocent.
Voltaire, Zadig.

INQUISITION
A une époque où la foi religieuse et les mœurs publiques étaient fortes, l'Inquisition, ce tribunal qui jugeait la pensée, cette grande institution dont l'idée seule tortille nos petits nerfs et escarbouille nos têtes de linottes, l'Inquisition savait bien que les crimes spirituels étaient les plus grands, et elle les châtiait comme tels.
Barbey d'Aurevilly, Les diaboliques.

INSATISFACTION
Les délicats sont malheureux,
Rien ne saurait les satisfaire.
Jean de La Fontaine, Contre ceux qui ont un goût difficile.

INSENSIBILITÉ
L'indifférence fait les sages et l'insensibilité les monstres.
Diderot

Je goûterai le fard pleuré par tes paupières,
Pour voir s'il sait donner au cœur que tu frappas
L'insensibilité de l'azur et des pierres.
Stéphane Mallarmé, Poésies.

INSINUATION
Si je n'affirme pas davantage, c'est que je crois l'insinuation plus efficace. *André Gide*

INSOLENCE
Un chien regarde bien un évêque.

INSOMNIE
La nuit, lorsque l'aquilon ébranlait ma chambre, que les pluies tombaient en torrent sur mon toit, qu'a travers ma fenêtre je voyais la lune sillonner les nuages amoncelés, comme un pâle vaisseau qui laboure les vagues, il me semblait que la vie redoublait au fond de mon cœur, que j'aurais la puissance de créer des mondes.
Chateaubriand, René.

INSOUCIANCE
Sur le printemps de ma jeunesse folle,
Je ressemblais l'arondelle qui vole
Puis ça, puis là : l'âge me conduisait,
Sans peur ne soin, où le cœur me disait.
Clément Marot

L'insouciance est l'art de se balancer dans la vie comme sur une escarpolette, sans s'inquiéter du moment où la corde cassera.
Balzac, Pensées.

Hé ! Dieu si j'eusse étudié
Au temps de ma jeunesse folle
Et à bonnes mœurs dédié
J'eusse maison et couche molle ;
Mais quoi je fuyais l'école
Comme fait le mauvais enfant.
François Villon, Le testament.

INSTANT
Chaque instant de la vie est un pas vers la mort.
Pierre Corneille

INSTINCT
En art comme en amour, l'instinct suffit.
Anatole France

INSULTE
Oh ! N'insultez jamais une femme qui tombe !
Qui sait sous quel fardeau la pauvre âme succombe !
Victor Hugo,
Les chants du crépuscule

INTELLIGENCE
Trop d'intelligence dégoûte d'elle. *Jules Renard, Journal.*

INTENTION
C'est l'intention
qui fait l'action.

INTIMITÉ
Alors commença l'intimité enfantine et charmante des niaiseries d'amour, des petits mots bêtes et délicieux, le baptême avec des noms mignards de tous les détours et contours et replis de leurs corps où se plaisaient leurs bouches.
Guy de Maupassant, Une Vie.

INTERDICTION
◆ Chose défendue,
chose désirée.

INTÉRÊT
Ce que l'intérêt a uni, l'intérêt peur le désunir. *Mazarin*

INTUITION
On aime à deviner les autres ; mais l'on n'aime pas à être deviné. *La Rochefoucauld*

Un homme d'esprit sent ce que d'autres ne font que savoir. *Montesquieu*

◆ Il n'est pas nécessaire de montrer le méchant au chien.

INUTILITÉ
Mais on ne se bat pas dans l'espoir du succès !
Non ! non, c'est bien plus beau lorsque c'est inutile !
Edmond Rostand

INVINCIBILITÉ
Ton bras est invaincu, mais non pas invincible.
Corneille, Le Cid.

IRASCIBLE
Ne frottez pas une allumette contre l'irascible. C'est lui qui prendrait feu. *Ernest Jaubert*

IRONIE
Sans l'ironie, le monde serait comme une forêt sans oiseaux. *Anatole France*

L'ironie est une clairvoyance.
Rémy de Gourmont

Tout homme qui raille peut avoir de l'esprit ; il veut même en avoir plus que celui qu'il plaisante. La preuve en est que, si ce dernier répond, il est déconcerté. *Montesquieu*

L'ironie est la pudeur de l'humanité. *Jules Renard*
L'ironie est un élément du bonheur. *Jules Renard*

IRRÉSOLUTION

Les esprits irrésolus ne suivent presque jamais ni leur vue ni leur sentiment, tant qu'il leur reste une excuse pour ne pas se déterminer.
Cardinal de Retz, Mémoires.

ISOLEMENT

Tu t'entretenais seule, au visage abaissé,
Pensive toute à toi, n'aimant rien que toi-même,
Dédaignant un chacun d'un sourcil ramassé,
Comme une qui ne veut qu'on la cherche ou qu'on l'aime.
Pierre de Ronsard

IVRESSE

Toi, vieux Gaulois et fils du bon Villon,
Vide ton verre et baise ta maîtresse.
Théodore de Banville

Être saoul, vous ne savez pas quelle victoire
C'est qu'on emporte sur la vie, et quel don c'est !
On oublie, on revoit, on ignore et l'on sait ;
C'est du mystère plein d'aperçus, c'est du rêve
Qui n'a jamais eu de naissance et ne s'achève
Pas, et ne se meut pas dans l'essence d'ici.
Verlaine, Jadis et naguère.

◆ Qu'importe le flacon, pourvu qu'on ait l'ivresse.
◆ Dieu aide à trois sortes de personnes : aux fous, aux enfants et aux ivrognes.
◆ Vie brutale plaît au coquin rural, grandir à la taverne et mourir à l'hôpital.
◆ Trop boire noie la mémoire.
◆ Le vin entre et la raison sort.
◆ Qui de friand vin est ami, est de soi-même un grand ennemi.
◆ C'est folie de faire boire un âne s'il n'a pas soif.
◆ L'homme qui beaucoup boit tard paye ce qu'il doit.
◆ Conseil en vin n'a bonne fin.

J

JALOUSIE
La jalousie est un doute, la crainte est une petitesse.
Honoré de Balzac,
Le contrat de mariage.

On méprise un homme qui est jaloux de sa femme parce que c'est un témoignage qu'il ne l'aime pas de la bonne sorte, et qu'il a mauvaise opinion de soi ou d'elle. Je dis qu'il ne l'aime pas de la bonne sorte, car s'il avait un vrai amour pour elle, il n'aurait aucune inclinaison à s'en défier ; mais ce n'est pas proprement elle qu'il aime, c'est seulement le bien qu'il imagine consister à en avoir seul la possession.
Descartes

La jalousie se nourrit dans les doutes, et elle devient fureur, ou elle finit, sitôt qu'on passe du doute à la certitude.
La Rochefoucauld, Maximes.

La jalousie est en quelque manière juste et raisonnable, puisqu'elle ne tend qu'à conserver un bien qui nous appartient, ou que nous croyons nous appartenir ; au lieu que l'envie est une fureur qui ne peut souffrir le bien des autres.
La Rochefoucauld, Maximes.

La jalousie naît toujours avec l'amour, mais elle ne meurt pas toujours avec lui.
La Rochefoucauld, Maximes.

Il y a dans la jalousie plus d'amour-propre que d'amour.
La Rochefoucauld, Maximes.

La jalousie est le plus grand de tous les maux, et celui qui fait le moins de pitié aux personnes qui le causent.
La Rochefoucauld, Maximes.

Il est quelquefois agréable à un mari d'avoir une femme jalouse : il entend toujours parler de ce qu'il aime.
La Rochefoucauld, Maximes.

Les coquettes se font honneur d'être jalouses de leurs amants, pour cacher qu'elles sont envieuses des autres femmes.
La Rochefoucauld, Maximes.

Il n'y a que d'un fils qu'on ne soit point jaloux.
Jules Renard, Journal.

La jalousie est une preuve de cœur, comme la goutte, de jambes.
Paul-Jean Toulet, Monsieur du Paur, homme public.

Tantôt, rebelle injuste et jaloux, je la blesse
Et je sens dans mon cœur sourdre la cruauté.
Elle ne comprends pas, et je lui semble infâme.
Oh ! que je serais doux si tu n'étais qu'une âme !
Ce qui me rend méchant, vois-tu, c'est ta beauté.
Sully Prud'homme, Poésies.

La femme nous pardonne rarement d'être jaloux, jamais de ne l'être pas.
Paul-Jean Toulet, Monsieur du Paur, homme public.

◆ Il n'y a point d'amour sans jalousie.
◆ La jalousie est la sœur de l'amour.

JAMBE
Les jambes permettent aux hommes de marcher et aux femmes de faire leur chemin.
Alphonse Allais

Toute femme à sa fortune entre ses jambes.
Honoré de Balzac

Sur ce discours louera qui voudra les autres beautés de la dame, comme ont fait plusieurs poètes ; mais une belle jambe et un beau pied ont une grande faveur et pouvoir à l'empire d'amour.
Brantôme,
Vies des dames galantes.

JANVIER
◆ Janvier sec et sage
Est d'un bon présage
◆ Tonnerre en janvier
Récolte en quantité.

JASMIN
◆ Le jasmin donne
de l'amour
à qui ne l'a
et fait reverdir
à qui l'a.
◆ Le jour de la
Saint Maximin *
S'embaume de jasmin.

JAURÈS
On reconnaît un discours de Jaurès parce que tous les verbes sont au futur.
Georges Clemenceau

JEU
Le jeu, c'était la grande affaire de ces anciens nobles, taillés dans le patron des grands seigneurs, et désœuvrés comme de vieilles femmes aveugles. Ils jouaient comme des Normands, des aïeux d'Anglais, la race la plus joueuse du monde.
Barbey d'Aurevilly,
Les Diaboliques.

Le monde est un brelan où tout est confondu :
Tel pense avoir gagné qui a souvent perdu.
Mathurin Régnier

◆ De deux regardeurs
il y en a toujours un
qui devient joueur.
◆ Jeu de main
jeu de vilain.
◆ A mauvais jeu
bonne mine.
◆ Bourse de joueur
n'a pas de serrure.

JEÛNE
C'est le jeûne qui fait le saint, et la sobriété, l'homme de bon sens.
Jules Renard, Journal.

◆ Du jeûne à qui n'a pas de quoi,
La pratique n'est pas dure loi.

JEUNESSE
Heureux celui qui, sans paresse,
L'œil clair et les cheveux flottants,
Dit ces mots si doux : "Ma maîtresse,"
Avec des lèvres de vingt ans !
Théodore de Banville

Les jours se sont enfuis, d'un vol mystérieux,
Mais toujours la jeunesse éclatante et vermeille
Fleurit dans ton sourire et brille dans tes yeux.
Théodore de Banville

Il avait vécu cette niaise première jeunesse qui fait de l'homme le Jocrisse de ses sensations, et pour qui la première venue qui passe est un magnétisme.
Barbey d'Aurevilly

Ma jeunesse ne fut qu'un ténébreux orage,
Traversé çà et là par de brillants soleils.
Charles Baudelaire, Les Fleurs du Mal.

On se couche enfant ; on se réveille homme.
Chateaubriand, Mémoires d'outre-tombe.

Il vaut mieux gâcher sa jeunesse que de n'en rien faire du tout.
Georges Courteline

Si jeunesse savait, si vieillesse pouvait.
Henri Estienne

Les passions des jeunes gens sont des vices dans la vieillesse.
Joseph Joubert, Pensées.

La jeunesse est une ivresse continuelle : c'est la fièvre de la raison.
La Rochefoucauld, Maximes.

Plus ne suis ce que j'ai été,
Et ne saurais plus jamais l'être ;
Mon beau printemps et mon été
Ont fait le saut par la fenêtre.
Clément Marot

Mais non, -ma jeunesse est finie...
Adieu, doux rayon qui m'as lui, -
Parfum, jeune fille, harmonie...
Le bonheur passait, -il a fui !
Gérard de Nerval

Très jeune, on a de l'originalité, mais pas de talent.
Jules Renard, Journal.

Oisive jeunesse
A tout asservie,
Par délicatesse
J'ai perdu ma vie.
Ah ! Que le temps vienne
Où les cœurs s'éprennent.
Arthur Rimbaud

Cueillez, cueillez votre jeunesse :
Comme à cette fleur, la vieillesse
Fera ternir votre beauté.
Pierre de Ronsard

Toute jeunesse vient des morts :
C'est dans une funèbre pâte
Que, toujours, sans lenteur ni hâte,
Une main pétrit les beaux corps
Tandis qu'une autre main les gâte.
Sully Prud'homme, Poésies.

Vous désirez savoir de moi
D'où me vient pour vous ma tendresse ;
Je vous aime, voici pourquoi :
Vous ressemblez à ma jeunesse.
Sully Prud'homme, Poésies.

Les orages de la jeunesse sont environnés de jours brillants.
Vauvenargues,
Réflexions et Maximes.

Les jeunes gens connaissent plutôt l'amour que la beauté.
Vauvenargues,
Réflexions et Maximes.

◆ Si jeune savait
et vieux pouvait,
jamais disette n'y aurait.
◆ Il faut bien que
jeunesse se passe.
◆ Ceux à qui Dieu
veut du bien
meurent jeunes.

JOIE

La joie ne peut éclater que parmi des gens qui se sentent égaux.
Honoré de Balzac, La vendetta.

De la joie comme quand il pleut et qu'on sait un ami dehors.
Jules Renard, Journal.

Dans nos joies les plus expansives, gardons toujours au fond de l'âme un coin triste. C'est notre refuge, en cas d'alarme subite.
Jules Renard, Journal.

S'il est vrai que nos joies sont courtes, la plupart de nos afflictions ne sont pas longues.
Vauvenargues, Réflexions et Maximes.

JOIE (FAUSSE)

Souvent une fausse joie vaut mieux qu'une tristesse dont la cause est vraie.
Descartes

Si tu pleures de joie, ne sèche pas tes larmes ; tu les voles à la douleur.
Paul-Jean Toulet, Les Trois Impostures.

◆ De choses tristes
il faut se taire
en temps de joie.
◆ Finit la joie
en tristesse parfois.

JOUET

Bénie soit la Providence qui a donné à chacun un joujou : la poupée à l'enfant, l'enfant à la femme, la femme à l'homme, et l'homme au diable.
Victor Hugo

JOUISSANCE

Jouis et fais jouir, sans faire de mal ni à toi ni à personne, voilà, je crois, toute la morale.
Chamfort

L'homme jouit du bonheur qu'il ressent, et la femme de celui qu'elle procure.
Choderlos de Laclos

Il faut avoir l'appétit du pauvre pour jouir de la fortune du riche, et l'esprit d'un particulier pour jouir comme un roi. *Rivarol*

Jouis, il n'est pas d'autre sagesse ; fais jouir ton semblable, il n'est pas d'autre vertu.
Étienne de Senancour

JOUR

Les jours sont des fruits et notre rôle est de les manger.
Jean Giono,
Rondeur des jours.

Le jour tant soit il court vaut mieux que la nuitée.
Pierre de Ronsard

◆ Les jours se suivent et ne se ressemblent pas.
A chaque jour suffit sa peine.
◆ Hier, aujourd'hui, demain, sont les trois jours de l'homme.
Pour du jour savoir le bien il faut attendre sa fin.
◆ La journée
bien commencée
Semble toujours
bientôt passée.
◆ Demain il fera jour.
◆ Il n'y a de si long jour qui ne vienne à la nuit.
◆ Les jours se suivent
pas à pas,
Mais il ne se
ressemblent pas.

JOURNAL

Tout journal, de la première ligne à la dernière, n'est qu'un tissu d'horreurs. Guerres, crimes, vols, impudicité, tortures, crimes de princes, crimes des nations, crimes des particuliers, une ivresse d'atrocité universelle.
Charles Baudelaire

JOURNALISME

Le journalisme est une grande catapulte mise en mouvement par de petites haines.
Balzac

JUGEMENT

La peine du talion n'est pas toujours équitable, quand elle égalise ; mais elle est toujours atroce, quand elle excède. "C'est la justice des "injustes", disait saint Augustin ; nous pouvons ajouter, des ignorants, et des barbares.
Joseph Joubert, Pensées.

C'est entreprendre sur la clémence de Dieu, de punir sans nécessité.
Vauvenargues,
Réflexions et Maximes.

◆ Il ne faut pas condamner sans entendre.
◆ Juge hâtif est périlleux.
◆ Il ne faut pas juger l'arbre sur son écorce.
◆ Pour juger,il faut écouter.
◆ Oignez vilain, il vous poindra ; poignez vilain, il vous oindra.

JUILLET

◆ Juillet sans orage
Famine au village.
◆ Juillet doit rôtir
ce que septembre mûrira.
◆ Juillet ensoleillé
Remplit cave et grenier.

JUIN

◆ Juin froid et pluvieux
Tout l'an sera grincheux
◆ Mai froid et chaud juin
Donnent pain et blé.
◆ Trop de pluie en juin
Rend le paysan chagrin.

JUMENT

◆ Jamais coup de pied de jument ne fit mal à un cheval.
◆ Qui que saille notre jument, le poulain est nôtre.

JUPONS

Les jupons blancs de toutes les longueurs, le jupon qui bride les genoux et le jupon à traîne dont la balayeuse couvre le sol, une mer montante de jupons, dans laquelle les jambes se noyaient.
Émile Zola,
Au Bonheur des Dames.

JUSTICE

Les royaumes sans la justice ne sont que des entreprises de brigandage.
Saint Augustin

La justice est établie pour maintenir la société parmi les hommes. La condition pour conserver parmi nous la société, c'est de nous supporter mutuellement dans nos défauts. La faiblesse commune de l'humanité ne nous permet pas de nous traiter les uns les autres en toute rigueur.
Bossuet

Il faut être juste avant d'être généreux, comme on a des chemises avant d'avoir des dentelles.
Chamfort,
Maximes et Pensées.

On court les risques du dégoût en voyant comment l'administration, la justice et la cuisine se préparent. *Chamfort, Caractères et Anecdotes.*

A force d'être juste, on est souvent coupable.
Corneille, La mort de Pompée.

Les balances de la justice trébuchent ; et pourtant l'on dit : raide comme la justice. La justice serait-elle ivre ?
Alfred Jarry

La justice est le droit du plus faible. *Joseph Joubert*

La justice est la vérité en action. *Joseph Joubert, Pensées.*

La peine du talion n'est pas toujours équitable, quand elle égalise ; mais elle est toujours atroce, quand elle excède. "C'est la justice des "injustes", disait saint Augustin ; nous pouvons ajouter, des ignorants, et des barbares.
Joseph Joubert, Pensées.

L'amour de la justice n'est en la plupart des hommes que la crainte de souffrir l'injustice.
La Rochefoucauld, Maximes.

Le glaive de la justice n'a pas de fourreau.
Joseph de Maistre

La justice consiste à mesurer la peine et la faute, et l'extrême justice est une injure.
Montesquieu

Ne pouvant fortifier la justice, on a justifié la force.
Pascal, Pensées.

Plaisante justice, qu'une rivière ou une montagne borne ! Vérité en deçà des Pyrénées, erreur au-delà.
Pascal, Pensées.

La justice est humaine, tout humaine, rien qu'humaine ; c'est lui faire tort que de la rapporter, de près ou de loin, directement ou indirectement, à un principe supérieur ou antérieur à l'humanité.
Proudhon

Une extrême justice est souvent une injure.
Jean Racine, La Thébaïde.
Si tu crains la solitude, n'essaie pas d'être juste.
Jules Renard, Journal.

La liberté a les limites que lui impose la justice.
Jules Renard, Journal.

Ce qui n'offense pas la société n'est pas du ressort de la justice.
Vauvenargues

On ne peut être juste, si on n'est humain. *Vauvenargues*

Pour se soustraire à la force, on a été obligé de se soumettre à la justice. La justice ou la force, il a fallu opter entre ces deux maîtres, tant nous étions peu faits pour être libres.
Vauvenargues

Il y a plus de sévérité que de justice. *Vauvenargues*

Il vaut mieux hasarder de sauver un coupable que de condamner un innocent.
Voltaire, Zadig.

◆ On aime la justice dans la maison d'autrui.
◆ Toute justice émane du roi.

K

KLEPTOMANIE
Elle volait avec de l'argent plein la poche, elle volait pour voler, comme on aime pour aimer, sous le coup de fouet du désir, dans le détraquement de la névrose.
Émile Zola,
Au Bonheur des Dames.

L

LABOUREUR

◆ A faible champ
fort laboureur.

◆ Au paresseux laboureur
Les rats mangent
le meilleur.

LA FONTAINE

On fait apprendre les fables de La Fontaine à tous les enfants, et il n'y en a pas un seul qui les entende. Quand ils les entendraient, ce serait encore pis ; car la morale en est tellement mêlée et si disproportionnée à leur âge, qu'elle les porterait plus au vice qu'à la vertu.
Jean-Jacques Rousseau

Faites-vous envoyer promptement les Fables de la Fontaine : elles sont divines.
Mme de Sévigné, Lettres.

LAIDEUR

Il était laid : des traits austères,
La main plus rude que le gant.
Victor Hugo,
Odes et ballades.

Si une laide se fait aimer, ce ne peut être qu'éperdument.
La Bruyère, Les caractères.

Il était si laid que lorsqu'il faisait des grimaces, il l'était moins. *Jules Renard, Journal.*

(...) C'est dans le conte
Que lorsqu'on dit : Je t'aime !
au prince plein de honte,
Il sent sa laideur fondre à ces
mots de soleil...
Mais tu t'apercevrais que je
reste pareil.
Edmond Rostand,
Cyrano de Bergerac.

Pellisson abusait de la permission qu'ont les hommes d'être laids.
Marquise de Sévigné, Correspondance.

J'aimerais trouver une femme avec un amant plus laid que moi. *Toulouse-Lautrec*

LANDE
La lande rase, rose et grise et monotone
Où croulent les manoirs sous le lierre et les ifs.
José Maria de Heredia

◆ Le sage se repose
sur la racine de sa langue,
et le fou voltige
sur le bout de la sienne.
◆ Ce que le sobre
tient au cœur
Est sur la langue du buveur.
◆ La langue va
où la dent fait mal.
◆ Il vaut mieux se mordre
la langue avant de parler
qu'après avoir parlé.
◆ Il vaut mieux glisser
du pied que de la langue.
◆ La langue
est l'ouvrière du cœur.
◆ La langue est le témoin
le plus faux du cœur.

LANGAGE
Je vis de bonne soupe, et non de beau langage.
Molière, Les Femmes savantes.

Ah ! Qu'en termes galants ces choses-là sont mises !
Molière, Le Misanthrope.

LANGUE
Toutes les langues roulent de l'or. *Joseph Joubert, Pensées.*

LANGUE FRANÇAISE
Notre langue n'est qu'un mélange de grec, de latin et de tudesque, avec quelques restes confus de gaulois.
Fénelon

La langue française est une femme. Et cette femme est si belle, si fière, si modeste, si hardie, si touchante, si voluptueuse, si chaste, si noble, si familière, si folle, si sage, qu'on l'aime de toute son âme, et qu'on n'est jamais tenté de lui être infidèle.
Anatole France

L'histoire de France commence avec la langue française. La langue est le signe principal d'une nationalité.
Jules Michelet

LANGUEUR
J'ai mieux aimé mourir que languir si longtemps.
Pierre de Ronsard

Ariane, ma sœur, de quel amour blessée
Vous mourûtes aux bords où vous fûtes laissée !
Jean Racine, Phèdre.

LAQUAIS
Dans ces meubles laqués, rideaux et dais moroses
Danse, aime, bleu laquais, ris d'oser des mots roses.
Charles Cros

J'ai l'habit d'un laquais et vous en avez l'âme.
Victor Hugo, Ruy Blas.

LARMES
Si tu pleures de joie, ne sèche pas tes larmes : tu les voles à la douleur.
Paul-Jean Toulet,
Les trois impostures.

◆ Rien ne sèche plus vite que les larmes.

LA ROCHEFOUCAULD
Il n'a jamais été guerrier, quoiqu'il fût très soldat ; il n'a jamais été par lui-même bon courtisan, quoiqu'il ait toujours eu bonne intention de l'être ; il n'a jamais été bon homme de parti quoique toute sa vie il y ait été engagé.
Paul de Gondi, cardinal de Retz, Mémoires.

LAURIER
Gloire aux victorieux. Mais de celui qui tombe,
Laurier, que ton frisson enveloppe la tombe.
Paul-Jean Toulet

LEÇON
Cette leçon vaut bien un fromage sans doute.
Jean de La Fontaine,
Le corbeau et le renard.

Le silence des peuples est la leçon des rois.
Mirabeau

LECTURE

Souvent, j'ai accompli de délicieux voyages, embarqué sur un mot dans les abîmes du passé, comme l'insecte qui flotte au gré d'un fleuve sur quelque brin d'herbe.
Honoré de Balzac,
Louis Lambert.

Toutes les grandes lectures sont une date dans l'existence.
Lamartine

Je n'ai jamais eu de chagrin qu'une heure de lecture n'ait dissipé.
Montesquieu

Chacune de nos lectures laisse une graine qui germe.
Jules Renard, Journal.

LÉGIONS

Et là-bas, sous le pont, adossé contre une arche,
Hannibal écoutait, pensif et triomphant,
Le piétinement sourd des légions en marche.
José Maria de Heredia,
Les Trophées.

LÉGION D'HONNEUR

Recette pour changer un vil géranium
En Légion d'honneur : on ôte trois pétales !
Edmond Rostand, L'Aiglon

Monseigneur, il fallait voir ça sur des poitrines !
Là, sur le drap bombé, goutte de sang ardent
Qui descendait, et devenait, en descendant,
De l'or, et de l'émail, avec de la verdure...
C'était comme un bijou coulant d'une blessure.
Edmond Rostand, L'Aiglon.

LETTRE

La lettre jaunie où mon aïeul respectable
A mon aïeule fit des serments surannés.
Charles Cros,
Le Coffret de santal.

◆ La lettre tue,
et l'esprit vivifie.

LEVER
◆ Qui tard se lève
perd sa journée.
◆ Lever à six,
Manger à dix,
Souper à six,
Coucher à dix
Font vivre l'homme
dix fois dix.
◆ Coucher de poule
et lever de corbeau
écartent l'homme
du tombeau.

LÈVRES
Il ne faut pas courir deux lèvres à la fois.
Honoré de Balzac, Proverbes.

Et leurs lèvres s'ouvrir comme des fleurs sanglantes.
Théodore de Banville,
Les princesses.

Lèvres, lit de l'amour profond comme la mort !
Albert Samain,
Au Jardin de l'Infante.

LIAISON
Pour qu'une liaison d'homme à femme soit vraiment intéressante, il faut qu'il y ait entre eux jouissance, mémoire ou désir.
Chamfort,
Maximes et Pensées.

L'homme commence par aimer l'amour et finit par aimer une femme. La femme commence par aimer un homme et finit par aimer l'amour.
Rémy de Gourmont,
Physique de l'amour.

L'amour libre, la seule chose gaie et bonne au monde.
Guy de Maupassant,
Le Horla.

LIBERTÉ
Le despotisme fait illégalement de grandes choses, la liberté ne se donne même pas la peine d'en faire légalement de très petites.
Honoré de Balzac

Ne tenir dans la main de personne, être l'homme de son cœur, de ses principes, de ses sentiments, c'est ce que j'ai vu de plus rare.
Chamfort

Dieu fit la liberté, l'homme a fait l'esclavage.
Marie-Joseph Chénier

Les hommes naissent et demeurent libres et égaux en droits.
Déclaration des droits de l'homme et du citoyen, 1789.

La liberté doit être comme dans une urne, et l'urne dans les mains du prince, pour la déverser à propos.
Joseph Joubert, Pensées.

La liberté est un tyran gouverné par ses caprices.
Joseph Joubert, Pensées.

La liberté n'est pas un échange, c'est la liberté.
André Malraux,
La condition humaine.

C'est par la violence que l'on doit établir la liberté.
Jean-Paul Marat

C'est des feux de la sédition que naît la liberté.
Jean-Paul Marat

La liberté a les limites que lui impose la justice.
Jules Renard, Journal.

La liberté est le droit de faire tout ce que les lois permettent ; et si un citoyen pouvait faire ce qu'elles défendent, il n'aurait plus de liberté, parce que les autres auraient tout de même ce pouvoir.
Montesquieu,
De l'esprit des lois.

O liberté, que de crimes on commet en ton nom !
Madame Roland, Dernières paroles sur l'échafaud.

Ne le plaignez pas trop : il a vécu sans pactes,
Libre dans sa pensée autant que dans ses actes.
Edmond Rostand,
Cyrano de Bergerac.

Renoncer à sa liberté c'est renoncer à sa qualité d'homme, aux droits de l'humanité, même à ses devoirs.(…) Une telle renonciation est incompatible avec la nature de l'homme, et c'est ôter toute moralité à ses actions que d'ôter toute liberté à sa volonté.
Jean-Jacques Rousseau,
Du contrat social.

Quand tous les hommes seront libres, ils seront égaux ; quand ils seront égaux, ils seront justes.
Saint-Just

La raison et la liberté sont incompatibles avec la faiblesse.
Vauvenargues

Les Français ne sont pas faits pour la liberté. Ils en abuseraient.
Voltaire

LIBERTIN
Le cœur d'un libertin est fait comme une auberge, on y trouve à toute heure un grand feu bien nourri.
Alfred de Musset

LIÈVRE
◆ La mémoire du lièvre se perd en courant.
◆ Il ne faut pas courir deux lièvres à la fois.
◆ Si les lièvres avaient des fusils, on en tuerait moins.
◆ Le lièvre revient toujours à son gîte.
◆ Par petits chiens le lièvre est trouvé,
Et par les grands est happé.

LIGNÉE
Et ce songe était tel, que Booz vit un chêne
Qui, sorti de son ventre, allait jusqu'au ciel bleu ;
Une race y montait comme une longue chaîne ;
Un roi chantait en bas, en haut mourait un dieu.
Victor Hugo

LILAS
◆ Quand lilas il y a
Blé il y a.

LINCEUL
Si vivre est un devoir, quand je l'aurai bâclé,
Que mon linceul au moins me serve de mystère.
Il faut savoir mourir, Faustine, et puis se taire.
Paul-Jean Toulet

LION
Un lion mort ne vaut pas un moucheron qui respire.
Voltaire

◆ A l'ongle on connaît le lion.
◆ Il faut pour triompher la force du lion et la ruse du renard.

LIT

Le lit est tout le mariage.
Honoré de Balzac,
Physiologie du mariage.

Nous aurons des lits pleins d'odeurs légères,
Des divans profonds comme des tombeaux,
Et d'étranges fleurs sur des étagères,
Écloses pour nous sous des cieux plus beaux.
Baudelaire, Les fleurs du mal.

Heureux qui peut dormir sans peur et sans remords
Dans le lit paternel, massif et vénérable,
Où tous les siens sont nés aussi bien qu'ils sont morts.
José-Maria de Heredia,
Les Trophées.

Je demande à ton lit le lourd sommeil sans songes
Planant sous les rideaux inconnus du remords.
Stéphane Mallarmé, Poésies.

Dans le lit vaste et dévasté
J'ouvre les yeux près d'elle ;
Je l'effleure : un songe infidèle
L'embrasse à mon côté.
Paul-Jean Toulet,
Les contrerimes.

Ce soir, tout va fleurir : l'immortelle nature
Se remplit de parfums, d'amour et de murmure,
Comme le lit joyeux de deux jeunes époux.
Alfred de Musset,
La nuit de mai.

Mais quand au lit nous serons
Entrelacés, nous ferons
Les lascifs selon les guises
Des amants qui librement
Pratiquent folâtrement
Dans les draps cent mignardises.
Pierre de Ronsard,
Les amours de Cassandre.

Le seuil est parfumé, l'alcôve est large et sombre,
Et, là, parmi les fleurs, nous trouverons dans l'ombre,
Pour nos cheveux unis un lit silencieux.
Alfred de Vigny,
Les Destinées.

◆ Comme on fait son lit
on se couche.
◆ Lit dur
fait taille droite.

LITTÉRATURE

En littérature, le plus sûr moyen d'avoir raison, c'est d'être mort.
Victor Hugo

Un des maux de notre littérature, c'est que nos savants ont peu d'esprit, et que nos hommes d'esprit ne sont pas savants.
Joseph Joubert, Pensées.

LIVRE

Fonder la vérité sur un livre, c'est comme si on la fondait sur un tableau ou sur une statue qui ne peut intéresser qu'un pays, et que le temps altère chaque jour. Tout livre est l'art d'un homme, mais la nature est l'art de Dieu.
Bernardin de Saint-Pierre

Certains livres ressemblent à la cuisine italienne : ils bourrent, mais ne remplissent pas.
Jules et Edmond Goncourt

Il faut que la fin d'un ouvrage fasse toujours souvenir du commencement.
Joseph Joubert, Pensées.

Il n'est rien de plus beau qu'un beau livre. *Joseph Joubert*

C'est un métier de faire un livre, comme de faire une pendule.
La Bruyère, Les Caractères.

J'ai la maladie de faire des livres, et d'en être honteux quand je les ai faits.
Montesquieu

La fureur de la plupart des Français, c'est d'avoir de l'esprit, et la fureur de ceux qui veulent avoir de l'esprit, c'est de faire des livres.
Montesquieu

Il faut feuilleter tous les livres et n'en lire qu'un ou deux.
Jules Renard, Journal.

Un bon mot vaut mieux qu'un mauvais livre.
Jules Renard, Journal.

◆ Un petit livre vaut mieux qu'un gros, parce qu'il contient moins de sottises.
◆ Les bons livres font les bons clercs.
◆ Il faut craindre l'homme d'un seul livre.
◆ Les ans ont beaucoup plus vu
Que les livres n'en ont connu.

LOI

Les lois sont des toiles d'araignées à travers lesquelles passent les grosses mouches et où restent les petites.
Honoré de Balzac

Il est plus facile de légaliser certaines choses que de les légitimer. *Chamfort*

Les meilleures lois naissent des usages.
Joseph Joubert, Pensées.

La loi juste n'est point celle qui a son effet sur tous, mais celle qui est faite pour tous.
Joseph de Maistre

Les lois se maintiennent en crédit non parce qu'elles sont justes, mais parce qu'elles sont lois.
Montaigne, Essais.

Nul n'est censé ignorer la Loi. Il y a plus de deux cent mille lois.
Jules Renard, Journal.

Nous sommes dans un siècle où l'obscurité protège mieux que la loi et rassure plus que l'innocence.
Rivarol

Les lois de la nature sont admirables, mais elles écrasent beaucoup d'insectes dans leurs rouages, comme les gouvernements beaucoup d'hommes.
Rivarol

Les lois sont toujours utiles à ceux qui possèdent et nuisibles à ceux qui n'ont rien.
Jean-Jacques Rousseau

Si veut le roi, si veut la loi !
Suger

Les faibles veulent dépendre, afin d'être protégés. Ceux craignent les hommes aiment les lois.
Vauvenargues,
Réflexions et Maximes.

Les lois, qui sont la plus belle invention de la raison, n'ont pu assurer le repos des peuples sans diminuer leur liberté.
Vauvenargues,
Réflexions et Maximes.

LOISIR

Le loisir, voilà la plus grande joie et la plus belle conquête de l'homme.
Rémy de Gourmont

Les gens du monde emploient mieux leurs loisirs que leur temps ; les pauvres n'ont pas de loisirs.
Rivarol

LOUANGES

Aimez qu'on vous conseille, et non pas qu'on vous loue.
Nicolas Boileau, L'Art poétique.

Le refus des louanges est un désir d'être loué deux fois.
La Rochefoucauld, Maximes.

On ne loue d'ordinaire que pour être loué.
La Rochefoucauld, Maximes.

Il y a des reproches qui louent et des louanges qui médisent.
La Rochefoucauld, Maximes.

Peu de gens sont assez sages pour préférer le blâme qui leur est utile à la louange qui les trahit.
La Rochefoucauld, Maximes.

Louer les princes des vertus qu'ils n'ont pas, c'est leur dire impunément des injures.
La Rochefoucauld, Maximes.

On ne donne des louanges que pour en profiter.
La Rochefoucauld, Maximes.

Nous ne louons d'ordinaire de bon cœur que ceux qui nous admirent.
La Rochefoucauld, Maximes.

On ne loue d'ordinaire que pour être loué.
La Rochefoucauld, Maximes.

◆ Il faut louer tout bas ses amis.
◆ Il ne faut pas louer un homme avant sa mort.
◆ Qui se loue s'emboue.
◆ Qui je loue me loue.

LOUP

Soit comme un loup blessé
qui se tait pour mourir,
Et qui mord le couteau, de sa gueule qui saigne.
Leconte de Lisle, Poèmes barbares.

Avec les loups on apprend à hurler.
Jean Racine, Les Plaideurs.

Mieux vaut, - si tu hurles - avec les loups qu'avec les chiens.
Paul-Jean Toulet, Les trois impostures.

◆ Enfant de loup,
qui n'a jamais vu son père.
◆ Quand on parle du loup
on en voit la queue.
◆ A chair de loup
dent de chien.
◆ Il faut hurler
avec les loups.
◆ Qui se fait bête
le loup le mange.
◆ Loup ne mange
chair de loup.

LUMIÈRE

La lumière est l'ombre de Dieu ; la clarté, l'ombre de la lumière. *Joseph Joubert*

LUNE

La lune était sereine et jouait sur les flots.
Victor Hugo, Les Orientales.

C'était dans la nuit brune,
Sur le clocher jauni,
La lune
Comme un point sur un i.
Alfred de Musset

Ah ! la belle pleine Lune,
Grosse comme une fortune !
Jules Laforgue

La lune blanche
Luit dans les bois.
Paul Verlaine

◆ La lune annonce
par sa pâleur la pluie,
par sa rougeur le vent,
et par sa blancheur
la sérénité.
◆ Quand la lune se fait
dans l'eau
Deux jours après
il fait beau.
◆ Lune d'argent
C'est le beau temps.
Lune blanche
Journée franche ;
Lune pâle
L'eau dévale ;
Lune rouge,
Le vent bouge.

LUNE DE MIEL
◆ La première lune
après le mariage
est de miel,
et celles qui la suivent
sont d'absinthe.

LUXE

Tout luxe corrompt ou les mœurs ou le goût.
Joseph Joubert, Pensées.

LUXURE

Pétrir de belles créatures,
Et sur d'éblouissants amas
De damas
Éparpiller des chevelures.
Théodore de Banville

Toute belle femme s'estant une fois essayée au jeu d'amour ne le désapprend jamais.
Brantôme

Luxure, fruit de mort à l'arbre de vie.
Fruit défendu qui fait claquer les dents d'envie.
Albert Samain

Il n'y a point de passion plus égoïste que celle de la luxure.
Marquis de Sade, Juliette.

LYS

La tulipe est une fleur sans âme ; mais il semble que la rose et le lys en aient une.
Joseph Joubert, Pensées.

M

MAÇON

◆ C'est au pied du mur qu'on voit le maçon.

MAGIE

Le pouvoir magique à mes mains
Se dérobe encore. Aux jasmins
Les chardons ont mêlé leurs haines.
Charles Cros

MAI

◆ Petite pluie de mai rend tout le monde gai.
◆ Il est mauvais de se marier au mois de mai.
◆ Au mois de mai, Fais ce qu'il te plaît.
◆ Noces de mai, noces mortelles.
◆ Petite pluie de mai rend tout le monde gai.
◆ En avril nuée, en mai rosée.
◆ Gelée d'avril ou de mai misère nous prédit au vrai.
◆ Au mois d'avril ne quitte pas un fil ;
Au mois de mai va comme il te plaît.
◆ Brouillards en mars, gelées en mai.
◆ Mars venteux et avril pluvieux
◆ Font le mai gai et gracieux.
◆ Mai froid et chaud juin donnent pain et blé.
◆ Pluie de mai fait pousser les enfants.

MAGNANIMITÉ
La magnanimité méprise tout pour avoir tout.
La Rochefoucauld, Maximes.

MAGNÉTISME
Il fallait effort pour cesser de le regarder.
Saint-Simon, Mémoires.

Un homme, un être a le pouvoir, effrayant et incompréhensible, d'endormir, par la force de sa volonté, un autre être, et pendant qu'il dort, de lui voler sa pensée comme on volerait une bourse.
Maupassant, Le Horla.

MAIN
Ne croyez pas les mains sans gants plus robustes que les autres.
Gustave Flaubert, Par les champs et par les grèves.

Joindre les mains, c'est bien ; mais les ouvrir, c'est mieux.
Louis Ratisbonne

Vos chères mains furent mes guides.
Paul Verlaine

◆ De mains vides
prières vaines.
◆ Mains travailleuses
sont heureuses.
◆ Jeux de mains
jeux de vilains.
◆ La main gauche
doit ignorer ce que fait
la main droite.

MAISON
Reverrais-je le clos de ma pauvre maison
Qui m'est une province et beaucoup d'avantage ?
Joachim du Bellay,
Les Regrets.

Naître, vivre et mourir dans la même maison.
Sainte-Beuve

◆ Maison sans flamme
est comme corps sans âme.
◆ Fumée, pluie
et femme sans raison
chassent l'homme
de sa maison.
◆ Pour qui craint la ruine
mieux vaut bâtir salon
après cuisine.

MAÎTRE

Aux vertus qu'on exige d'un domestique, Votre Excellence connaît-elle beaucoup de maîtres qui fussent dignes d'être valets ?
Beaumarchais,
Le barbier de Séville.

Il n'est pour voir que l'œil du maître.
Jean de La Fontaine,
L'œil du maître.

Je suis maître de moi comme de l'univers :
Je le suis, je veux l'être.
Pierre Corneille, Cinna.

Qui sait mourir n'a plus de maître.
Sully Prud'homme, Poésies.

◆ Les bons maîtres
font les bons valets.
◆ Si les valets ont la peine,
Le maître a les soucis.
◆ Apprenti
n'est pas maître.
◆ Nul ne peut servir deux
maîtres à la fois.

MAÎTRESSE

Heureux celui qui, sans paresse,
L'œil clair et les cheveux flottants,
Dit ces mots si doux : "Ma maîtresse,"
Avec des lèvres de vingt ans !
Théodore de Banville,
Rimes dorées.

Puisqu'il en faut une, mieux vaut que ce soit celle-là.
Marie Leczinska, reine de France, épouse de Louis XV, à propos de la Pompadour

Ce qui fait que les amants et les maîtresses ne s'ennuient pas d'être ensemble, c'est qu'ils parlent toujours d'eux-mêmes.
La Rochefoucauld, Maximes.

Les amants ne voient les défauts de leurs maîtresses que lorsque leur enchantement est fini.
La Rochefoucauld, Maximes.

Plus on aime une maîtresse, et plus on est près de la haïr.
La Rochefoucauld, Maximes.

MAL

Quand on cède à la peur du mal, on ressent déjà le mal de la peur.
Beaumarchais,
Le barbier de Séville.

Le mal qu'on dit d'autrui ne produit que du mal.
Nicolas Boileau, Satires.

En apprenant à connaître les maux de la nature, on méprise la mort ; en apprenant à connaître ceux de la société, on méprise la vie.
Chamfort,
Maximes et Pensées.

Il m'a fait trop de bien pour en dire du mal,
Il m'a fait trop de mal pour en dire du bien.
Corneille, Poésies.

Le mal que nous faisons ne nous attire pas tant de persécution et de haine que nos bonnes qualités.
La Rochefoucauld, Maximes.

Il n'y a guère d'homme assez habile pour connaître tout le mal qu'il fait.
La Rochefoucauld, Maximes.

◆ L'affliction ne guérit pas le mal.
◆ On trouve plutôt le mal que le bien.
◆ Le mal retourne à celui qui le fait.
◆ Ne nous plaignons pas du mal, il vient de Dieu.

MALADIE

La maladie qui nous frappe n'est jamais celle de tout le monde.
François Droz

La plupart des femmes du monde sont malades parce qu'elles sont riches.
Prosper Mérimée

Nous avons tous assez de force pour supporter les maux d'autrui.
La Rochefoucauld, Maximes.

Les maladies suspendent nos vertus et nos vices.
Vauvenargues

La maladie éteint dans quelques hommes le courage, dans quelques autres la peur, et jusqu'à l'amour de la vie.
Vauvenargues,
Réflexions et Maximes.

◆ Heurter à la boutique de saint Cosme : avoir besoin d'un médecin.
◆ Être dans les prisons de saint Crespin : être chaussé à l'étroit.
◆ Mal de saint Fiacre : hémorroïdes.
◆ Mal de saint Genou : goutte.
◆ Mal de saint Gilles : cancer.
◆ Mal de saint Martin : ivresse.
◆ Colique de saint Mathurin : folie.
◆ Mal de saint Maur : goutte.
◆ Rire de saint Médard : mauvaise mine.
◆ Mal de saint Médard ou Mal de saint Quentin : emprisonnement.
◆ Mal de saint Zacharie : mutisme.
◆ Mal de saint Tranquillin : paresse.

— —

◆ Est bien malade qui en meurt.
◆ Le mort n'a point d'ami, le malade n'en a qu'à demi.
◆ Un malade peut tout dire.

MALADRESSE

◆ Celui se montre être bien veau Qui par la pointe rend le couteau.
◆ Les mauvais couteaux coupent les doigts et laissent le bois.

MALCHANCE

Le cœur grossier de la prospérité ne peut comprendre les sentiments délicats de l'infortune.
Chateaubriand, Essai sur les révolutions.

Les chanceux sont ceux qui arrivent à tout ; les malchanceux, ceux à qui tout arrive.
Eugène Labiche

La guigne ne s'acharne que sur la bêtise.
Jules Renard, Journal.

◆ Au cheval maigre va la mouche.
◆ Qui se soucie, malencontre lui vient.

MAL D'AMOUR
L'amour est comme les maladies épidémiques. Plus on les craint, plus on y est exposé.
Chamfort

Plaisir d'amour ne dure qu'un moment
Chagrin d'amour dure toute la vie.
Florian, Célestine.

L'amour qui naît subitement est le plus long à guérir.
La Bruyère, Les Caractères.

En amour celui qui est guéri le premier est toujours le mieux guéri.
La Rochefoucauld, Maximes.

Il y a plusieurs remèdes qui guérissent de l'amour, mais il n'y en a point d'infaillibles.
La Rochefoucauld, Maximes.

En amour comme en maladie les rechutes sont graves.
Paul-Jean Toulet

◆ L'amour fait perdre le repas et le repos.
◆ L'amour le plus parfait est le plus malheureux.
◆ Trop aimer est amer.

MÂLE
L'amant lui faisait peur, cette peur folle qui blêmit la femme à l'approche du mâle.
Émile Zola,
Au Bonheur des Dames.

MALÉFICES
Il est des gens dont l'approche équivaut à tous les maléfices.
Victor Ségalen

MALHERBE
Je connais un poète, d'une nature toujours orageuse et vibrante, qu'un vers de Malherbe, symétrique et carré de mélodie, jette dans de longues extases.
Baudelaire

Enfin Malherbe vint, et le premier en France
Fit sentir dans les vers une juste cadence,
D'un mot mis en sa place enseigna le pouvoir,
Et réduisit la muse aux règles du devoir.
Boileau, L'art poétique.

MALHEUR

On est heureux ou malheureux par une foule de choses qui ne paraissent pas, qu'on ne dit point et qu'on ne peut dire.
Chamfort

C'est un proverbe turc que ce beau mot : "O malheur ! je te rends grâce, si tu es seul."
Chamfort

Si le ciel t'éprouve aujourd'hui, c'est pour te rendre plus compatissant aux maux des autres. *Chateaubriand*

C'est au malheur à juger du malheur. *Chateaubriand,*

Les malheureux sont ingrats ; cela fait partie de leur malheur. *Victor Hugo*

Dieu a ordonné au temps de consoler les malheureux.
Joseph Joubert, Pensées.

On n'est jamais si heureux ni si malheureux qu'on s'imagine.
La Rochefoucauld, Maximes.
On n'est jamais si malheureux qu'on croit, ni si heureux qu'on avait espéré.
La Rochefoucauld, Maximes.

On se console souvent d'être malheureux par un certain plaisir qu'on trouve à le paraître.
La Rochefoucauld, Maximes.

C'est une espèce de bonheur, de connaître jusques à quel point on peut être malheureux.
La Rochefoucauld, Maximes.

Il y a deux manières d'être malheureux : ou désirer ce que l'on n'a pas, ou posséder ce que l'on désirait.
Pierre Louÿs

Gardez-vous de demander du temps : le malheur n'en accorde jamais.
Mirabeau

On devient moral dès qu'on est malheureux.
Marcel Proust, A la recherche du temps perdu.

Les malheurs des autres nous sont indifférents, à moins qu'ils nous fassent plaisir.
Jules Renard, Journal.

On n'est pas heureux : notre bonheur, c'est le silence du malheur.
Jules Renard, Journal.

Nous querellons les malheureux pour nous dispenser de les plaindre.
Vauvenargues

Alors le chevalier Malheur
s'est rapproché,
Il a mis pied à terre et sa main
m'a touché.
Paul Verlaine, Sagesse.

◆ Ce qu'on peut éviter
à force d'argent
n'est point un malheur ;
le vrai malheur est d'avoir
dans sa poche
une bourse vide.
◆ Le malheur des uns
fait le bonheur des autres.
◆ A quelque chose
malheur est bon.
◆ La vertu s'affirme sous
les coups du malheur.
◆ Un malheur
n'arrive jamais seul.
◆ Le malheur se plaît
à la surprise.

MALHONNÊTETÉ

Il était le mal et s'était accouplé à la probité. Il haïssait la vertu d'une haine de mal-marié.
Victor Hugo,
Les Travailleurs de la mer.

◆ Bien mal acquis
ne profite jamais.
◆ De bien mal acquis
courte joie.

MANÈGE

Collège, noir manège...
Paul-Jean Toulet

Tournez, tournez, bons chevaux de bois,
Tournez cent tours, tournez mille tours,
Tournez souvent et tournez toujours,
Tournez, tournez au son des hautbois.
Paul Verlaine

MANTEAU

◆ S'il fait beau,
prends ton manteau ;
s'il pleut,
prends-le si tu veux.

MAQUILLAGE

Même elle avait encor cet éclat emprunté
Dont elle eut soin de peindre et d'orner son visage,
Pour réparer des ans l'irréparable outrage.
Jean Racine, Athalie.

MARI

Veux-tu, ma Rosinette
Faire emplette
Du roi des maris ?...
Je ne suis pas Tircis ;
Mais, la nuit, dans l'ombre,
Je vaux encore mon prix,
Et quand il fait sombre
Les plus beaux chats sont gris.
Beaumarchais

Amants agneaux deviennent maris loups.
Isaac de Benserade

Tous les maris sont laids.
Montesquieu

Aimer son mari, c'est payer un fournisseur. Aimer un amant, c'est donner aux pauvres.
Paul-Jean Toulet

Un mari qu'on aime d'amour, ce n'est pas un mari, c'est un amant. *Paul-Jean Toulet*

◆ L'homme marié est un oiseau en cage.
◆ Un homme marié ne doit servir qu'à sa femme.
◆ Du côté de la barbe est la toute-puissance.
◆ Aujourd'hui marié, demain marri.

MARIAGE

Le mariage tel qu'il est une singulière chose, mais après tout, on n'a encore pas trouvé mieux.
Henri-Frédéric Amiel

Ne commencez jamais un mariage par un viol.
Honoré de Balzac,
Physiologie du mariage.

L'amour, dans le mariage, est une chimère.
Honoré de Balzac

De toutes les choses sérieuses, le mariage étant la plus bouffonne...
Beaumarchais,
Le mariage de Figaro.

L'homme sans la femme et la femme sans l'homme, sont des êtres imparfaits dans l'ordre naturel. Mais plus il y a de contraste dans leurs caractères, plus il y a d'union dans leurs harmonies.
Bernardin de Saint-Pierre

Le mariage et le célibat ont tous deux des inconvénients ; il faut préférer celui dont les inconvénients ne sont pas sans remède. *Chamfort*

Le mariage a été pour moi un port aux eaux calmes et sûres, non pas celui où l'on s'accroche un anneau à la rive au risque d'y rouiller éternellement, mais une de ces anses bleues où l'on répare les voiles et les mâts pour des excursions nouvelles aux pays inconnus.
Alphonse Daudet

Les chaînes du mariage sont si lourdes qu'il faut être deux pour les porter. Quelquefois trois.
Alexandre Dumas fils

Quand nous nous marions, c'est pour trouver dans notre femme ce que nous avons inutilement demandé aux femmes des autres. *Alexandre Dumas fils*

Phoebus de Châteaupers aussi fit une fin tragique : il se maria.
Victor Hugo,
Notre-Dame de Paris.

Le mariage est une greffe : ça prend bien ou mal.
Victor Hugo

Il ne faut choisir pour épouse que la femme qu'on choisirait pour ami, si elle était homme.
Joseph Joubert, Pensées.

◆ Qui se marie par amour
A bonnes nuits
et mauvais jours.
◆ Un bon mariage
est difficile à faire
même en peinture.
◆ Les mariages sont
écrits dans le ciel.
◆ Qui se marie à la hâte
se repent à loisir.
◆ Nul ne se marie
qui ne s'en repente.
◆ Deux bons jours
à l'homme sur terre,
quand il prend femme
et quand il l'enterre.
◆ Le jour où l'on se marie
est le lendemain
du bon temps.
◆ Les mariages se font
au ciel et se consomment
en la terre.
◆ A chaque pot
son couvercle.
◆ Ceux qui se ressemblent
s'assemblent.

Ne craignez point de prendre des partis trop rudes et trop difficiles, quelqu'affreux qu'ils vous paraissent d'abord : ils seront plus doux dans les suites que les malheurs d'une galanterie.
Mme de La Fayette

Il y a de bons mariages, mais il n'y en a point de délicieux.
La Rochefoucauld, Maximes.

Nous marier ? Des gens qui s'aiment ! *Marivaux*

Il vaut mieux encore être marié que mort.
Molière,
Les fourberies de Scapin.

Je me mariai à trente-trois ans et tiens pour favorable le choix de trente-cinq, qu'on dit être d'Aristote. Platon ne veut pas qu'on se marie avant trente ; mais il a raison de se moquer de ceux qui font les œuvres de mariage après cinquante-cinq...
Montaigne, Essais.

Un bon mariage serait celui d'une femme aveugle avec un mari sourd.
Montaigne, Essais

Douce chose est le mariage,
Je le puis bien par moi
prouver,
Même à qui possède un époux
sage,
Un comme Dieu m'a fait
trouver.
Christine de Pisan

Le mariage est le sacrement de la Justice, le mystère vivant de l'harmonie universelle, la forme donnée par la nature même à la religion du genre humain.
Proudhon

On s'étudie trois semaines, on s'aime trois mois, on se dispute trois ans, on se tolère trente ans et les enfants recommencent.
Hippolyte Taine

Les femmes ressemblent aux girouettes : elles se fixent quand elles se rouillent.
Voltaire

MARIAGE FORCÉ
Les bourgeois, par une vanité ridicule, font de leurs filles un fumier pour les terres des gens de qualité.
Champfort

La pire de toutes les mésalliances est celle du cœur.
Champfort

◆ Prendre la vache et le veau.
(la mariée est enceinte)
◆ La belle amitié quand un pourceau baise une truie.

MARIN
Oh combien de marins, combien de capitaines
Qui sont partis joyeux pour des courses lointaines
Dans ce morne horizon se sont évanouis !
Combien ont disparu, dure et triste fortune !
Dans une mer sans fond, par une nuit sans lune,
Sous l'aveugle océan à jamais enfouis !
(...)
Où sont-ils, les marins sombrés dans les nuits noires ?
Victor Hugo,
Les Rayons et les Ombres.

MARIVAUDAGE
Chez mes confrères, l'amour est en querelle avec tout ce qui l'environne et finit par être heureux malgré les opposants ; chez moi, il n'est en querelle qu'avec lui-même et finit par être heureux malgré lui.
Marivaux

MARIVAUX
Tout le monde ne peut pas être Shakespeare, mais on peut chercher, sans se diminuer, à être Marivaux.
Claude Debussy

MARQUE
Les petites choses sont souvent de meilleurs marques que les grandes.
Paul de Gondi, cardinal de Retz, Mémoires.

MARS
Quand pour mars il tonne
L'année sera bonne.
◆ Neige de mars
brûle le bourgeon.
◆ Le beau temps de mars
se paie en avril.
◆ Mars venteux
et avril pluvieux
Font le mai gai et gracieux.
◆ Brouillards en mars,
Gelées en mai.

MARTYR
◆ Mieux vaut être martyr
que confesseur.

MASSACRE
Tuez les tous, pour qu'il n'en reste pas un pour me le reprocher ! *Charles IX, lors de la Saint-Barthélémy (1572).*

Tuez les tous, Dieu reconnaîtra les siens ! *L'abbé de Cîteaux à Béziers, croisade contre les cathares (1209).*

Par saint Georges, enfants, vous avez fait une belle boucherie.
Charles le Téméraire à ses troupes, qui ont massacré la population de Nesles (1472).

MASSE
La masse est lourde, grossière, dominée par la vue la plus superficielle de l'intérêt.
Ernest Renan, La réforme intellectuelle et morale.

MATHÉMATIQUES
Arithmétique ! algèbre ! géométrie ! trinité grandiose ! triangle lumineux ! Celui qui ne vous a pas connues est un insensé !
Lautréamont,
Les Chants de Maldoror.

O mathématiques saintes, puissiez-vous, par votre commerce perpétuel, consoler le reste de mes jours de la méchanceté de l'homme et de l'injustice du Grand-Tout !
Lautréamont,
Les Chants de Maldoror.

MATIN
Et rose, elle a vécu ce que vivent les roses,
L'espace d'un matin.
Malherbe, Poésies

Pâle matin de Février
Couleur de tourterelle.
Paul-Jean Toulet, Les contrerimes.

MATINAL
Je suis matinal. Je me couche tous les jours à 5 heures du matin.
Francis Blanche

MATURITÉ
◆ Entre deux fruits verts le troisième est mûr.
◆ En conseil écoute l'homme âgé.

MAXIMES
Les maximes des hommes décèlent leur cœur.
Vauvenargues

Les esprits faux changent souvent de maximes.
Vauvenargues

Peu de maximes sont vraies à tous égards.
Vauvenargues

MÉCHANCETÉ

On souhaite la paresse d'un méchant et le silence d'un sot.
Chamfort

Les méchants font quelquefois de bonnes actions. On dirait qu'ils veulent voir s'il est vrai que cela fasse autant de plaisir que le prétendent les honnêtes gens.
Chamfort,

J'aime mieux les méchants que les imbéciles, parce qu'ils se reposent.
Alexandre Dumas

Il y a des méchants qui seraient moins dangereux s'ils n'avaient aucune bonté.
La Rochefoucauld, Maximes.

Notre bonté, c'est notre méchanceté qui dort.
Jules Renard, Journal.

Toute méchanceté vient de faiblesse.
Jean-Jacques Rousseau, Émile.

D'être méchant, c'est se venger d'avance.
Paul-Jean Toulet,
Les trois impostures.

◆ Les méchants sont buveurs d'eau.
◆ Il n'est pas nécessaire de montrer le méchant au chien.
◆ A méchant méchant et demi.
◆ L'âme n'habite pas le sec.
◆ Méchanceté porte sa peine.
◆ A faire le mal il n'y a point d'honneur.

MÉCONTENTEMENT

La France contient trente-six millions de sujets, sans compter les sujets de mécontentement. *Henri Rochefort*

MÉDECIN

C'est par votre ignorance, l'état ou je suis maintenant.
Louis XIII à son médecin,
sur son lit de mort.

Il faut qu'il ait tué bien des gens pour s'être fait si riche.
Molière

Tant que les hommes pourront mourir et qu'ils aimeront à vivre, le médecin sera raillé et bien payé.
La Bruyère, Les caractères.

◆ Médecin, guéris-toi
toi-même.
◆ Les médecins sont
les notaires
des apothicaires.
◆ Les médecins
et les maréchaux
Tuent les gens
et les chevaux.

MÉDECINE
La campagne, cet éternel remède des affections auxquelles la médecine ne connaît rien.
Balzac, Le lys dans la vallée.

La philosophie, ainsi que la médecine, a beaucoup de drogues, très peu de bons remèdes, et presque point de spécifiques. *Chamfort*

Tant que les hommes pourront mourir et qu'ils aimeront à vivre, le médecin sera raillé et bien payé.
La Bruyère, Les caractères.

Je le soignai, Dieu le guérit.
Ambroise Paré

La médecine n'a de certain que les espoirs trompeurs qu'elle nous donne.
Jules Renard, Journal.

Rien ne dégoûte de la vie comme de feuilleter un dictionnaire de médecine.
Jules Renard, Journal.

MÉDIOCRITÉ
La médiocrité est un garde-fou. *Montesquieu*

Ceux qui s'appliquent trop aux petites choses deviennent ordinairement incapables des grandes.
La Rochefoucauld, Maximes.

◆ Au royaume
des aveugles
les borgnes sont rois.

MÉDISANCE
Le mal qu'on dit d'autrui ne produit que du mal.
Nicolas Boileau, Satires.

Si ceux qui disent du mal de moi savaient exactement ce que je pense d'eux, ils en diraient bien davantage.
Sacha Guitry

La médisance est le soulagement de la malignité.
Joseph Joubert, Pensées.

On est d'ordinaire plus médisant par vanité que par malice.
La Rochefoucauld, Maximes.

Sur vingt personnes qui parlent de nous, dix-neuf en disent du mal, et le vingtième, qui en dit du bien, le dit mal.
Rivarol

◆ L'écoutant fait le médisant.
◆ La moitié du monde s'applique à médire, et l'autre moitié à écouter les médisances.
◆ Bon mot n'épargne personne.
◆ Tel croit frapper qui tue.

MÉDITATION

Le sage trouve mieux son compte à ne point s'engager qu'à vaincre.
La Rochefoucauld, Maximes.

L'homme n'est point fait pour méditer, mais pour agir.
Jean-Jacques Rousseau

◆ A qui veille tout se révèle.

MÉFIANCE

Méfiez-vous de tout le monde, et en particulier de ceux qui conseillent de vous méfier.
La Robertie

Souviens-toi de te méfier.
Prosper Mérimée (Maxime gravée dans sa bague)

Il faut dormir comme un lion, sans fermer les yeux.
Richelieu

Les sots devraient avoir pour les gens d'esprit une méfiance égale au mépris que ceux-ci ont pour eux.
Rivarol

◆ Chat échaudé craint l'eau froide.
◆ Celui qui a failli faire naufrage redoute jusqu'aux eaux tranquilles.
◆ Méfiance est mère de sûreté.
◆ Les murs ont des oreilles.

MÉLANCOLIE
La mélancolie, c'est le bonheur d'être triste.
Victor Hugo

Ma seule étoile est morte - et mon luth constellé
Porte le soleil noir de la Mélancolie.
Gérard de Nerval

Et toi, sœur rêveuse et pâlie,
Monte, monte ô Mélancolie,
Lune des ciels roses défunts.
Albert Samain

D'où vient à l'homme la plus durable des jouissances de son cœur, cette volupté de la mélancolie, ce charme plein de secrets, qui le fait vivre de ses douleurs et s'aimer encore dans le sentiment de sa ruine ? *Sénancour, Oberman.*

◆ Cœur qui soupire n'a pas ce qu'il désire.
◆ Cœur pensif ne sait où il va.

MELON
Le melon a été divisé en tranches par la nature, afin d'être mangé en famille.
Bernardin de Saint-Pierre

MÉMOIRE
La mémoire est souvent la qualité de la sottise.
Chateaubriand

Mais voici, blanche et diaphane,
La Mémoire, au bord du chemin,
Qui me remet, comme Ariane,
Son peloton de fil en main.
Théophile Gautier

Savoir par cœur n'est pas savoir : c'est tenir ce qu'on a donné en garde à sa mémoire.
Montaigne, Essais.

La mémoire est toujours aux ordres du cœur. *Rivarol*

La guirlande n'est plus, ni le brun violier,
Qu'un arôme qui meurt au fond de ton armoire
A glace. Que ne puis-je aussi bien oublier
Un acide parfum qui perce ma mémoire. *Paul-Jean Toulet*

Le sot qui a beaucoup de mémoire est plein de pensées et de faits ; mais il ne sait pas en conclure : tout tient à cela.
Vauvenargues

◆ Il faut qu'un menteur ait bonne mémoire.

MÉNAGE

La plus utile et honorable science et occupation à une femme, c'est la science du ménage.
Montaigne, Essais.

On s'étudie trois semaines, on s'aime trois mois, on se dispute trois ans, on se tolère trente ans et les enfants recommencent.
Hippolyte Taine

◆ C'est chose qui
moult déplaît
Quand poule chante
et coq se tait.
◆ Abreuver son cheval
à tous gués,
Mener sa femme
à tous festins
De son cheval
on fait une rosse
Et de sa femme
une catin.
◆ Où la chèvre est attachée
il faut qu'elle broute.

MENSONGE

Laissez, laissez mon cœur
s'enivrer d'un mensonge,
Plonger dans vos beaux yeux
comme dans un beau songe,
Et sommeiller longtemps à
l'ombre de vos cils.
Charles Baudelaire

On ne ment jamais autant qu'avant les élections, pendant la guerre et après la chasse.
Georges Clemenceau

L'homme du Midi ne ment pas, il se trompe. Il ne dit pas toujours la vérité, mais il croit la dire... Son mensonge à lui, ce n'est pas du mensonge, c'est une espèce de mirage...
Alphonse Daudet

Les femmes et les médecins savent seuls combien le mensonge est nécessaire et bienfaisant aux hommes.
Anatole France

- Tu as tort de mentir. C'est un vilain défaut, et c'est inutile, car toujours tout se sait.
- Oui, répond Poil de carotte, mais on gagne du temps.
Jules Renard, Poil de Carotte.

Sans le mensonge, la vérité périrait de désespoir et d'ennui.
Anatole France

Bretteurs et menteurs sans vergogne
Ce sont les cadets de Gascogne !
Edmond Rostand, Cyrano de Bergerac.

Un menteur est un homme qui ne sait pas tromper ; un flatteur, celui qui ne trompe ordinairement que les sots. Celui qui ait se servir avec adresse de la vérité, et qui en connaît l'éloquence, peut seul se piquer d'être habile.
Vauvenargues, Réflexions et Maximes.

Il faut bien mentir quelquefois quand on est évêque.
Jean-Jacques Rousseau, Les confessions.

D'un bout du monde à l'autre on ment et l'on mentit.
Nos neveux mentiront, comme on fait leurs ancêtres.
Voltaire, Contes.

◆ Les menteurs sont les enfants du diable.
◆ Un menteur n'est point écouté, même en disant la vérité.
◆ A menteur, menteur et demi.
◆ Il faut qu'un menteur ait bonne mémoire.
◆ Le mensonge a besoin qu'on le croit.

MÉPRIS

Le mépris, le plus grand sentiment et le seul que valent réellement les hommes !
Barbey d'Aurevilly

Il est des temps où l'on ne doit dépenser le mépris qu'avec économie, à cause du grand nombre de nécessiteux.
Chateaubriand

Ce qui est même méprisable n'est pas toujours à mépriser.
Cardinal de Retz, Mémoires.

Génies gras, ne méprisez pas les maigres !
Joseph Joubert, Pensées.

Le mépris est une pilule qu'on peut avaler mais qu'on ne peut mâcher. *Molière*

J'ai eu, d'abord, en voyant la plupart des grands, une crainte puérile. Dès que j'ai eu fait connaissance, j'ai passé, presque sans milieu, jusqu'au mépris.
Montesquieu

La plupart des mépris ne valent que des mépris.
Montesquieu

On finit toujours par mépriser ceux qui sont trop facilement de notre avis.
Jules Renard, Journal.

On ne méprise bien que ce qu'on aime secrètement.
Jules Renard, Journal.

Les sots devraient avoir pour les gens d'esprit une méfiance égale au mépris que ceux-ci ont pour eux.
Rivarol

Le mépris doit être le plus mystérieux de nos sentiments.
Rivarol

Ce n'est pas mépriser assez certaines gens que de dire tout haut qu'on les méprise. Le silence seul est le souverain mépris. *Sainte-Beuve*

Il ne faut pas mépriser l'homme si l'on veut obtenir des autres et de soi de grands efforts. *Tocqueville*

Ceux qui méprisent l'homme ne sont pas de grands hommes. *Vauvenargues*

Nous méprisons beaucoup de choses pour ne pas nous mépriser nous-mêmes.
Vauvenargues

Les réputations mal acquises se changent en mépris.
Vauvenargues

◆ Il ne faut pas mépriser les petites choses.
◆ Familiarité engendre mépris.

MÉPRISE
Ce qui est vrai à la lampe n'est pas toujours vrai au soleil.
Joseph Joubert, Pensées.

◆ Prendre son cul pour ses chausses.
◆ La nuit tous les chats sont gris.
◆ A la chandelle la chèvre semble demoiselle.

MER

La mer, la vaste mer, console nos labeurs !
Quel démon a doté la mer, rauque chanteuse
Qu'accompagne l'immense orgue des vents grondeurs,
De cette fonction sublime de berceuse ?
La mer, la vaste mer, console nos labeurs !
Charles Baudelaire, Les Fleurs du Mal.

Les mouettes volent et jouent,
Et les blancs coursiers de la mer,
Cabrés sur les vagues, secouent
Leurs crins échevelés dans l'air.
Théophile Gautier, Émaux et Camées.

La mer qui se lamente en pleurant les sirènes.
José Maria de Heredia

L'azur phosphorescent de la mer des Tropiques
Enchantait leur sommeil d'un mirage doré.
José Maria de Heredia, Les trophées.

O mers, ô volières de ma Mémoire !
Jules Laforgue, Les complaintes.

La mer dont le sanglot faisait mon roulis doux
Montait vers moi ses fleurs d'ombre aux ventouses jaunes.
Arthur Rimbaud, Poésies.

O mer, toi que je sens frémir
A travers la nuit creuse,
Comme le sein d'une amoureuse
Qui ne peut pas dormir.
Paul-Jean Toulet, Les contrerimes.

◆ Les rivières retournent à la mer.
◆ Ce que la mer apporte en montant, le remporte en descendant.

MÈRE

Mère des souvenirs, maîtresse des maîtresses,
O toi, tous mes plaisirs ! ô toi, tous mes devoirs !
Tu te rappelleras la beauté des caresses,
La douceur du foyer et le charme des soirs,
Mère des souvenirs, maîtresse des maîtresses.
Charles Baudelaire, Les Fleurs du Mal.

L'asile le plus sûr est le sein d'une mère. *Florian, Fables.*

Oh ! l'amour d'une mère !
amour que nul n'oublie !
Pain merveilleux qu'un dieu
partage et multiplie !
Victor Hugo

Ce qu'il y a de plus dur à regarder en face, c'est le visage d'une mère qu'on n'aime pas et qui fait pitié.
Jules Renard, Journal.

◆ Mère piteuse
fait fille teigneuse.

MÉRITE

Le mérite est un sot, si l'argent ne l'escorte. *Montfleury*

Le bonheur en général fait plus de flatteurs et d'envieux que le mérite; parce qu'il éblouit et irrite plus de monde. *Rivarol*

Le mérite peut être malheureux et l'est souvent; ce qui réconcilie avec lui. *Rivarol*

◆ Mérite suscite envie.
◆ Il faut d'abord mériter
ensuite demander.

MERLE

◆ Quand siffle le merle,
l'hiver est fini.
◆ Faute de grives,
on mange des merles.

MÉROVINGIENS

Le régime mérovingien est une monarchie absolue tempérée par l'assassinat.
Fustel de Coulanges

MESSE

La couronne vaut bien une messe *Sully.*
Le mot, légèrement modifié, a été attribué aussi à Henri IV : Paris vaut bien une messe.

MÉTAPHYSIQUE

La métaphysique est une espèce de poésie ; la dévotion en est l'ode. *Joseph Joubert*

La religion est la seule métaphysique que le vulgaire soit capable d'entendre et d'adopter.
Joseph Joubert, Pensées.

Si cette parole d'un sage : Quand tu doutes, abstiens-toi, est la plus belle maxime de la morale, elle est aussi la première en métaphysique.
Rivarol

Quand un homme parle à un autre qui ne le comprend pas et que celui qui parle ne comprend pas, c'est de la métaphysique. *Voltaire*

MÉTÉOROLOGIE *(CF MOIS)*
Si le temps, le sixième jour de la lune, se comporte comme le quatrième jour ou comme le cinquième jour, il se comportera de même, neuf fois sur douze dans le premier cas, et onze fois sur douze dans le second, pendant toute la lune. *Victor Hugo, Les Travailleurs de la mer.*

MÉTIER
Chacun son métier,
Les vaches seront bien gardées.
Florian, Fables.

La chose la plus importante à toute la vie est le choix du métier : le hasard en dispose.
Pascal, Pensées.

◆ Qui a métier a rente.
◆ Il n'est de si petit métier qui ne nourrisse son maître.
◆ Bon est le métier dont on peut vivre.
◆ Il n'y a point de sots métiers, il n'y a que de sottes gens.

MEUBLE
Des meubles luisants,
Polis par les ans,
Décoreraient notre chambre.
Charles Baudelaire,
Les fleurs du mal.

MIDI
Midi. L'air brûle et sous la terrible lumière
Le vieux fleuve alangui roule des flots de plomb ;
Du zénith aveuglant le jour tombe d'aplomb,
Et l'implacable Phré couvre l'Égypte entière.
José Maria de Heredia,
Les trophées.

Midi, roi des étés, épandu sur la plaine,
Tombe en nappes d'argent des hauteurs du ciel bleu.
Charles Leconte de Lisle,
Poèmes antiques.

MIEL
◆ Le miel est fait pour qu'on le lèche.
◆ On prend plus de mouches avec du miel qu'avec du vinaigre.
◆ Si tu aimes le miel, ne crains pas les abeilles.

MILIEU

Je suis comme un milieu entre Dieu et le néant.
Descartes, Méditations.

◆ En toute chose le mieux
Est au juste milieu.

MILITAIRE

Il suffit d'ajouter "militaire" à un mot pour lui faire perdre sa signification. Ainsi la justice militaire n'est pas la justice, la musique militaire n'est pas la musique.
Georges Clemenceau

Parfois les militaires, s'exagérant l'impuissance relative de l'intelligence, négligent de s'en servir.
Charles de Gaulle,
Le fil de l'épée.

Quand les talons claquent, l'esprit se vide.
Maréchal Lyautey

La France se perdra par les gens de guerre.
Montesquieu

Un empire fondé par les armes a besoin de se soutenir par les armes. *Montesquieu*

Quand l'armée dépend du peuple, il se trouve à la fin que le gouvernement dépend de l'armée.
Rivarol

MINISTÈRE

Un escalier de ministère est un endroit où des gens qui arrivent en retard, croisent des gens qui partent en avance.
Georges Clemenceau

Un ministère qu'on soutient est un ministère qui tombe.
Talleyrand

MINISTRE

Le public est gouverné comme il raisonne. Son droit est de dire des sottises, comme celui des ministres est d'en faire.
Chamfort

Il n'y a rien de si fâcheux que d'être le ministre d'un prince dont l'on n'est pas le favori.
Paul de Gondi, cardinal
de Retz, Mémoires.

Les rois sont avec leurs ministres comme les cocus avec leurs femmes : ils ne savent jamais ce qui se passe.
Voltaire

Il faut tenir le pot de chambre aux ministres quand ils sont en place, et le leur verser sur la tête quand ils n'y sont plus.
François de Villeroi

MIRABEAU
Mirabeau est capable de tout pour de l'argent, même d'une bonne action.
Rivarol

MIROIR
Les miroirs feraient bien de réfléchir un peu avant de renvoyer les images.
Jean Cocteau

MISANTHROPIE
La misanthropie est presque toujours une grande vanité cachée sous une peau de hérisson.
Honoré de Balzac, Pensées.

En renonçant au monde et à la fortune, j'ai trouvé le bonheur, le calme, la santé, même la richesse ; et en dépit du proverbe, je m'aperçois que qui quitte la partie la gagne.
Chamfort.

Il est impossible qu'un philosophe, qu'un poète ne soient pas misanthropes.
Chamfort

Tout homme qui, à quarante ans, n'est pas misanthrope, n'a jamais aimé les hommes.
Chamfort

La neurasthénie, c'est la misanthropie. Nous n'osons même plus nous servir de mots qui nous fassent honneur.
Jules Renard, Journal.

Les moutons s'attroupent, et les lions s'isolent.
Rivarol

Quand on veut rester pur, il ne faut point se mêler d'agir sur les hommes.
Alfred de Vigny, Cinq-Mars.

MISÈRE
La misère a cela de bon qu'elle supprime la crainte des voleurs. *Alphonse Allais*

◆ Qui chante ses maux épouvante.
◆ La misère tombe toujours sur les pauvres.

MISÉRICORDE
Un homme couvert de crimes est toujours intéressant. C'est une cible pour la Miséricorde.
Léon Bloy, Le désespéré.

MISOGYNE
Misogyne, c'est-à-dire amoureux de la première venue.
Jules Renard, Journal.

MODE
La mode est pour la France ce que les mines du Pérou sont pour l'Espagne.
Colbert

La philosophie a ses modes comme les habits, la musique et l'architecture...
Vauvenargues,
Réflexions et Maximes.

> ◆ Les fous inventent les modes et les sages les suivent.
> ◆ Tout nouveau tout beau.
> ◆ Ce qui croît soudain périt le lendemain.

MODÈLE
Les grands noms sont toujours de grandes raisons aux petits génies.
Paul de Gondi, cardinal de Retz, Mémoires.

MODÉRATION
Pour jouir de ce bonheur qu'on cherche tant et qu'on trouve si peu, la sagesse vaut mieux que le génie, l'estime que l'admiration, et les douceurs du sentiment que le bruit de la renommée.
D'Alembert

Se contenter de peu d'argent, c'est aussi du talent.
Jules Renard, Journal.

Gagnez votre vie, mais ne la gagnez pas trop.
Jules Renard, Journal.

> ◆ Qui veut voyager loin ménage sa monture.

MODESTIE
Qu'heureux est le mortel, qui du monde ignoré,
Vit content de soi-même en un coin retiré,
Que l'amour de ce rien qu'on nomme renommée
N'a jamais enivré d'une vaine fumée !
Nicolas Boileau
Les plaisirs des champs.

Il vaut mieux être moins et être ce qu'on est. *Chamfort*

Dans l'ordre naturel comme dans l'ordre social, il ne faut pas vouloir être plus qu'on ne peut.
Chamfort, Maximes et Pensées.

La modestie est au mérite ce que les ombres sont aux figures dans un tableau : elle lui donne de la force et du relief.
La Rochefoucauld, Maximes.

Le difficile n'est pas de monter, mais, en montant, de rester soi.
Michelet, Le Peuple.

Je rends grâce au Ciel de ce qu'ayant mis en moi de la médiocrité en tout, il a bien voulu en mettre un peu moins dans mon âme. *Montesquieu*

La fausse modestie consiste à se mettre sur le même rang que les autres pour mieux montrer qu'on les dépasse.
Sully Prud'homme, Pensées.

Sois modeste ! C'est le genre d'orgueil qui déplaît le moins !
Jules Renard, Journal.

Il faut être honnête et modeste, mais il faut dire qu'on l'est.
Jules Renard, Journal.

La modestie va bien aux grands hommes. C'est de n'être rien et d'être quand même modeste qui est difficile.
Jules Renard, Journal.

Les meilleurs d'entre nous ne font voir que leurs défauts.
Jules Renard, Journal.

La modestie est toujours de la fausse modestie.
Jules Renard, Journal.

L'homme modeste a tout à gagner, et l'orgueilleux a tout à perdre : car la modestie a toujours affaire à la générosité, et l'orgueil à l'envie.
Rivarol

◆ A pauvre cœur petit souhait.
◆ Le monde est bien bossu quand il se baisse.
◆ Il ne faut pas péter plus haut que son cul.
◆ La foudre épargne ceux qui dorment.
◆ A petite fontaine boit-on à son aise.
◆ Pour pauvre personne guère on ne sonne.

MODESTIE (FAUSSE)

La fausse modestie est le plus décent de tous les mensonges.
Chamfort

La fausse modestie consiste à se mettre sur le même rang que les autres pour mieux montrer qu'on les dépasse.
Sully Prud'homme, Pensées.

MOELLE

Rompre l'os et sucer la substantifique moelle.
Rabelais, Gargantua.

MŒURS

Chez les peuples qui ont des mœurs, les filles sont faciles et les femmes sévères. C'est le contraire chez ceux qui n'en ont pas.
Honoré de Balzac, Physiologie du mariage.

◆ Bonnes mœurs
portent bons fruits.

MOI

Le moi est haïssable.
Pascal, Pensées.

Que si le moi est haïssable, aimer son prochain comme soi-même devient une atroce ironie. *Paul Valéry, Mélanges.*

MOINEAU

◆ Un moineau
dans la main vaut mieux
qu'une grue qui vole.

MOIS

◆ Janvier sec et sage
Est d'un bon présage
◆ Février trop doux
Printemps en courroux
◆ Quand pour mars
il tonne
L'année sera bonne
◆ Lune d'avril
Ne passe pas sans gelée
◆ Petite pluie de mai
Rend tout le monde gai
◆ Juin froid et pluvieux
Tout l'an sera grincheux
◆ Juillet sans orage
Famine au village
◆ Temps trop beau en août
Annonce hiver en courroux
◆ Septembre se nomme
Le mai de l'automne
◆ Octobre en bruine
Hiver en ruine
◆ En novembre s'il tonne
L'année sera bonne
◆ Décembre de froid
trop chiche
Ne fait pas le paysan riche.
◆ Il n'est de mois
qui ne revienne.

MOISSON
La moisson de nos champs
lassera les faucilles,
Et les fruits passeront la promesse des fleurs.
François de Malherbe, Poésies.

MOLIÈRE
Il faudra donc que nous passions pour honnêtes les impiétés et les infamies dont sont pleines les comédies de Molière ? *Bossuet*

C'est dommage que Molière ne sache pas écrire.
Fénelon

Il n'a manqué à Molière que d'éviter le jargon et le barbarisme, et d'écrire purement : quel feu, quelle naïveté, quelle source de la bonne plaisanterie, quelle imitation des mœurs, quelles images et quel fléau du ridicule !
Jean de La Bruyère, Les Caractères.

MONARCHIE
Un monarque a souvent des
lois à s'imposer ;
Et qui veut pouvoir tout ne
doit pas tout oser.
Corneille, Tite et Bérénice.

MONDE
Dans le monde physique qu'on appelle Brute, les forts enfoncent les faibles. Un pulmonique ne crève pas le poitrail d'Hercule. Dans le Monde intellectuel et social, c'est l'opposé, les faibles foulent aux pieds les forts. Quelle dérision, mais c'est comme cela. Joli petit monde ! *Barbey d'Aurevilly*

Mon Dieu ! qu'est-ce que ce monde ?
Cinq-Mars, sur l'échafaud.

La fortune et l'humeur gouvernent le monde
La Rochefoucauld, Maximes.

Le monde n'est qu'une branloire perenne.
Montaigne, Essais.

Le monde ressemble à une vieille coquette qui déguise son âge. *Voltaire*

MONTRE
Il en est du bonheur comme des montres : les moins compliquées sont celles qui se dérangent le moins. *Chamfort*

L'homme est indifférent comme une montre. *Jules Renard*

MONTURE
Qui veut voyager loin ménage sa monture.
Jean Racine, Les plaideurs.

MONUMENT
Quand l'homme a passé, les monuments de sa vie sont encore plus vains que ceux de sa mort : son mausolée est au moins utile à ses cendres ; mais ses palais gardent-ils quelque chose de ses plaisirs ?
Chateaubriand, Itinéraire de Paris à Jérusalem.

MOQUERIE
La moquerie est souvent indigence d'esprit.
Jean de La Bruyère, Les caractères.

MORALE
Jouis et fais jouir, sans faire de mal ni à toi ni à personne, voilà, je crois, toute la morale.
Chamfort, Maximes et Pensées.

Notre morale ? Une houpette pour nous-mêmes, une étrille pour les autres.
Ernest Jaubert, Menuailles.

La vraie morale se moque de la morale. *Pascal*

La morale est dans les faits, pas dans les sentiments.
Jules Renard, Journal.

Si cette parole d'un sage : Quand tu doutes, abstiens-toi, est la plus belle maxime de la morale, elle est aussi la première en métaphysique.
Rivarol

Un livre de morale est comme une boutique de friperie : l'auteur y étale souvent les pensées d'autrui, mais il a grand soin de les retourner auparavant.
Baronne de Stassart, Pensées morales.

MORSURE
Quelquefois, pour apaiser
Ta rage mystérieuse,
Tu prodigues, sérieuse,
La morsure et le baiser.
Charles Baudelaire, Les Fleurs du Mal.

MORT

O Mort, vieux capitaine, il est temps ! Levons l'ancre !
Ce pays nous ennuie, ô Mort ! Appareillons !
Charles Baudelaire

Vivre est une maladie dont le sommeil nous soulage toutes les seize heures. C'est un palliatif. La mort est le remède.
Chamfort

Tout nous ramène à quelque idée de la mort, parce que cette idée est au fond de la vie.
Chateaubriand,
Voyage en Amérique.

Je meurs, avant le soir j'ai fini ma journée.
André Chénier, Poésies.

Ma mort était ma gloire, et le destin m'en prive...
Pierre Corneille, Pompée.

L'homme naît sans dents, sans cheveux et sans illusions, et il meurt de même, sans cheveux, sans dents et sans illusions.
Alexandre Dumas

La mort est un sommeil éternel. *Joseph Fouché*

Ne dites pas mourir, dites naître.
Victor Hugo

La mort ne surprend point le sage :
Il est toujours prêt à partir.
Jean de La Fontaine, La mort et le mourant.

Que vous êtes pressante, ô déesse cruelle !
Jean de La Fontaine,
La mort et le mourant.

Le soleil ni la mort ne peuvent se regarder fixement.
La Rochefoucauld, Maximes.

La Mort a des rigueurs à nulle autre pareille ;
On a beau la prier
La cruelle qu'elle est se bouche les oreilles,
Et nous laisse crier.
François de Malherbe,
Poésies

O Mort, le seul baiser aux bouches taciturnes.
Stéphane Mallarmé

On ne meurt qu'une fois et c'est pour si longtemps !
Molière, Le dépit amoureux.

Que ce mot, si court, est insondable et terrible !
Maupassant, Correspondance.

Je veux que la mort me trouve plantant mes choux, mais nonchalant d'elle, et encore plus de mon jardin imparfait.
Montaigne, Essais.

Tous les jours vont à la mort, le dernier y arrive.
Montaigne, Essais.

J'ai vécu sans nul pensement,
Me laissant aller doucement
A la bonne loi naturelle,
Et si m'étonne fort pourquoi
La mort daigna penser à moi,
Qui n'ai daigné penser en elle.
Mathurin Régnier, Épitaphe.

La mort des autres nous aide à vivre. *Jules Renard, Journal.*

Rien ne sert de mourir : il faut mourir à point.
Jules Renard, Journal.

La mort est douce : elle nous délivre de la pensée de la mort. *Jules Renard, Journal.*

Le goût de la mort ne peut aller sans le dégoût du reste.
Jules Renard, Journal.

Mourir, c'est éteindre le monde.
Jules Renard, Journal.

Dès qu'on l'envisage bien, la mort est douce à comprendre.
Jules Renard, Journal.

La mort nous égale tous ; c'est où nous attendons les gens heureux : elle rabat leur joie et leur orgueil, et console par là ceux qui en sont pas fortunés.
Mme de Sévigné, Lettres.

Je trouve qu'il n'y a pas de ridicule à mourir dans la rue quand on ne le fait pas exprès.
Stendhal

Peut-être qu'il est doux d'être mort. Il ne l'est pas assurément de mourir.
Paul-Jean Toulet

Si tu as peur de la mort, n'écoute pas ton cœur battre la nuit.
Paul-Jean Toulet

C'est en mourant que l'amour et la fleur du prunier répandent leur plus douce odeur.
Paul-Jean Toulet

La fermeté ou la faiblesse de la mort dépend de la dernière maladie. *Vauvenargues*

La nature, épuisée par la douleur, assoupit quelquefois le sentiment dans les malades, et arrête la volubilité de leur esprit ; et ceux qui redoutaient la mort sans péril, la souffrent sans crainte.
Vauvenargues

On ne peut juger de la vie par une plus fausse règle que la mort. *Vauvenargues*

La pensée de la mort nous trompe, car elle nous fait oublier de vivre.
Vauvenargues

Si on aime la vie, on craint la mort. *Vauvenargues*

Et vraiment, quand la mort viendra, que reste-t-il ?
Verlaine

Le genre de mort, pas plus que le genre de vie, ne doivent être considérés comme punition ou récompense. La rémunération ne peut être de ce monde.
Alfred de Vigny

Fais énergiquement ta longue et lourde tâche
Dans la voie où le Sort a voulu t'appeler,
Puis après, comme moi, souffre et meurs sans parler.
Alfred de Vigny,
La mort du loup.

◆ Il y a un remède à tout, hors la mort.
◆ La mort assise à la porte des vieux guette les jeunes.
◆ Rien n'est plus certain que la mort, rien n'est plus incertain que l'heure de la mort.
◆ Fou est celui qui croit toujours vivre.
◆ Le plus riche en mourant n'emporte qu'un linceul.
◆ Dérobe, prend, possède, amasse, tout faut laisser lorsque l'on trépasse.
◆ De mauvaise vie mauvaise fin.
◆ A bien mourir chacun doit tendre
◆ A la fin devenir cendre.
A toute heure la mort est prête.

MORTS
Il y a plus de morts que de vivants et ce sont les morts qui dirigent les vivants.
Auguste Comte

Les morts, se sont les cœurs qui t'aimaient autrefois.
Victor Hugo

Heureux ceux qui sont morts, car ils sont retournés
Dans la première argile et la première terre.
Heureux ceux qui sont morts dans une juste guerre.
Heureux les épis mûrs et les blés moissonnés...
Charles Péguy, Eve.

Il est bon d'apprendre à mourir
Par volonté, non d'un coup traître :
Souffre-t-on ? c'est qu'on veut souffrir ;
Qui sait mourir n'a plus de maître.
Sully Prud'homme, Poésies.

◆ Un homme mort n'a ni parents ni amis.
◆ Les morts ont tort.

MOT
Quel beau livre ne composerait-on pas en racontant la vie et les aventures d'un mot !
Honoré de Balzac, Louis Lambert.

Les mots ne doivent être que le vêtement, sur mesure rigoureuse, de la pensée.
Jules Renard, Journal.

Un bon mot vaut mieux qu'un mauvais livre.
Jules Renard, Journal.

Les mots nous trompent comme des filles.
Romain Rolland

L'enfant cherche ses mots, le vieillard ne les trouve pas.
Marie Valyère

MOUCHARD
On se met mouchard quand on ne peut être soldat.
Gustave Flaubert

MOUCHE
Une mouche ne doit pas tenir, dans la tête d'un naturaliste, plus de place qu'elle n'en tient dans la nature.
Buffon, Histoire naturelle.

◆ On prend plus de mouches avec du miel qu'avec du vinaigre.
◆ Ni été sans mouches ni hiver sans gel.
◆ Si les mouches dansent en janvier, ménage ton foin et ton grenier.
◆ Les mouches et les taons piquent avant le mauvais temps.
◆ A chevaux maigres vont les mouches.

MUFLERIE
Dire que j'ai gâché des années de ma vie, que j'ai voulu mourir, que j'ai eu mon plus grand amour, pour une femme qui ne me plaisait pas, qui n'était pas mon genre. *Marcel Proust A la recherche du temps perdu.*

MULE
◆ Il faut se garder du devant d'une femme, du derrière d'une mule, et d'un moine de tous côtés.
◆ Une bonne femme, une bonne mule, une bonne chèvre sont trois méchantes bêtes.

MUSCADE
Aimez-vous la muscade ? on en a mis partout.
Nicolas Boileau, Satires.

MUSÉE
Je suis las des musées, cimetières des arts. *Lamartine*

MUSIQUE
Le plus coûteux de tous les bruits. *Théophile Gautier*

La musique, c'est du bruit qui pense. *Victor Hugo*

La musique, dans les dangers, élève plus haut les pensées.
Joseph Joubert, Pensées.

La musique seule peut parler de la mort. *André Malraux*

De la musique avant toute chose. *Paul Verlaine*

MYSTÈRE
J'ai pénétré bien des mystères
Dont les humains sont ébahis :
Grimoires de tous les pays,
Êtres et lois élémentaires.
Charles Cros

Puisque ces mystères nous dépassent, feignons d'en être l'organisateur. *Jean Cocteau*

N

NAISSANCE

De quelque superbe distinction que se flattent les hommes, ils ont tous une même origine, et cette origine est petite.
Bossuet, Oraison funèbre de la duchesse d'Orléans.

On entre, on crie
Et c'est la vie !
On baîlle, on sort,
Et c'est la mort.
Ausone de Chancel

Nous ne faisons qu'une imprudence dans notre vie, mais elle est de taille : c'est de naître.
Georges Clemenceau

On peut naître vieux, comme on peut mourir jeune.
Jean Cocteau

L'homme naît sans dents, sans cheveux et sans illusions, et il meurt de même, sans cheveux, sans dents et sans illusions. *Alexandre Dumas*

Naître, c'est seulement commencer à mourir.
Théophile Gautier

Lorsque l'enfant paraît, le cercle de famille
Applaudit à grands cris.
Victor Hugo,
Les feuilles d'automne.

Il faut pleurer les hommes à leur naissance et non pas à leur mort.
Montesquieu

Je suis venu trop tard dans un monde trop vieux.
Alfred de Musset

NAÏVETÉ

◆ Qui se fait brebis,
le loup le mange.
◆ Folle et simple
est la brebis
qui au loup se confesse.
◆ On prend les oiseaux
par le bec
et les hommes
par la parole.

NAPOLÉON 1ER

Bonaparte n'est plus le vrai Bonaparte, c'est une figure légendaire composée des lubies du poète, des devis du soldat et des contes du peuple.
Chateaubriand,
Mémoires d'outre-tombe.

Sa gloire a profité de son malheur. (...) Sa fortune inouïe a laissé à l'outrecuidance de chaque ambition l'espoir d'arriver où il était parvenu...
Chateaubriand
Mémoires d'outre-tombe.

NAPOLÉON III

Napoléon III n'est qu'un aventurier heureux.
Adolphe Thiers

NARRATION

Pour moi, j'aime les narrations où l'on ne dit que ce qui est nécessaire, où l'on ne s'écarte point ni à droite, ni à gauche, où l'on ne reprend point les choses de si loin.
Marquise de Sévigné

NATALITÉ

Les gens, principalement ceux qui sont fortunés, aiment mieux n'avoir qu'un enfant et le faire riche.
Eugène Le Roy,
Jacquou le Croquant.

NATION

Toute nation a le gouvernement qu'elle mérite.
Joseph de Maistre

Une nation n'a de caractère que lorsqu'elle est libre.
Mme de Staël

Vive la Nation !
Cri de ralliement des soldats de l'an 2.

NATIONALISME

En nationalité, c'est tout comme en géologie, la chaleur est en bas ; aux couches inférieures, elle brûle.
Michelet, Le Peuple.

NATURE

La nature est la source de tout ce qui existe ; son langage n'est point inintelligible et variable, comme celui des hommes et de leurs livres ; les hommes font des livres, mais la nature fait des choses. (...) Tout livre est l'art d'un homme, mais la nature est l'art de Dieu.
Bernardin de Saint-Pierre, La chaumière indienne.

En apprenant à connaître les maux de la nature, on méprise la mort ; en apprenant à connaître ceux de la société, on méprise la vie.
Chamfort, Maximes et Pensées.

La nature se rit des souffrances humaines ;
Ne contemplant jamais que sa propre grandeur,
Elle dispense à tous ses forces souveraines
Et garde pour sa part le calme et la splendeur.
Leconte de Lisle, Poèmes antiques.

Chaque matin, boire une tasse de soleil et manger un épi de blé. *Jules Renard, Journal.*

On aime d'abord la nature. Ce n'est bien plus tard qu'on arrive à l'homme.
Jules Renard, Journal.

La nature a horreur des bavards.
Jules Renard, Journal.

La nature a mis l'homme sur la terre avec des pouvoirs limités et des désirs sans bornes. *Rivarol*

Les lois de la nature sont admirables, mais elles écrasent beaucoup d'insectes dans leurs rouages, comme les gouvernements beaucoup d'hommes.
Rivarol

La nature est éternellement jeune, belle et généreuse. Elle verse la poésie et la beauté à tous les êtres, à toutes les plantes, qu'on laisse s'y développer à souhait. Elle possède le secret du bonheur, et nul n'a su le lui ravir. *George Sand*

La nature est une œuvre d'art, mais Dieu est le seul artiste qui existe, et l'homme n'est qu'un arrangeur de mauvais goût. *George Sand, François le Champi.*

Entre rois, entre peuples, entre particuliers, le plus fort se donne des droits sur le plus faible, et la même règle est suivie par les animaux et les êtres inanimés ; de sorte que tout s'exécute dans l'univers par la violence : et cet ordre que nous blâmons avec quelque apparence de justice, est la loi la plus générale, la plus immuable, et la plus importante de la nature.
Vauvenargues, Réflexions et Maximes.

Il n'y a point de contradictions dans la nature.
Vauvenargues,
Réflexions et Maximes.

Ne me laisse jamais seul avec la Nature,
Car je la connais trop pour n'en pas avoir peur.
Alfred de Vigny,
Les Destinées.

◆ A toute bête la nature a donné son ennemi.

NATUREL
Chassez le naturel, il revient au galop.
Destouches

Il a chassé le naturel : le naturel n'est pas revenu.
Jules Renard, Journal.

Rien n'empêche tant d'être naturel que l'envie de paraître.
La Rochefoucauld, Maximes.

Je trouve ces gens du bas-peuple marseillais fort grossiers : c'est là l'inconvénient du naturel.
Stendhal,
Mémoires d'un touriste.

NAVIRE
Le navire roulait sous un ciel sans nuages,
Comme un ange enivré de soleil radieux.
Charles Baudelaire,
Les Fleurs du Mal.

Les sifflets crus des navires qui passent
Hurlent la peur dans le brouillard :
Un fanal vert est leur regard
Vers l'océan et les espaces.
Émile Verhaeren, Les
Campagnes Hallucinées.

NAUFRAGE

Le ciel fut son désir, la mer sa sépulture...
Philippe Desportes, Sonnets.

NÉANT

Toi qui sur le néant en sais plus que les morts.
Stéphane Mallarmé, Poésies.

Nous naissons, nous vivons, bergère,
Nous mourons sans savoir comment;
Chacun est parti du néant :
Où va-t-il ?... Dieu le sait, ma chère.
Voltaire

NÉCESSITÉ

Tout ce qui est nécessaire n'est jamais hasardeux.
Paul de Gondi, cardinal de Retz, Mémoires.

Ce qui est nécessaire n'est jamais ridicule.
Paul de Gondi, cardinal de Retz, Mémoires.

Il faut le strict nécessaire, et il faut ne s'en écarter ni en dedans, ni en dehors : en dehors, c'est de la sottise, en dedans, c'est de l'orgueil.
Jules Renard, Journal.

La nécessité est plus humaine que la philosophie : car c'est la nature qui fait la nécessité, et c'est nous qui faisons la philosophie.
Rivarol

La nécessité empoisonne les maux qu'elle ne peut guérir.
Vauvenargues, Réflexions et Maximes.

La nécessité nous délivre de l'embarras du choix.
Vauvenargues

◆ Nécessité n'a point de loi ni de roi.
◆ Nécessité fait trouver.
◆ Nécessité fait loi.

NÈGRESSE

Je pense à la nègresse, amaigrie et phtisique,
Piétinant dans la boue, et cherchant, l'œil hagard,
Les cocotiers absents de la superbe Afrique,
Derrière la muraille immense du brouillard.
Charles Baudelaire, Les Fleurs du Mal.

NEIGE

Qu'il est doux, qu'il est doux d'écouter des histoires,
Des histoires du temps passé,
Quand les branches d'arbres sont noires,
Quand la neige est épaisse et charge un sol glacé ;
Quand seul dans un ciel pâle un peuplier s'élance,
Quand sous le manteau blanc qui vient de le cacher
L'immobile corbeau sur l'arbre se balance,
Comme la girouette au bout du long clocher !
Alfred de Vigny

Mais où sont les neiges d'antan ?
François Villon

◆ La neige qui tombe engraisse la terre.
◆ Quand la neige tombe sur les monts, il fait froid dans les vallées.

NETTETÉ

La netteté est le vernis des maîtres.
Vauvenargues

NEUTRALITÉ

Le sage trouve mieux son compte à ne point s'engager qu'à vaincre.
La Rochefoucauld, Maximes.

NEZ

Le nez de Cléopâtre : s'il eut été plus court, toute la face de la terre aurait changé.
Pascal, Pensées.

◆ Un grand nez ne gâte jamais un beau visage.
◆ Il vaut mieux laisser son enfant morveux que de lui arracher le nez.

NOBLESSE

La plupart des nobles rappellent leurs ancêtres, à peu près comme un Cicerone d'Italie rappelle Cicéron. *Chamfort*

Les nobles sont comme les livres : il en est beaucoup qui ne brillent que par leurs titres.
Chauvot de Beauchêne

Si la noblesse est vertu, elle se perd par tout ce qui n'est pas vertueux ; et si elle n'est pas vertu, c'est peu de chose.
La Bruyère, Les caractères.

C'est une grande preuve de noblesse que l'admiration survive à l'amitié.
Jules Renard, Journal.

Se glorifier de ses ancêtres, c'est chercher, dans les racines, des fruits que l'on devrait trouver dans les branches.
Manon Rolland

◆ Il vaut mieux être le premier de sa race que le dernier.
◆ Le titre ne fait pas le maître.
◆ Les plus vieux titres ne sont pas les meilleurs.
◆ Bon sang ne peut mentir.
◆ Noblesse vient de vertu.
◆ Noblesse oblige.
Bon sang ne saurait mentir.

NOCES

Pour l'hymen aussitôt chacun prit ses mesures ;
Le monarque en pria tous les rois d'alentour,
Qui, tous brillants de diverses parures
Quittèrent leurs États pour être à ce grand jour.
Charles Perrault, Peau d'Âne.

NOISETTES

◆ Bonnes noisettes, mauvais hiver.
◆ Année de noisettes année de disette.
◆ Année de noisettes Année de fillettes.

NOIX

Les noix ont fort bon goût, mais il faut les ouvrir.
Souvenez-vous que, dans la vie,
Sans un peu de travail on n'a point de plaisir.
Florian, Fables.

◆ S'il y a des noix, l'hiver est froid.

NOM

En donnant le nom à un enfant, il faut penser à la femme qui aura un jour à le prononcer.
Barbey d'Aurevilly, Les Diaboliques.

De bien des gens, il n'y a que le nom qui vaille quelque chose. Quand vous les voyez de fort près, c'est moins que rien ; de loin, ils imposent.
Jean de La Bruyère, Les caractères.

J'ai fait illustre un nom qu'on m'a transmis sans gloire.
Qu'il soit ancien, qu'importe ?
Il n'aura de mémoire
Que du jour seulement où mon front l'a porté.
Vigny, Les Destinées.

Mon nom, je le commence, et vous finissez le vôtre !
Voltaire au duc de Rohan.

C'est un poids bien pesant qu'un nom trop fameux.
Voltaire

NON
"Oui" et "non" sont les mots les plus courts et les plus faciles à prononcer et ceux qui demandent le plus d'examen.
Talleyrand

NOSTALGIE
Une larme, un chant triste, un seul mot dans un livre,
Nuage au ciel limpide où je me plais à vivre,
Me fait sentir au cœur la dent des vieux chagrins.
Sully Prud'homme, Poésies.

NOTABLE
L'autorité le ménage et l'opinion publique le protège.
Flaubert, Madame Bovary.

NOURRICE
On ne sait pas combien ces pauvres femmes sont exploitées et malmenées... Prises comme nourrices sur lieu, il faut qu'elles renvoient leur enfant, qui souvent en meurt. Elles n'ont aucun traité avec la famille qui les loue, et peuvent être renvoyées au premier caprice de la mère, de la garde, du médecin ; si le changement d'air et de vie leur tarit le lait, elles sont renvoyées sans indemnité.
Michelet, Le peuple.

NOURRITURE
Dis-moi ce que tu manges, je te dirai ce que tu es.
Brillat-Savarin, Physiologie du goût.

Les animaux se repaissent ; l'homme mange ; l'homme d'esprit seul sait manger.
Brillat-Savarin, Physiologie du goût.

Le dîner tue la moitié de Paris et le souper tue l'autre.
Montesquieu

◆ Tout ce qui rentre fait ventre.

NOUVEAUTÉ
◆ De nouvelle parole nouveau conseil.
◆ Tout beau tout nouveau.
◆ Changement de prairie donne appétit aux veaux.

NOVEMBRE
Le soleil froid donnait un ton rose au grésil,
Et le ciel de novembre avait des airs d'avril.
François Coppée

◆ Novembre chaud au début, froid à la fin.
◆ En novembre s'il tonne
L'année sera bonne.

NOYADE
Le vent impétueux qui soufflait dans les voiles
L'enveloppe. Étonnée, et loin des matelots,
Elle crie, elle tombe, elle est au sein des flots.
Elle est au sein des flots, la jeune Tarentine.
Son beau corps a roulé sous la vague marine.
André Chénier,
La jeune Tarentine.

Une nuit d'août, là-bas, au large de la sombre Islande, au milieu d'un grand bruit de fureur, avaient été célébrées ses noces avec la mer. (...)Lui, se souvenant de sa femme de chair, s'était défendu, dans une lutte de géant, contre cette épousée de tombeau. Jusqu'au moment où il s'était abandonné, les bras ouverts pour la recevoir, avec un grand cri profond comme un taureau qui râle, la bouche déjà emplie d'eau ; les bras ouverts, étendus et raidis pour jamais.
Pierre Loti,
Pêcheur d'Islande.

◆ Un noyé s'accroche à un brin de paille.

NUAGE
J'aime les nuages... les nuages qui passent... là-bas... là-bas... les merveilleux nuages.
Charles Baudelaire,
Le Spleen de Paris.

Les nuages qui volent me donnent envie de fuir.
Chateaubriand,
Mémoires d'outre-tombe.

NUDITÉ

Belle, sans ornements, dans le simple appareil
D'une beauté qu'on vient d'arracher au sommeil.
Jean Racine, Britannicus.

NUIT

Déjà la nuit en son parc amassait
Un grand troupeau d'étoiles vagabondes,
Et, pour entrer aux cavernes profondes,
Fuyant le jour, ses noirs chevaux chassait...
Joachim du Bellay, L'Olive.

Le Soleil moribond s'endormir sous une arche,
Et, comme un long linceul traînant à l'Orient,
Entends, ma chère, entends la douce Nuit qui marche.
Charles Baudelaire

Ma nuit à moi, ce cercueil.
Louis-Ferdinand Céline, Voyage au bout de la nuit.

Quand je vois arriver la nuit, j'en ai les sueurs qui me prennent, comme l'âne de Capitou quand il voyait venir le bât.
Alphonse Daudet, Lettres de mon moulin.

Il fait noir, enfant, voleur d'étincelles !
Il n'est plus de nuits, il n'est plus de jours,
Dors... en attendant venir toutes celles
Qui disaient : Jamais ! Qui disaient : Toujours !
Tristan Corbière, Les amours jaunes.

L'ombre était nuptiale, auguste et solennelle ;
Les anges y volaient sans doute obscurément,
Car on voyait passer dans la nuit, par moment,
Quelque chose de bleu qui paraissait une aile.
Victor Hugo, La légende des siècles.

Nuit blanche de glaçons et de neige cruelle.
Stéphane Mallarmé

◆ La nuit porte conseil.
◆ La nuit
tous les chats sont gris.
◆ Conseil de nuit
Ne fait ennui,
Conseil en vin
N'a bonne fin.

C'était pendant l'horreur d'une profonde nuit.
Jean Racine, Athalie

C'est la nuit qu'il est beau de croire à la lumière.
Edmond Rostand, Chantecler.

Les vivants sont muets, car sous ton aile immense,
Ils boivent le sommeil avec l'ombre du soir,
Lait sombre et merveilleux qu'aspirent en silence
Toutes lèvres à ton sein noir.
Sully Prud'homme, Poésies.

NUIT DE NOCE

Ne commencez jamais un mariage par un viol.
Honoré de Balzac, Physiologie du mariage.

Le sort d'un ménage dépend de la première nuit.
Honoré de Balzac, Physiologie du mariage.

O

OASIS
N'es-tu pas l'oasis où je rêve, et la gourde
Où je hume à longs traits le vin du souvenir ?
Charles Baudelaire, Les Fleurs du Mal.

OBÉISSANCE
Celui qui obéit est presque toujours meilleur que celui qui commande.
Renan

L'autorité contraint à l'obéissance, mais la raison y persuade.
Richelieu

◆ Il faut apprendre à obéir pour savoir commander.
◆ Qui ne sait obéir ne sait commander.

OBSÈQUES
Pour obsèques reçois mes larmes et mes pleurs,
Ce vase plein de lait, ce panier plein de fleurs,
Afin que vif et mort ton corps ne soit que roses.
Ronsard

OBSÉQUIOSITÉ
Louer les princes des vertus qu'ils n'ont pas, c'est leur dire impunément des injures.
La Rochefoucauld, Maximes.

◆ Le chien se frotte à la charogne.
◆ Qui avec son seigneur mange des poires ne choisit pas les meilleures.
◆ Caresses de chien donnent des puces.

OBJETS

Objets inanimés, avez-vous donc une âme
Qui s'attache à notre âme et la force d'aimer ?...
Alphonse de Lamartine,
Les Méditations.

OBSTINATION

La force de cervelle fait les entêtés, et la force d'esprit les caractères fermes.
Joseph Joubert, Pensées.

On est ferme par principes et têtu par tempérament.
Joseph Joubert, Pensées.

La petitesse de l'esprit fait l'opiniâtreté.
La Rochefoucauld, Maximes.

◆ A laver la tête d'un âne, on perd sa lessive.
◆ Fou est celui qui cherche ce qui ne peut se trouver.
◆ Il n'y a de damnés que les obstinés.

OCÉAN

Et dehors, blanc d'écume,
Au ciel, aux vents, aux rocs, à la nuit, à la brume,
Le sinistre océan jette son noir sanglot.
Victor Hugo,
La légende des siècles.

Vieil océan, ô grand célibataire.
Lautréamont

Vieil océan, aux vagues de cristal (...) tu rappelles au souvenir de tes amants, sans qu'on s'en rende toujours compte, les rudes commencements de l'homme, où il fait connaissance avec la douleur, qui ne le quitte plus.
Lautréamont,
Les Chants de Maldoror.

Mais patience ! La rancune
Est l'âme du vieil Océan ;
Depuis bien des retours de lune
Le déluge prend son élan.
Sully Prud'homme, Poésies.

OCTOBRE

◆ Octobre en bruine
Hiver en ruine.
◆ Beaucoup de pluie en octobre
Beaucoup de vent en décembre.

ODEUR
Le corps d'un ennemi mort sent toujours bon
Charles IX,
après la Saint-Barthélémy

ŒIL *(voir YEUX)*
Moi, je buvais, crispé comme un cxtravagant,
Dans son œil, ciel livide où germe l'ouragan,
La douceur qui fascine et le plaisir qui tue.
Charles Baudelaire,
Les Fleurs du Mal.

L'œil... Tout l'univers est en lui, puisqu'il voit, puisqu'il reflète. Il contient l'univers, les choses et les êtres, les forêts et les océans, les hommes et les bêtes, les couchers de soleil, les étoiles, les arts, tout, tout, il voit, cueille et emporte tout ; et il y a plus encore en lui, il y a l'âme, il y a l'homme qui pense, l'homme qui aime, l'homme qui rit, l'homme qui souffre !
Guy de Maupassant,
Le Horla.

OFFENSE
Je connais trop les hommes pour ignorer que souvent l'offensé pardonne mais que l'offenseur ne pardonne jamais.
Jean-Jacques Rousseau

◆ C'est le propre
de l'homme de haïr
celui qu'on a offensé.

OFFENSIVE
C'est un grand avantage dans les affaires de la vie que de savoir prendre l'offensive : l'homme attaqué transige toujours.
Benjamin Constant

OIGNONS
◆ Oignons à trois pelures
Signe de froidure.
◆ Les oignons
deviennent gros
s'il neige sur leur dos.
◆ Oignons bien habillés
Annoncent fortes gelées.

OISEAUX
Est-ce que les oiseaux se cachent pour mourir ?
François Coppée

Pigeons, qui vous baisez d'un baiser savoureux,
Tourtres qui lamentez d'un éternel veuvage,
Rossignols ramagers qui d'un plaisant langage
Nuit et jour rechantez vos versets amoureux.
Pierre de Ronsard

◆ La belle cage ne nourrit pas l'oiseau.
◆ De méchant œuf méchant oiseau.
◆ Juge l'oiseau à la plume et au chant,
Et au parler l'homme bon ou méchant.
◆ Les plus belles plumes font les beaux oiseaux.
◆ Petit à petit l'oiseau fait son nid.

OISIVETÉ *(cf PARESSE)*
Le pénible fardeau de n'avoir rien à faire.
Nicolas Boileau, Épîtres.

Sauter, danser, faire les tours
Et boire vin blanc et vermeil,
Et ne rien faire tous les jours
Que compter écus au soleil.
François Rabelais

C'est un terrible avantage que de n'avoir rien fait, mais il ne faut pas en abuser.
Rivarol

L'oisiveté nous lasse plus promptement que le travail, et nous rend à l'action, détrompés du néant de ses promesses.
Vauvenargues

◆ L'oisiveté est la mère de tous les vices.
◆ Oisiveté de jeunesse prépare les tourments de la vieillesse.

OLORIMES
Dans ces meubles laqués, rideaux et dais moroses
Danse, aime, bleu laquais, ris d'oser des mots roses.
Charles Cros

OMBRE

O mon ombre en deuil de moi-même.
Apollinaire

Les roses naissent sur ta face
Quand tu ris près du feu...
Ce soir tu me diras adieu,
Ombre, que l'ombre efface.
Paul-Jean Toulet

ONDE

Sur l'onde calme et noire où dorment les étoiles
La blanche Ophélia flotte comme un grand lys,
Flotte très lentement, couchée en ses longs voiles...
Arthur Rimbaud, Poésies.

ONGLES

Il ne faut pas manger tes ongles parce qu'ils sont à toi. Si tu aimes les ongles, mange ceux des autres.
Georges Darien, Le voleur.

OPINION

L'opinion dispose de tout ; elle fait la beauté, la justice et le bonheur, qui est le tout du monde. *Bossuet*

L'opinion est la reine du monde parce que la sottise est la reine des sots. *Chamfort*

La vérité ressemble au ciel, et l'opinion à des nuages.
Joseph Joubert, Pensées.

C'est mon opinion, et je la partage.
Henri Monnier

Il faut attaquer l'opinion avec ses armes : on ne tire pas des coups de fusil aux idées.
Rivarol

Un homme doit savoir braver l'opinion ; une femme s'y soumettre.
Mme de Staël

Il faudrait considérer ses opinions comme des costumes, et en changer selon la saison, l'heure et le milieu.
Paul-Jean Toulet

L'opinion est si bien la reine du monde que quand la raison veut la combattre, la raison est condamnée à mort.
Voltaire

◆ Qui n'entend qu'une cloche n'entend qu'un son.
◆ On fait dire aux cloches ce qu'on veut.

OPPORTUNISME

Il change à tous moments
d'esprit comme de mode ;
Il tourne au moindre vent, il
tombe au moindre choc :
Aujourd'hui dans un casque et
demain dans un froc.
Boileau, Satire.

Ce n'est pas la girouette qui tourne, c'est le vent.
Edgar Faure

Les gens faibles ne plient jamais quand ils doivent.
Paul de Gondi, cardinal de Retz, Mémoires.

Le sage dit selon les gens :
Vive le roi, vive la ligue !
La Fontaine, La chauve-souris et les deux belettes.

Je plie et ne romps pas.
Jean de La Fontaine,
Le chêne et le roseau.

Je sais, quand il le faut, quitter la peau du lion pour prendre celle du renard.
Napoléon 1er

Il est bon d'être ferme par tempérament, et flexible par réflexion.
Vauvenargues

◆ Selon le bras
on fait la saignée.
◆ Il faut tendre voile
selon le vent.
◆ Souffre
quand tu es enclume,
◆ Et frappe
quand tu es marteau.
◆ L'occasion fait le larron.
◆ Il faut saisir
l'occasion aux cheveux.
◆ Battre le fer il faut
Tandis qu'il est bien chaud.

OPTIMISME

Défiez-vous de votre optimisme, et figurez-vous bien que nous sommes dans ce monde pour nous battre envers et contre tous.
Prosper Mérimée

Les gens heureux n'ont pas le droit d'être optimistes : c'est une insulte au malheur.
Jules Renard, Journal.

L'homme heureux et optimiste est un imbécile.
Jules Renard, Journal.

Tout est bien, tout va bien, tout va le mieux qu'il soit possible.
Voltaire, Candide.

◆ Dans la tempête
adore l'écho.
◆ Après la douleur
vient la joie.
◆ Toutes les fois
qu'il tonne,
la foudre ne tombe pas.
◆ A quelque chose
malheur est bon.

OR

L'or, même en sa laideur,
donne un teint de beauté.
Nicolas Boileau, Satires.

L'or est le soleil des métaux.
Joseph Joubert, Pensées.

Que devant l'or tout s'abaisse et tout tremble !
Tout est soumis, tout cède à ce métal !
Un homme eût-il tous les défauts ensemble,
Fût-il tordu, vieux, difforme et brutal,
Dès qu'il est riche
Il vous déniche,
Et vous fait faire et le bien et le mal.
Piron, La Rose.

◆ Or dure
Sans ordure.
◆ Or qui a, or vaut.
◆ En la balance,
l'or et le fer sont un.
◆ Tout ce qui brille
n'est pas or.
◆ Ce n'est pas tout or
ce qui reluit
Ni farine ce qui blanchit.

ORAGE

Levez-vous vite, orages désirés, qui devez emporter René dans les espaces d'une autre vie !
Chateaubriand, René.

La nue se déchire, et l'éclair trace un rapide losange de feu. Un vent impétueux, sorti du couchant, roule les nuages sur les nuages ; les forêts plient ; le ciel s'ouvre coup sur coup ; et, à travers ces crevasses, on aperçoit de nouveaux cieux et des campagnes ardentes.
Chateaubriand, Atala.

◆ Orage de nuit
Fait peu de mal,
et beaucoup de bruit.
◆ Orage du matin
Ruine le vilain.

ORATEUR
Ce qui manque aux orateurs en profondeur, ils vous le donnent en longueur. *Montesquieu*

ORDRE
Celui qui obéit est presque toujours meilleur que celui qui commande. *Ernest Renan*

ORDURES
Chaque civilisation a les ordures qu'elle mérite.
Georges Duhamel

OREILLE
L'oreille est le chemin du cœur. *Voltaire*

◆ Il vaut mieux se fier à ses yeux qu'à ses oreilles.

ORGIE
Les parfums de la chair et des cheveux flottants
S'éparpillent dans l'air brûlant, et comme au temps
De Caprée, où Tibère épouvantait les nues,
Entrelaçant leurs corps impudiques et beaux,
Sur les rouges tapis cinquante femmes nues
Dansent effrontément, aux clartés des flambeaux.
Théodore de Banville

ORGUEIL
Ni roi, ni duc, ni comte aussi
Je suis le sire de Coucy.
Devise des seigneurs de Coucy

Le comble de l'orgueil, c'est de se mépriser soi-même.
Gustave Flaubert

Orgueil ! ton goût d'absinthe remonte donc dans toutes les bouches et tous les cœurs te ruminent !
Gustave Flaubert, Par les champs et par les grèves.

L'orgueil est égal dans tous les hommes, et il n'y a de différence qu'aux moyens et à la manière de le mettre au jour.
La Rochefoucauld, Maximes.

L'orgueil ne veut pas devoir, et l'amour-propre ne veut pas payer.
La Rochefoucauld, Maximes.

Lorsque l'orgueil va devant, honte et dommage le suivent.
Louis XI

J'avoue très humblement mon orgueil.
Jules Renard, Journal.

Il faut le strict nécessaire, et il faut ne s'en écarter ni en dedans, ni en dehors : en dehors, c'est de la sottise, en dedans, c'est de l'orgueil.
Jules Renard, Journal.

Sans l'orgueil, la vie serait lamentable. *Jules Renard*

L'homme modeste a tout à gagner, et l'orgueilleux a tout à perdre : car la modestie a toujours affaire à la générosité, et l'orgueil à l'envie. *Rivarol*

Duc je ne daigne,
Roi je ne puis,
Prince de Bretaigne
De Rohan je suis.
Devise des Rohan

L'estime de soi-même est le plus grand mobile des âmes fières.
Jean-Jacques Rousseau

L'orgueil est le consolateur des faibles. *Vauvenargues*

Voix de l'orgueil : un cri puissant, comme d'un cor,
Des étoiles de sang sur des cuirasses d'or.
Paul Verlaine, Sagesse.

◆ L'orgueil précède les chutes.
◆ Deux orgueilleux ne peuvent être portés sur un âne.
◆ Un boiteux ne veut aller avec plus boiteux que lui.
◆ Il n'y a dc pirc orgueilleux que le pauvre enrichi.
◆ Il vaut mieux être riche qu'orgueilleux.

ORIGINALITÉ
L'écrivain original n'est pas celui qui n'imite personne, mais celui que personne ne peut imiter.
Chateaubriand,
Génie du christianisme.

ORIGINE
De quelque superbe distinction que se flattent les hommes, ils ont tous une même origine, et cette origine est petite.
Bossuet

ORPHELIN
Tout le monde ne peut pas être orphelin.
Jules Renard,
Poil-de-Carotte.

OUBLI
Oublier est le grand secret des existences fortes et créatrices.
Balzac, César Birotteau.

Chaque élément retourne où tout doit redescendre.
L'air reprend la fumée, et la terre la cendre.
L'oubli reprend son nom.
Victor Hugo

On n'oublie jamais mieux les choses que quand on s'est lassé d'en parler.
La Rochefoucauld, Maximes.

(...)La terre s'ouvre, un peu de chair y tombe ;
Et l'herbe de l'oubli, cachant bientôt la tombe,
Sur tant de vanité croît éternellement.
Leconte de Lisle,
Poèmes barbares.

C'est une bonne manière de donner en garde et d'empreindre en notre âme quelque chose que de la solliciter de la perdre.
Montaigne, Essais.

A défaut du pardon, laisse venir l'oubli.
Alfred de Musset, Poésies.

◆ On oublie plutôt le bien que le mal.
◆ Qui cherche à oublier se souvient.

OUI
"Oui" et "non" sont les mots les plus courts et les plus faciles à prononcer et ceux qui demandent le plus d'examen.
Talleyrand

— Ah ! les premières fleurs, qu'elles sont parfumées !
Et qu'il bruit avec un murmure charmant
Le premier *oui* qui sort de lèvres bien-aimées !
Paul Verlaine

OUÏE
◆ Il n'y a pire sourd qui ne veut pas entendre.
◆ Le sourd frappe fort pour entendre ses coups.

OURS
◆ Il ne faut pas vendre la peau de l'ours avant de l'avoir tué.

OUVRIER ◆ A l'œuvre on connaît l'ouvrier.

P

PAILLE
Pour expliquer un brin de paille, il faut démonter tout l'univers.
Rémy de Gourmont

◆ Il y a plus de paille que de grains.
◆ Et plus met-on de paille en l'étable et plus il y a de fumier.

PAIN
◆ En ce monde chétif et mesquin
◆ Quand il y a du pain il manque le vin.

PAIX
Paix est trésor qu'on ne peut trop louer.
Je hais guerre, point ne la dois priser.
Charles d'Orléans

Repos aux bons ! Paix aux tranquilles.
Joseph Joubert, Pensées.

Paix des pâtis semés d'animaux, paix des rides
Que l'alchimie imprime aux grands fronts studieux.
Arthur Rimbaud, Poésies.

La paix rend les peuples plus heureux et les hommes plus faibles.
Vauvenargues, Réflexions et Maximes.

◆ Paix engendre prospérité,
De prospérité vient richesse,
De richesse orgueil et volupté,
D'orgueil contention
sans cesse,
Contention la guerre adresse.
La guerre engendre pauvreté,
Pauvreté humilité,
D'humilité revient la paix,
Ainsi retournent les humains.

PÂLEUR

Pour veiner de son front la pâleur délicate,
Le Japon a donné son plus limpide azur;
La blanche porcelaine est d'un blanc bien moins pur
Que son col transparent et ses tempes d'agate.
Théophile Gautier,
Émaux et camées.

PANACHE

Ralliez-vous à mon panache blanc !
Henri IV, Avant la bataille d'Ivry, le 14/3/1590.

Si j'avance, suivez-moi ; si je meurs, vengez-moi ; si je recule, tuez-moi.
Henri de La Rochejacquelein, chef de l'insurrection vendéenne.

PANTALONS

Les pantalons en percale, en toile, en piqué, les larges pantalons où danseraient les reins d'un homme.
Émile Zola,
Au Bonheur des Dames.

PAPE

Le pape est une idole à qui on lie les mains et dont on baise les pieds.
Voltaire, Le sottisier.

PAPILLON

Un peu d'éclat, un peu de poussière : c'est un héros... ou un papillon.
Paul-Jean Toulet,
Les Trois Impostures.

◆ Papillon blanc
Annonce le printemps.

PARADIS

Le ciel est pour ceux qui y pensent. *Joseph Joubert*

Les vrais paradis sont les paradis qu'on a perdus.
Marcel Proust

Là, tout n'est qu'ordre et beauté,
Luxe, calme et volupté.
Charles Baudelaire

Mais le vert paradis des amours enfantines,
Les courses, les chansons, les baisers, les bouquets,
Les violons vibrant derrière les collines,
Avec les brocs de vin, le soir, dans les bosquets,
- Mais le vert paradis des amours enfantines,
L'innocent paradis plein de plaisirs furtifs,
Est-il déjà plus loin que l'Inde et que la Chine ?
Charles Baudelaire, Les Fleurs du Mal.

Le paradis terrestre est où je suis. *Voltaire, Satires.*

PARDON

Qui pardonne aisément invite à l'offense.
Pierre Corneille, Cinna.

Dans le pardon d'une femme, il y a de la vertu ; mais dans celui de l'homme, il y a du vice.
Alfred Capus

L'âme supérieure n'est pas celle qui pardonne, c'est celle qui n'a pas besoin de pardon.
Chateaubriand, Mémoires d'outre-tombe.

Le pardon, vous savez ce que c'est ? C'est l'indifférence pour ce qui ne touche pas.
Alexandre Dumas fils

Les hommes seuls ont la force de ne pas pardonner.
Alexandre Dumas fils
On pardonne tant que l'on aime. *La Rochefoucauld*

La magnanimité méprise tout pour avoir tout.
La Rochefoucauld, Maximes.

Je pardonne aisément par la raison que je ne sais pas haïr. Il me semble que la haine est douloureuse.
Montesquieu

A défaut du pardon, laisse venir l'oubli.
Alfred de Musset, Poésies.

Comprendre, c'est pardonner.
Mme de Staël

Le pardon n'est peut-être que la forme la plus raffinée de la vengeance.
Paul-Jean Toulet

La magnanimité ne doit pas compte à la prudence de ses motifs. *Vauvenargues*

PARENTS

Le père et la mère doivent tout à l'enfant. L'enfant ne leur doit rien.
Jules Renard, Journal.

L'ingratitude la plus odieuse, mais la plus commune et la plus ancienne, est celle des enfants envers leurs pères.
Vauvenargues, Réflexions et Maximes.

◆ L'amour des parents descend et ne remonte pas.

PARESSE & OISIVETÉ

Le pénible fardeau de n'avoir rien à faire. *Nicolas Boileau*

On souhaite la paresse d'un méchant et le silence d'un sot.
Chamfort

Ne nous laissons pas étourdir par un repos qui mènerait la paresse.
Charlemagne

Nous avons plus de paresse dans l'esprit que dans le corps.
La Rochefoucauld, Maximes.

Le travail pense, la paresse songe. *Jules Renard, Journal.*

La paresse a cela de mortel que, dès qu'on en triomphe, on la sent déjà qui renaît.
Jules Renard, Journal.

La paresse n'est, dans certains esprits, que le dégoût de la vie ; dans d'autres, c'en est le mépris.
Rivarol

Tout le monde s'agite pour trouver enfin le repos ; mais il y a des hommes si paresseux qu'ils mettent le but au début.
Rivarol

C'est un terrible avantage que de n'avoir rien fait, mais il ne faut pas en abuser.
Rivarol

L'activité naît d'une force inquiète ; la paresse d'une impuissance paisible.
Vauvenargues, Réflexions et Maximes.

La mollesse est une paresse voluptueuse.
Vauvenargues, Réflexions et Maximes.

Les paresseux ont toujours envie de faire quelque chose.
Vauvenargues

◆ Les paresseux
ne sont jamais riches.
◆ A goupil endormi, rien
ne lui tombe en gueule.
◆ Renard qui dort
la matinée
N'a pas la langue
emplumée.
◆ Le paresseux est le frère
du mendiant.
◆ Le champ du paresseux
est plein
de mauvaises herbes.
◆ De paresse
nulle noblesse ni prouesse.

PARFUM

Pour tous ceux qui ont le flair de la femme, et qui en respirent la vraie odeur à travers tous les voiles blancs et parfumés de vertu dans lesquels elle s'entortille, la Rosalba fut reconnue tout de suite pour la plus corrompue des femmes corrompues, - dans le mal, une perfection ! *Barbey d'Aurevilly*

Pendant que le parfum des verts tamariniers,
Qui circule dans l'air et m'enfle la narine,
Se mêle dans mon âme au chant des mariniers.
Charles Baudelaire

Du haut en bas, avec grand soin,
Sa peau délicate est frottée
D'huile odorante et de benjoin.
Charles Baudelaire

Il est des parfums frais comme des chairs d'enfants,
Doux comme les hautbois, verts comme les prairies,
- Et d'autres, corrompus, riches et triomphants,
Ayant l'expansion des choses infinies,
Comme l'ambre, le musc, le benjoin et l'encens,
Qui chantent les transports de l'esprit et des sens.
Charles Baudelaire,
Les Fleurs du mal.

Et l'on songerait, parmi ces parfums
De bras, d'éventails, de fleurs, de peignoirs,
De fins cheveux blonds, de lourds cheveux noirs,
Aux pays lointains, aux siècles défunts.
Charles Cros,
Le Coffret de santal.

Un frais parfum sortait des touffes d'asphodèles
Les souffles de la nuit flottaient sur Galgata.
Victor Hugo

J'ai voulu ce matin te rapporter des roses ;
Mais j'en avais tant pris dans mes ceintures closes
Que les nœuds trop serrés n'ont pu les contenir. (...)
Ce soir, ma robe encore en est toute embaumée.
Respires-en sur moi l'odorant souvenir.
Marceline Desborde-Valmore

Un parfum pénétrant comme un aveu d'amour.
Sully Prud'homme, Poésies.

Mon lit est parfumé d'aloès et de myrrhe ;
L'odorant cinnamome et la nard de Palmyre
Ont chez moi de l'Égypte embaumé les tapis.
Alfred de Vigny

PARI

Un bon Anglais ne plaisante jamais, quand il s'agit d'une chose aussi sérieuse qu'un pari, répondit Philéas Fogg. Je parie vingt mille livres contre qui voudra que je ferai le tour de la terre en quatre-vingt jours au moins, soit dix-neuf cent vingt heures ou cent quinze mille deux cents minutes. Acceptez-vous ? *Jules Verne, Le Tour*

PARIS

Paris est peut-être la ville du monde la plus sensuelle et où l'on raffine le plus sur les plaisirs ; mais c'est peut-être celle où l'on mène une vie plus dure. Pour qu'un homme vive délicieusement, il faut que cent autres travaillent sans relâche.
Montesquieu

PARISIENS

Un peuple, c'est une bête qui se laisse mener par le nez, principalement les Parisiens.
Henri IV

PARLER

Le parler que j'aime, c'est un parler simple et naïf, tel sur le papier qu'à la bouche, un parler succulent et nerveux, court et serré, non tant délicat et peigné comme véhément et brusque.
Montaigne, Essais.

PARLEURS (BEAUX)

Les gens qui ont peu d'affaires sont de très grands parleurs : moins on pense, plus on parle.
Montesquieu

PAROLE

Il est bon de parler et meilleur de se taire ;
Mais tous deux sont mauvais alors qu'ils sont outrés.
Jean de La Fontaine, L'ours et l'amateur des jardins.

L'harmonie la plus douce est le son de la voix de celle que l'on aime.
La Bruyère, Les caractères.

La parole est la pensée extérieure, et la pensée est la parole intérieure.
Rivarol

La parole nous a été donnée pour déguiser notre pensée.
Talleyrand

◆ Douce parole n'écorche langue.

PARTI

Ceux qui sont à la tête des grandes affaires ne trouvent pas moins d'embarras dans leur propre parti, que dans celui de leurs ennemis.
Paul de Gondi, cardinal de Retz, Mémoires.

PASSÉ

Je sais l'art d'évoquer les minutes heureuses,
Et revis mon passé blotti dans tes genoux.
Charles Baudelaire, Les Fleurs du Mal.

Il faut laisser le passé dans l'oubli et l'avenir à la Providence.
Bossuet

PASSION

Notre raison nous rend quelquefois aussi malheureux que nos passions ; et on peut dire de l'homme, quand il est dans ce cas, que c'est un malade empoisonné par son médecin.
Chamfort, Maximes et Pensées.

Le philosophe qui veut éteindre ses passions ressemble au chimiste qui voudrait éteindre son feu.
Chamfort, Maximes et Pensées.

Toutes les passions sont exagératrices, et elles ne sont des passions que parce qu'elles exagèrent.
Chamfort, Maximes et Pensées.

Les passions des jeunes gens sont des vices dans la vieillesse.
Joseph Joubert, Pensées.

Décrire les passions n'est rien ; il suffit de naître un peu chacal, un peu vautour, un peu panthère.
Lautréamont, Poésies.

Les passions sont les seuls orateurs qui persuadent toujours.
La Rochefoucauld, Maximes.

La durée de nos passions ne dépend pas plus de nous que la durée de notre vie.
La Rochefoucauld, Maximes.

La passion fait souvent un fou du plus habile homme, et rend souvent les plus sots habiles.
La Rochefoucauld, Maximes.

Si nous résistons à nos passions, c'est plus par leur faiblesse que par notre force.
La Rochefoucauld, Maximes.

Les passions sont les orateurs des grandes assemblées.
Rivarol

La raison est historienne, mais les passions sont actrices.
Rivarol

La conscience est la voix de l'âme, les passions sont la voix du corps.
Jean-Jacques Rousseau

Il est difficile de vaincre ses passions, et impossible de les satisfaire.
Mme de la Sablière

Aurions-nous cultivé les arts, sans les passions ? Et la réflexion toute seule nous aurait-elle fait connaître nos ressources, nos besoins et notre industrie ?
Vauvenargues

Les passions ont appris aux hommes la raison.
Vauvenargues

Si la passion conseille quelquefois plus hardiment que la réflexion, c'est qu'elle donne plus de force pour exécuter.
Vauvenargues

Il y a peu de passions constantes ; il y en a beaucoup de sincères : cela a toujours été ainsi. Mais les hommes se piquent d'être constants ou indifférents, selon la mode, qui excède toujours la nature.
Vauvenargues

PASSION AMOUREUSE

Quand on n'aime pas trop, on n'aime pas assez.
Bussy-Rabutin, Les Maximes d'amour pour les femmes.

Il arrive quelquefois qu'une femme cache à un homme toute la passion qu'elle sent pour lui, pendant que de son côté il feint pour elle toute celle qu'il ne sent pas.
La Bruyère, Les caractères.

L'absence diminue les médiocres passions, et augmente les grandes, comme le vent éteint les bougies et allume le feu.
La Rochefoucauld, Maximes.

Ce n'est plus une ardeur dans mes veines cachée :
C'est Vénus toute entière à sa proie attachée.
Jean Racine, Phèdre.

Dans les premières passions les femmes aiment l'amant, et dans les autres elles aiment l'amour.
La Rochefoucauld, Maximes.

Toutes les passions nous font faire des fautes, mais l'amour nous en fait faire de plus ridicules. *La Rochefoucauld*

De toutes les passions violentes, celle qui sied le moins mal aux femmes, c'est l'amour.
La Rochefoucauld, Maximes.

Le plaisir d'amour est d'aimer ; et l'on est plus heureux par la passion que l'on a que par celle que l'on donne.
La Rochefoucauld, Maximes.

L'amour, qui vit dans les orages, et croît souvent au sein des perfidies, ne résiste pas toujours au calme de la fidélité.
Rivarol

Le désir est à la passion ce que le plaisir est au bonheur : mais le désir devient souvent passion, et nul plaisir n'est encore devenu bonheur.
Rivarol

Cœurs qui brûlent ! Cheveux en désordre épandus !
Beaux seins lourds de désirs, pétris par des mains pâles !
Grands appels suppliants, et jamais entendus !
Albert Samain,
Le Chariot d'or.

◆ L'homme est feu
et la femme étoupe,
Le diable vient qui souffle.
◆ Aime comme si
tu devais un jour haïr.
◆ Amour et mort,
rien n'est plus fort.
◆ Le cœur a ses raisons
que la raison ignore.
◆ C'est trop aimer
que d'en mourir.

PATAPHYSIQUE
La pataphysique est la science des solutions imaginaires, qui accorde symboliquement aux linéaments les propriétés des objets décrits par leur virtualité. *Alfred Jarry*

PATERNITÉ
Quand on est tombée sur un fagot d'épines, sait-on celle qui vous a blessée ?
Princesse de Conti, au sujet de la légitimité de son fils, Philippe-Égalité, duc d'Orléans.

PATERNITÉ
Hâtez-vous de me faire ce fils, de sorte que je puisse vous faire une fille.
Henri IV à sa maîtresse Henriette d'Entraigues.

PATIENCE
La patience est le courage de la vertu.
Bernardin de Saint-Pierre

Patience et longueur de temps
Font plus que force ni que rage.
Jean de La Fontaine,
Le lion et le rat.

Tout vient à point à qui sait attendre.
Clément Marot

La patience est l'art d'espérer.
Vauvenargues

◆ La patience est amère,
mais son fruit est doux.
◆ Avec du temps
et de la paille,
les nèfles mûrissent.
◆ La sagesse d'un homme
se connaît par sa patience.
◆ Goutte à goutte
on emplit la cuve.
◆ Grand bien ne vient pas
en peu d'heures.

PATRIE

On croit mourir pour la patrie ; on meurt pour des industriels. *Anatole France*

C'est lorsque nous sommes éloignés de notre pays que nous sentons surtout l'instinct qui nous y attachc.
Chateaubriand,
Le génie du christianisme.

La patrie d'un cochon se trouve partout où il y a du gland.
Fénelon

Ceux qui pieusement sont morts pour la patrie
Ont droit qu'à leur cercueil la foule vienne et prie.
Victor Hugo,
Les chants du crépuscule.

J'ai naturellement eu de l'amour pour le bien et l'honneur de ma patrie, et peu pour ce qu'on en appelle la gloire.
Montesquieu

La première des vertus est le dévouement à la patrie.
Napoléon 1er

Périsse la patrie, et que l'humanité soit sauvée.
Proudhon

Les patries sont toujours défendues par les gueux, livrées par les riches.
Charles Péguy

Une patrie se compose de morts qui l'ont fondée aussi bien que des vivants qui la continucnt.
Ernest Renan

Allons enfants de la Patrie
Le jour de gloire est arrivé.
Rouget de Lisle,
La Marseillaise.

PAUVRE

Il n'y a que les pauvres de généreux.
Honoré de Balzac

Qui donne au pauvre prête à Dieu.
Victor Hugo,
Les voix intérieures.

Le cri du pauvre monte jusqu'à Dieu mais il n'arrive pas à l'oreille de l'homme.
Lamennais

PAUVRETÉ

Il n'y a que les pauvres de généreux.
Honoré de Balzac

Le sang du pauvre, c'est l'argent. *Léon Bloy*

La pauvreté met le crime au rabais. *Chamfort*

On veut que le pauvre soit sans défauts ; c'est que peut-être il lui serait facile d'être parfait. La misère éteint les passions, et l'abondance les nourrit. Les petits n'ont guère que des besoins.
Joseph Joubert, Pensées.

Faute d'argent, c'est douleur non pareille.
François Rabelais, Pantagruel.

Il faut avoir l'appétit du pauvre pour jouir de la fortune du riche.
Rivarol

Les gens du monde emploient mieux leurs loisirs que leur temps ; les pauvres n'ont pas de loisirs.
Rivarol

En grande pauvreté ne gît pas grande loyauté.
François Villon

Pauvre je suis de ma jeunesse,
De pauvre et de petite extrace.
Mon père n'eut oncq grand richesse,
Ni son aïeul, nommé Horace.
Pauvreté tous nous suit et trace ;
Sur les tombeaux de mes ancêtres,
Les âmes desquels Dieu embrasse !
On n'y voit couronnes ni sceptres.
Villon, Le Testament.

PAUVRESSE

Les pauvresses, traînant leurs seins maigres et froids,
Soufflaient sur leurs tisons et soufflaient sur leurs doigts.
Charles Baudelaire, Les Fleurs du Mal.

◆ Vilain affamé
Est à demi enragé.
◆ Enfants sont richesses
de pauvres gens.
◆ En ce monde chétif
et mesquin
Quand il y a du pain
il manque le vin.
◆ Vilain enrichi
ne compte plus d'amis.

◆ Ce qu'on peut éviter à force d'argent n'est point malheur ; le vrai malheur est d'avoir dans sa poche une bourse vide.
◆ Vilain ne sait ce que valent éperons.
◆ Qui n'a point argent en bourse ait miel en bouche.
◆ N'est pas pauvre qui a peu, mais qui désire beaucoup.
◆ Donner au pauvre n'appauvrit pas.
◆ Si l'habit du pauvre a des trous, celui du riche a des taches.
◆ Tout le monde tombe sur le pauvre.
◆ Pauvreté n'est pas vice.
◆ Qui va sans barbe
et tout nu
Au vent de bise
est morfondu.
◆ Au pauvre un œuf vaut un bœuf.
◆ On ne peut dépouiller l'homme nu.
◆ L'homme pauvre n'a point d'amis.
◆ Il n'y a pire orgueilleux que le pauvre enrichi.
◆ Celui qui en misère vit
Se sent offensé
quand on rit.

PAYS NATAL

Quand reverrai-je, hélas, de mon petit village
Fumer la cheminée, et en quelle saison
Reverrais-je le clos de ma pauvre maison,
Qui m'est une province et bcaucoup davantage ?
Joachim du Bellay,
Les Regrets.

PAYSAGE

Les paysages étaient comme un archet qui jouait sur mon âme.
Stendhal,
Vie de Henry Brulard.

PAYSAN

Vos seins sentent la faim et vos fronts la sueur.
Agrippa d'Aubigné,
Les Tragiques.

J'aime les paysans, ils ne sont pas assez savants pour raisonner de travers.
Montesquieu, Pensées.

Un paysan, c'est un tronc d'arbre qui se déplace.
Jules Renard, Journal.

PEAU (DE CHAGRIN)
Si tu me possèdes, tu posséderas tout. Mais ta vie m'appartiendra, Dieu l'a voulu ainsi. Désire, et tes désirs seront accomplis. Mais règle tes souhaits sur ta vie. Elle est là. A chaque vouloir je décroîtrai comme tes jours. Me veux-tu ?
Honoré de Balzac,
La peau de chagrin.

PÉCHÉ
Qui a péché sans fin souffre sans fin aussi.
Agrippa d'Aubigné

◆ Péché caché est à demi-pardonné.
◆ Un grand péché ne peut demeurer caché.

PÉDANTISME
C'est la profonde ignorance qui inspire le ton dogmatique.
La Bruyère, Les Caractères.

Un pédant est un homme qui digère mal intellectuellement.
Jules Renard, Journal.

On dit peu de choses solides, lorsqu'on cherche à en dire d'extraordinaires.
Vauvenargues

◆ Qui n'a suffisance n'a rien.

PÉDÉRASTE
O pédérastes incompréhensibles, ce n'est pas moi qui lancerai des injures à votre grande dégradation ; ce n'est pas moi qui viendrai jeter le mépris sur votre anus infundibuliforme. Il suffit que les maladies honteuses, et presque incurables, qui vous assiègent, portent avec elles leur immanquable châtiment.
Lautréamont,
Les Chants de Maldoror.

PEINE
◆ A chaque jour suffit sa peine.
◆ Nul mal et nul bien Sans peine ne vient.
◆ La peine et le plaisir se suivent.

PEINTURE
Les peintres ne doivent méditer que les brosses à la main.
Honoré de Balzac

La peinture lâche est la peinture d'un lâche.
Eugène Delacroix

L'exécution, dans la peinture, doit toujours tenir de l'improvisation. *Eugène Delacroix*

Le meilleur moyen de posséder une femme, c'est encore de la peindre. *Ingres*

La peinture, c'est comme la merde, ça se sent mais ça ne s'explique pas.
Toulouse-Lautrec

PENDU

Sur ses larges bras étendus,
La forêt où s'éveille Flore
A des chapelets de pendus
Que le matin caresse et dore.
Théodore de Banville,
La balade des pendus.

La pluie nous a débués et lavés
Et le soleil desséchés et noircis ;
Pies, corbeaux nous ont les yeux cavés
Et arraché la barbe et les sourcils.
François Villon

◆ L'espoir du pendu, que la corde casse.
◆ Il ne faut pas parler de corde dans la maison d'un pendu.
◆ Qui doit être pendu n'est jamais noyé.

PENDULE

La perfection d'une pendule n'est pas d'aller vite, mais d'être réglée.
Vauvenargues

PÉNITENCE

◆ Qui fait la faute la boit.

PENSÉE

La pensée console de tout et remédie à tout. Si quelquefois elle vous fait du mal, demandez-lui le remède du mal qu'elle vous fait, et elle vous le donnera. *Chamfort*

Je pense donc je suis.
Descartes

L'homme digne d'être écouté est celui qui ne se sert de la parole que pour la pensée, et de la pensée que pour dire la vérité et la vertu.
Fénelon

Et leurs pensées
Se croisent dans la nuit, divins oiseaux du cœur.
Victor Hugo

La liberté de la pensée est la première conquête du siècle.
Napoléon Ier

La pensée n'est qu'un éclair dans la nuit. Mais c'est cet éclair qui est tout.
Henri Poincaré

Penser ne suffit pas : il faut penser à quelque chose.
Jules Renard, Journal.

Une pensée écrite est morte.
Jules Renard, Journal.

Penser, c'est chercher des clairières dans une forêt.
Jules Renard, Journal.

La parole est la pensée extérieure, et la pensée est la parole intérieure.
Rivarol

L'estomac est le sol où germe la pensée.
Rivarol

Les grandes pensées viennent du cœur.
Vauvenargues

Ce que nous appelons une pensée brillante n'est ordinairement qu'une expression captieuse, qui, à l'aide d'un peu de vérité, nous impose une erreur qui nous étonne.
Vauvenargues

Si les grandes pensées nous trompent, elles nous amusent.
Vauvenargues

Lorsqu'une pensée est trop faible pour porter une expression simple, c'est la marque qu'il faut la rejeter.
Vauvenargues

La clarté orne les pensées profondes. *Vauvenargues*

◆ Les pensées ne payent point de péage.

PÈRE

A qui venge son père, il n'est rien d'impossible.
Corneille, Le Cid.

Que de maux et de pleurs nous coûteront nos pères !
Pierre Corneille, Le Cid.

◆ On ne peut contenter tout le monde et son père.

PERFECTIONNISME

◆ Le mieux est l'ennemi du bien.
Le mieux n'est l'ennemi que du mal.
Jules Renard, Journal.

PÉRIL

Plus le péril est grand, plus doux en est le fruit.
Pierre Corneille, Cinna.

Père, gardez-vous à droite, père, gardez-vous à gauche.
Philippe de Valois à son père Jean le Bon, lors de la bataille de Poitiers.

PERCEPTEUR

◆ Bon berger tond, n'écorche pas.
◆ Bon écorcheur choisit la peau.

PERLE

Et les perles en dents se moulent
Pour l'écrin des rires charmants.
Théophile Gautier

PERSÉVÉRANCE

Vingt fois sur le métier remettez votre ouvrage ;
Polissez-le sans cesse et le repolissez.
Boileau, Satires.

Il n'est pas nécessaire d'espérer pour entreprendre, ni de réussir pour persévérer.
Devise de Guillaume d'Orange.

◆ La persévérance vient à bout de tout.
◆ La goutte d'eau finit par creuser le roc.
◆ On a tant crié Noël qu'à la fin il est venu.
◆ Il faut casser le noyau pour en avoir l'amande.
◆ Pas à pas on va très loin.
◆ La continuelle gouttière rompt la pierre.
◆ Petit à petit l'oiseau fait son nid.

PESSIMISME

Il n'y a pour l'homme que trois événements : naître, vivre et mourir. Il ne se sent pas naître, il souffre à mourir, et il oublie de vivre.
Jean de La Bruyère, Les Caractères.

Tous les espoirs sont permis à l'homme, même celui de disparaître.
Jean Rostand

◆ Tel qui rit vendredi dimanche pleurera.
◆ Qui rit le matin le soir pleure.

PETIT

Les petites choses sont souvent de meilleures marques que les grandes. *Paul de Gondi*

◆ En petite tête gît grand sens.
◆ Dans les petites boites sont les bons onguents.
◆ Il n'y a si petit buisson qui n'ait son ombre.
◆ De tout temps les petits ont pâti de la bêtise des grands.
◆ Aux petits des oiseaux Dieu donne leur pâture.
◆ En petit champ croit bien blé.
◆ Petite étincelle luit dans la nuit.
◆ Petit homme abat grand chêne.
◆ A petit trou petite cheville.
◆ De petite chose vient souvent grande noise.
◆ En petite cheminée on fait bien grand feu.

PETITESSE

Celui qui veut être heureux se réduit et se resserre autant qu'il est possible. Il a ces deux caractères : il change peu de place et en tient peu. *Fontenelle*

PEUPLE

Le public est gouverné comme il raisonne. Son droit est de dire des sottises, comme celui des ministres est d'en faire. *Chamfort*

Combien faut-il de sots pour faire un public ?
Chamfort,
Caractères et anecdotes.

Démocrate par nature, aristocrate par mœurs, je ferais très volontiers l'abandon de ma fortune et de ma vie au peuple, pourvu que j'eusse peu de rapport avec la foule.
Chateaubriand,
Mémoires d'outre-tombe.

Le peuple est un éternel mineur.
Gustave Flaubert

Les exigences d'un grand peuple sont à l'échelle de ses malheurs.
Charles de Gaulle,
Mémoires de guerre.

Le peuple n'aime ni le vrai ni le simple : il aime le roman et le charlatan.
Edmond et Jules Goncourt,
Journal.

Un peuple, c'est une bête qui se laisse mener par le nez, principalement les Parisiens.
Henri IV

Le peuple ? Un âne qui se cabre !
Victor Hugo, Les Châtiments.

La voix du peuple n'a d'autorité que lorsqu'elle est celle d'un peuple contenu.
Joseph Joubert, Pensées.

Le peuple n'a guère d'esprit, et les Grands n'ont point d'âme.
La Bruyère, Les Caractères

J'aime mieux être ridicule aux courtisans que lourd au peuple.
Louis XII

Le peuple est un troupeau imbécile, tantôt stupidement patient et tantôt férocement révolté. On lui dit "Amuse-toi." Il s'amuse. On lui dit "Va te battre avec le voisin." Il va se battre. On lui dit "Vote pour l'empereur." Il vote pour l'empereur. Puis, on lui dit "Vote pour la République." Et il vote pour la République.
Guy de Maupassant

La bourgeoisie sans le peuple, c'est la tête sans les bras. Le peuple sans la bourgeoisie, c'est la force sans la lumière.
Edgar Quinet

Le peuple, c'est l'enfant bien sage qui fait la grimace dès qu'on a le dos tourné.
Jules Renard, Journal.

Le peuple donne sa faveur, jamais sa confiance.
Rivarol

Les peuples, comme les métaux, n'ont de brillant que les surfaces. *Rivarol*

Quand on succède au peuple, on est despote.
Rivarol

Il est à propos que le peuple soit guidé et non pas qu'il soit instruit. *Voltaire*

◆ La voix du peuple est la voix de Dieu.

PEUPLIER
Cet arbre qui a toujours l'air jeune, même quand il est vieux.
Joseph Joubert, Pensées.

PEUR

La peur n'applique jamais un remède à propos.
Paul de Gondi, cardinal de Retz, Mémoires.

Il est bien plus naturel à la peur de consulter que de décider.
Paul de Gondi, cardinal de Retz, Mémoires.

La peur est la plus terrible des passions parce qu'elle fait ses premiers effets contre la raison ; elle paralyse le cœur et l'esprit. *Rivarol*

PHILIPPE LE BEL

Ce n'est ni un homme ni une bête, c'est une statue.
L'évêque Saisset

PHILOSOPHE

Qu'est-ce qu'un philosophe ? C'est un homme qui oppose la nature à la loi, la raison à l'usage, sa conscience à l'opinion, et son jugement à l'erreur.
Chamfort

Le philosophe qui veut éteindre ses passions ressemble au chimiste qui voudrait éteindre son feu.
Chamfort

Peu de personnes peuvent aimer un philosophe.
Chamfort

Il est dangereux pour un philosophe attaché à un grand (si jamais les grands ont eu auprès d'eux un philosophe) de montrer tout son désintéressement : on le prendrait au mot.
Chamfort

Le poète s'interroge ; le philosophe se regarde.
Joseph Joubert, Pensées.

Le sophiste se contente des apparences ; le dialecticien de la preuve ; le philosophe veut connaître par inspection et par évidence.
Joseph Joubert, Pensées.

Le dévot croit aux visions d'autrui : le philosophe ne croit qu'aux siennes.
Rivarol

Le vrai philosophe est celui qui se place, par le seul effort de sa raison, au point où le commun des hommes n'arrive que par le bienfait du temps.
Rivarol

Les philosophes sont plus anatomistes que médecins : ils dissèquent et ne guérissent pas.
Rivarol

La clarté est la bonne foi des philosophes.
Vauvenargues

Les grands philosophes sont les génies de la raison.
Vauvenargues

Le vrai philosophe (...) n'attend rien des hommes, et il leur fait tout le bien dont il est capable.
Voltaire, Correspondance.

◆ Il est plus difficile d'accorder les philosophes que les horloges.

PHILOSOPHIE
Peu de philosophie mène à mépriser l'érudition ; beaucoup de philosophie mène à l'estimer. *Chamfort*

A mesure que la philosophie fait des progrès, la sottise redouble ses efforts pour établir l'empire des préjugés.
Chamfort

La philosophie, ainsi que la médecine, a beaucoup de drogues, très peu de bons remèdes, et presque point de spécifiques. *Chamfort*

Toute la philosophie est comme un arbre, dont les racines sont la métaphysique ; le tronc est la physique, et les branches qui sortent de ce tronc sont toutes les autres sciences, qui se réduisent à trois principales, à savoir la médecine, la mécanique et la morale ; j'entends la plus haute et la plus parfaite morale, qui présupposant une entière connaissance des autres sciences est le dernier degré de la sagesse.
Descartes

Toute la philosophie n'est fondée que sur deux choses : sur ce qu'on a l'esprit curieux et les yeux mauvais.
Fontenelle

Si les systèmes sont des toiles d'araignée, qu'au moins elles soient faites avec des fils de soie. *Joseph Joubert, Pensées.*

Il est plus nécessaire d'étudier les hommes que les livres.
La Rochefoucauld, Maximes.

La philosophie triomphe aisément des maux passés et des maux à venir. Mais les maux présents triomphent d'elle.
La Rochefoucauld, Maximes.

Philosopher, c'est apprendre à mourir. *Montaigne, Essais.*

C'est une chose extraordinaire que toute la philosophie consiste dans ces trois mots : "Je m'en fous."
Montesquieu

Se moquer de la philosophie, c'est philosopher.
Pascal, Pensées.

La nécessité est plus humaine que la philosophie : car c'est la nature qui fait la nécessité, et c'est nous qui faisons la philosophie. *Rivarol*

La plus fausse de toutes les philosophies est celle qui, sous prétexte d'affranchir les hommes des embarras de la passions, leur conseille l'oisiveté, l'abandon et l'oubli d'eux-mêmes. *Vauvenargues*

La philosophie a ses modes comme les habits, la musique et l'architecture. *Vauvenargues*

PIED
Je remarque que les femmes sont généralement jolies à Marseille ; elles ont le pied charmant, et trop d'embonpoint ne vient jamais nuire à la grâce de leur personne.
Stendhal,
Mémoires d'un touriste.

PIÉDESTAL
Les grands hommes font leur propre piédestal ; l'avenir se charge de la statue.
Victor Hugo

PIÉTÉ
La piété est le tout de l'homme. *Bossuet, Oraison funèbre du prince de Condé.*

PILLAGE
Mieux vaut pays pillé que terre perdue.
Du Guesclin

PITIÉ
Le sentiment que l'homme supporte le plus difficilement est la pitié, surtout quand il la mérite. La haine est un tonique, elle fait vivre, elle inspire la vengeance ; mais la pitié tue, elle affaiblit encore notre faiblesse.
Honoré de Balzac

Mais quand un scélérat marche à l'échafaud, la pitié compte alors les souffrances, et non les crimes du coupable.
Chateaubriand,
Essai sur les révolutions.

La générosité n'est que la pitié des âmes nobles.
Chamfort,
Maximes et Pensées.

La pitié est une loi contre la justice, la bonté est un devoir comme la probité.
Victor Hugo

Nous avons de l'amour pour une ou deux femmes, de l'amitié pour deux ou trois amis, de la haine pour un seul ennemi, de la pitié pour quelques pauvres ; et le reste des hommes nous est indifférent.
Jules Renard, Journal.

En général, l'indulgence pour ceux qu'on connaît est bien plus rare que la pitié pour ceux qu'on ne connaît pas.
Rivarol

La pitié est moins tendre que l'amour.
Vauvenargues,
Réflexions et Maximes.

PLACEMENT

◆ Il faut perdre un vairon pour pêcher un saumon.
◆ Il ne faut pas mettre tous ses œufs dans le même panier.

PLAIDEUR

Les querelles ne dureraient pas longtemps, si le tort n'était que d'un côté.
La Rochefoucauld, Maximes.

◆ Les gens fatigués sont querelleurs.
◆ Juifs en Pâque, Maures en noces Chrétiens en procès Perdent leurs deniers.
◆ L'homme qui plaide et replaide ne dort pas quand il veut.
◆ Chacun est éloquent Pour défendre son différent.
◆ Homme plaideur homme menteur.
◆ Chiche plaideur perdra sa cause.
◆ Grand plaideur ne fut jamais riche.
◆ Qui prouve trop ne prouve rien.

PLAINDRE (SE)
Ne jamais se plaindre et toujours consoler.
Jules Renard, Journal.

PLAINTE
Je plains le temps de ma jeunesse,
Auquel j'ai plus qu'autre gallé
Jusqu'à l'entrée de vieillesse
Qui son partement m'a celé.
Il ne s'en est à pied allé
N'a cheval : hélas ! comment donc ?
Soudainement s'en est vollé
Et ne m'a laissé quelque don.
François Villon

PLAIRE
Quand on veut plaire dans le monde, il faut se résoudre à apprendre beaucoup de choses qu'on sait par des gens qui les ignorent. *Chamfort*

Ou vous avez un rival, ou vous n'en avez pas. Si vous en avez un, il faut plaire pour lui être préféré ; si vous n'en avez pas, il faut encore plaire pour éviter d'un avoir.
Choderlos de Laclos

Le désir de plaire naît chez les femmes avant le besoin d'aimer. *Ninon de Lenclos*

Si vous voulez plaire aux femmes, dites-leur ce que vous ne voudriez pas qu'on dît à la vôtre.
Jules Renard, Journal.

L'art de plaire est l'art de tromper.
Vauvenargues

PLAISIR
Le plaisir est le bonheur des fous. Le bonheur est le plaisir des sages.
Barbey d'Aurevilly

Tout de toi m'est plaisir morbide ou pétulant.
Baudelaire

Nos plaisirs les plus doux ne vont pas sans tristesse.
Pierre Corneille

Le plaisir le plus délicat est de faire celui d'autrui.
La Bruyère, Les Caractères.

Les plaisirs de l'amour sont, selon moi, les seuls vrais plaisirs de la vie corporelle.
Montaigne, Essais.

Chacun trouve son plaisir où il le prend.
Jules Renard, Journal.

L'homme est né pour le plaisir : il le sent, il n'en faut point d'autre preuve. Il suit donc sa raison en se donnant au plaisir.
Pascal

On est impuissant à trouver du plaisir quand on se contente de le chercher.
Marcel Proust, A la recherche du temps perdu.

Le désir est à la passion ce que le plaisir est au bonheur : mais le désir devient souvent passion, et nul plaisir n'est encore devenue bonheur.
Rivarol

Lorsque les plaisirs nous ont épuisés, nous croyons avoir épuisé les plaisirs ; et nous disons que rien ne peut remplir le cœur de l'homme.
Vauvenargues,
Réflexions et Maximes.

Le secret des moindres plaisirs de la nature passe par la raison.
Vauvenargues,
Réflexions et Maximes.

PLEURER

On pleure pour avoir la réputation d'être tendre, on pleure pour être plaint, on pleure pour être pleuré ; enfin on pleure pour éviter la honte de ne pleurer pas.
La Rochefoucauld, Maximes.

La honte de pleurer donne l'effronterie de rire.
Jules Renard, Journal.

Si tu pleures de joie, ne sèche pas tes larmes : tu les voles à la douleur.
Paul-Jean Toulet,
Les trois impostures.

◆ A toute heure
Chien pisse
et femme pleure.
◆ Femme rit
quand elle peut,
Et pleure quand elle veut.

PLEURS

Pleurez, doux Alcyons ! ô vous, oiseaux sacrés,
Oiseaux chers à Thétys, doux Alcyons, pleurez !
Elle a vécu, Myrto, la jeune Tarentine !
André Chénier

Je cherche le silence et la nuit pour pleurer.
Pierre Corneille, Le Cid.

Les moissons pour mûrir ont besoin de rosée ;
Pour vivre et pour sentir l'homme a besoin des pleurs ;
La joie a pour symbole une plante brisée,
Humide encor de pluie et couverte de fleurs.
Alfred de Musset

Dieu parle, il faut qu'on lui réponde.
Le seul bien qui me reste au monde
Est d'avoir quelquefois pleuré.
Alfred de Musset, Tristesse.

Te voilà donc redevenu homme, puisque tu pleures.
Jules Verne, L'Île mystérieuse.

PLUIE
Pleureuses en troupeau passeront les rafales.
Tristan Corbière,
Les amours jaunes.

L'abcès perce !
Vl'à l'averse !
O grabuges
Des déluges !...
Jules Laforgue

L'averse, toute la nuit, avait sonné contre les carreaux et les toits. Le ciel bas et chargé d'eau semblait crevé, se vidant sur la terre, la délayant en bouillie, la fondant comme du sucre. Des rafales passaient pleines d'une chaleur lourde. Le ronflement des ruisseaux débordés emplissait les rues désertes où les maisons, comme des éponges, buvaient l'humidité qui pénétrait au-dedans et faisait suer les murs de la cave au grenier.
Guy de Maupassant, Une vie.

Tout l'horizon n'est qu'un blême rideau ;
La vitre tinte et ruisselle de gouttes ;
Sur le pavé sonore et bleu des routes
Il saute et luit des étincelles d'eau.
Sully Prud'homme, Poésies.

Il pleure dans mon cœur
Comme il pleut sur la ville,
Quelle est cette langueur
Qui pénètre mon cœur ?
O bruit doux de la pluie
Par terre et sur les toits !
Pour un cœur qui s'ennuie
O le chant de la pluie !
Paul Verlaine

◆ Petite pluie
abat grand vent.
◆ Canard qui crie
Et c'est la pluie.
◆ Chat se chauffant
Est signe
de mauvais temps.
◆ Si les poissons sautent
dans l'eau
La pluie est pour bientôt.

POE

Depuis Pascal peut-être, il n'y eut jamais de génie plus épouvanté, plus livré à l'effroi et à ses mortelles agonies que le génie panique d'Edgar Poe.
Barbey d'Aurevilly

POÊLE

Le mot naïf et étonné de la Borghèse, quand on lui demanda comment elle avait bien pu poser nue devant Canova : "mais l'atelier était chaud ! il y avait un poêle !"
Barbey d'Aurevilly,
Les Diaboliques.

POÉSIE

Si les vers ont été l'abus de ma jeunesse,
Les vers seront aussi l'appui de ma vieillesse :
S'ils furent ma folie, ils seront ma raison.
Joachim du Bellay,
Les Regrets.

Les dieux eux-mêmes meurent
Mais les vers souverains
Demeurent
Plus forts que les airains.
Théophile Gautier,
Émaux et Camées.

Car la poésie est l'étoile
Qui mène à Dieu rois et pasteurs.
Victor Hugo,
Les rayons et les ombres.

La poésie n'est utile qu'aux plaisirs de notre âme.
Joseph Joubert, Pensées.

Les beaux vers sont ceux qui s'exhalent comme des sons ou des parfums.
Joseph Joubert, Pensées.

On ne peut trouver de poésie nulle part, quand on n'en porte pas en soi.
Joseph Joubert, Pensées.

Un poème est un mystère dont le lecteur doit chercher la clef.
Stéphane Mallarmé

Nommer un objet, c'est supprimer les trois-quarts de la jouissance du poème qui est faite du bonheur de deviner peu à peu : le suggérer, voilà le rêve.
Stéphane Mallarmé

La poésie ne permet guère que l'on se partage, et un art si sublime et si pénible se peut rarement allier avec l'embarras des affaires, et les occupations tumultueuses de la vie.
Vauvenargues,
Réflexions et Maximes.

Un autre défaut de la mauvaise poésie est d'allonger la prose, comme le caractère de la bonne est de l'abréger.
Vauvenargues,
Réflexions et Maximes.

Que ton vers soit la bonne aventure
Éparse au vent crispé du matin
Qui va fleurent la menthe et le thym.
Et tout le reste est littérature.
Paul Verlaine,
Jadis et naguère.

Poésie ! ô trésor ! perle de la pensée !
Les tumultes du cœur, comme ceux de la mer,
Ne sauraient empêcher ta robe nuancée
D'amasser les couleurs qui doivent te former.
Alfred de Vigny,
Les Destinées.

POÈTE

Le Poète est semblable au prince des nuées
Qui hante la tempête et se rit de l'archer ;
Exilé sur le sol au milieu des huées,
Ses ailes de géant l'empêchent de marcher.
Charles Baudelaire,
Les Fleurs du mal.

Il suffit de penser pour être homme d'esprit ; mais il faut imaginer pour être poète.
Cardinal de Bernis

L'art ne fait que des vers, le cœur seul est poète.
André Chénier

Les poètes trouvent d'abord et ne cherchent qu'après.
Jean Cocteau

Les poètes nous aident à aimer.
Anatole France,
Le Jardin d'Epicure.

Le poète s'interroge ; le philosophe se regarde.
Joseph Joubert, Pensées.

Mais de tous ces accents dont le bord vous salue,
Aucun n'est aussi doux sur la terre ou les mers
Que le son caressant d'une voix inconnue,
Qui récite au poète un refrain de ses vers.
Alphonse de Lamartine

POÉTIQUE
Sur des pensers nouveaux faisons des vers antiques.
André Chénier

POIRE
◆ Il faut toujours garder une poire pour la soif.
◆ Pêches et poires au mois d'août
De bons raisins on fait le moût.
◆ Vin, fille, faveur et poirier,
Sont difficiles à conserver.

POIREAU
Le poireau, c'est l'asperge du pauvre. *Anatole France, Crainquebille.*

POISSONS
◆ Les gros poissons mangent les petits.
◆ Si les poissons sautent dans l'eau
La pluie est pour bientôt.
◆ De petite rivière
Grand poisson n'espère.
◆ En grand torrent
Grand poisson se prend.

POITRINE
On est plus près du cœur quand la poitrine est plate.
Louis Bouilhet, Poésies.

Une femme sans poitrine, c'est un lit sans oreillers.
Anatole France

POLICE
L'art de la police est de ne pas voir ce qu'il est inutile qu'elle voie. *Napoléon 1er*

◆ Où manque la police abonde la malice.

POLITESSE
Être poli avec un sot, c'est s'en isoler.
Jules Barbey d'Aurevilly

La politesse est la fleur de l'humanité. Qui n'est pas assez poli, n'est pas assez humain.
Joseph Joubert, Pensées.

La politesse aplanit les rides.
Joseph Joubert, Pensées.

La politesse n'inspire pas toujours la bonté, l'équité, la complaisance, la gratitude ; elle en donne du moins les apparences, et fait paraître l'homme au dehors comme il devrait être intérieurement.
Jean de La Bruyère,
Les caractères.

POLITIQUE
La politique est l'art du possible. *Léon Gambetta*

La politique est la science de la liberté.
Proudhon

La politique est comme le sphinx de la fable : elle dévore tous ceux qui n'expliquent pas ses énigmes.
Rivarol

Les corps politiques recommencent sans cesse ; ils ne vivent que de remèdes.
Rivarol

La politique fait entre les princes ce que les tribunaux de la justice font entre les particuliers. Plusieurs faibles, ligués contre un puissant, lui imposent la nécessité de modérer son ambition et ses violences.
Vauvenargues,
Réflexions et Maximes.

POPULARITÉ
Les princes dans tous les conseils doivent avoir pour première vue d'examiner ce qui peut leur donner ou leur ôter l'applaudissement du public.
Louis XIV,
Instructions au dauphin.

PORT
Je vois un port rempli de
voiles et de mâts
Encor tout fatigués par la
vague marine.
Charles Baudelaire,
Les Fleurs du Mal.

PORTE
O Seigneur ! ouvrez-moi les portes de la nuit,
Afin que je m'en aille et que je disparaisse !
Victor Hugo

Il faut qu'une porte soit ouverte ou fermée.
Alfred de Musset

POSITIVISME
L'Amour pour principe, l'Ordre pour base, et le Progrès pour but.
Auguste Comte

POSSESSION
Le désir fleurit, la possession flétrit toutes choses.
Marcel Proust,
Les plaisirs et les jours.

POSTÉRITÉ
Ah ! Quel talent je vais avoir demain.
Hector Berlioz

Où est le risque d'en appeler à la postérité : on n'y est jugé que par contumace.
Paul-Jean Toulet,
Les Trois Impostures.

POULAIN
◆ De nature va
le poulain l'amble
Dont la mère fut haquenée.
◆ Qui que saille
notre jument,
le poulain est nôtre.

POULE
Je veux que chaque laboureur de mon royaume puisse mettre la poule au pot le dimanche. *Henri IV*

◆ Qui naît poule
aime à gratter.
◆ Quand la poule veut
chanter comme le coq,
il faut lui couper la gorge.
◆ C'est chose
qui moult déplaît
Quand poule chante
et coq se tait.
◆ D'un œuf blanc
on voit souvent
Un poulet
bien noir éclore.

POURCEAU
◆ C'est folie semer
les roses aux pourceaux.
◆ La belle amitié quand un
pourceau baise une truie.

POURRITURE

Au détour d'un sentier une charogne infâme
Sur un lit semé de cailloux,
Les jambes en l'air, comme une femme lubrique,
Brûlante et suant les poisons,
Ouvrait d'une façon nonchalante et cynique
Son ventre plein d'exhalaisons.
Charles Baudelaire

Nana restait seule (...). C'était un charnier, un tas d'humeur et de sang, une pelletée de chair corrompue, jetée là, sur un coussin. Les pustules avaient envahi la figure entière, un bouton touchant l'autre ; et flétries, affaissées, d'un aspect grisâtre de boue, elles semblaient déjà une moisissure de la terre, sur cette bouillie informe, où l'on ne retrouvait plus les traits. (...) Le nez suppurait encore. Toute une croûte rougeâtre partait d'une joue, envahissait la bouche, qu'elle tirait dans un rire abominable. (...) Vénus se décomposait. Il semblait que le virus pris par elle dans les ruisseaux, sur les charognes tolérées, ce ferment dont elle avait empoisonné un peuple venait de lui remonter au visage et l'avait pourri.
Émile Zola, Nana.

POUVOIR

La puissance ne consiste pas à frapper fort ou souvent, mais à frapper juste.
Honoré de Balzac, Physiologie du mariage.

Tout pouvoir humain est un composé de patience et de temps. Les gens puissants veulent et veillent.
Honoré de Balzac, Eugénie Grandet.

Ainsi, à l'âge de vingt-sept ans, Bonaparte tient d'une main l'épée qui divise les états, et de l'autre la balance qui pèse les rois. Le Directoire a beau lui tracer sa voie, il marche dans la sienne : s'il ne commande pas encore, il n'obéit déjà plus.
Alexandre Dumas, Napoléon.

On supporte aisément une puissance qu'on espère exercer un jour.
Joseph Joubert, Pensées.

Le pouvoir est une beauté ; il fait aimer aux femmes la vieillesse même.
Joseph Joubert, Pensées.

Justes, ne craignez point le vain pouvoir des hommes.
Quelque élevés qu'ils soient, ils sont ce que nous sommes,
Et c'est le même Dieu qui nous jugera tous !
Jean-Baptiste Rousseau

La confiance doit venir d'en bas et le pouvoir d'en haut.
Sieyès

Les peuples démocratiques haïssent souvent les dépositaires du pouvoir central ; mais ils aiment toujours ce pouvoir lui-même.
Alexis de Tocqueville

Entre rois, entre peuples, entre particuliers, le plus fort se donne des droits sur le plus faible, et la même règle est suivie par les animaux et les êtres inanimés ; de sorte que tout s'exécute dans l'univers par la violence : et cet ordre que nous blâmons avec quelque apparence de justice, est la loi la plus générale, la plus immuable, et la plus importante de la nature.
Vauvenargues

On peut dominer par la force, mais jamais par la seule adresse. *Vauvenargues*

Le terme de l'habileté est de gouverner sans la force.
Vauvenargues

Ceux qui ne savent pas tirer parti des autres hommes sont ordinairement peut accessibles.
Vauvenargues

◆ Il vaut mieux avoir affaire à Dieu qu'à ses saints.
◆ Au faible le fort Fait souvent tort.

POUX

◆ Il ne faut pas semer les poux en une vieille pelisse.
◆ Il n'y a pas de vieux vêtements sans poux.

PRÉCAUTION

Deux sûretés valent mieux qu'une.
Jean de La Fontaine, Le loup, la chèvre et le chevreuil.

PRÊCHE

◆ Il ne faut pas prêcher sept ans pour un carême.

PRÉCIPITATION

◆ Il ne faut pas mettre la charrue devant les bœufs.
◆ Il ne faut pas se faire attendre ni arriver trop tôt.
◆ Il ne faut pas vendre la peau de l'ours avant de l'avoir tué.
◆ Il ne faut pas confondre vitesse et précipitation.

PRÉFACE

Ce sont les ouvrages médiocres qu'il faut abréger. Je n'ai jamais vu de préface ennuyeuse à la tête d'un bon livre.
Vauvenargues

PRÉJUGÉS

A mesure que la philosophie fait des progrès, la sottise redouble ses efforts pour établir l'empire des préjugés.
Chamfort

Les passions détruisent plus de préjugés que la philosophie. *Diderot*

PRÉSÉANCE

◆ Qui premier vient au moulin qui premier doit moudre.
◆ A tout seigneur tout honneur.

PRÉSENT

Le présent touche toujours, sans comparaison, davantage les âmes faibles que l'avenir même le plus proche.
Paul de Gondi

PRÊT

La fourmi n'est pas prêteuse :
C'est là son moindre défaut.
Jean de La Fontaine

Il se faut prêter à autrui et ne se donner qu'à soi-même.
Montaigne, Essais.

◆ Les bons comptes font les bons amis.
◆ Ami au prêter, ennemi au rendre.
◆ L'argent prêté veut être racheté.
◆ Ne prêtez point votre argent à un grand seigneur.
◆ Ne prêtes pas ton argent à celui à qui tu serais obligé de le redemander le chapeau à la main.
◆ Ne donne jamais tout ce que tu as.

PRÉTENTIEUX
◆ Qui se loue s'emboue.
◆ Prendre son cul pour ses chausses.
◆ Ressemble aux grands chiens qui veut pisser contre les murailles.
◆ On lui boucherait le cul d'un grain de millet.

PRÊTRE
Nos prêtres ne sont pas ce qu'un vain peuple pense ;
Notre crédulité fait toute leur science.
Voltaire, Œdipe.

PRÉVARICATION
Bon appétit, Messieurs ! O ministres intègres !
Conseillers vertueux ! Voilà votre façon
De servir, serviteurs qui pillez la maison.
Victor Hugo, Ruy Blas.

PRIÈRE
La prière est la sœur tremblante de l'amour.
Victor Hugo

Voilà pourquoi les fleurs, ces prières écloses
Dont Dieu lui-même emplit les corolles de miel,
Pures comme ces lis, chastes comme ces roses,
Semblent prier pour nous dans les maisons du ciel.
Alphonse de Lamartine

◆ Courtes prières pénètrent les cieux.

PRINCESSE
Être belle et aimée, ce n'est être que femme. Être laide et savoir se faire aimer, c'est être princesse.
Barbey d'Aurevilly

PRÉVOYANCE
◆ S'il fait beau, prends ton manteau ; s'il pleut, prends-le si tu veux.
◆ Bon champ semé bon blé rapporte.
◆ Il faut toujours garder une poire pour la soif.
◆ Il faut semer qui veut moissonner.

PRINCIPES

Je ne sais ce que c'est que des principes, sinon des règles qu'on prescrit aux autres pour soi.
Diderot

Ceux qui dirigent le peuple sont aussi des sots : mais au lieu d'obéir à des hommes, ils obéissent à des principes, lesquels ne peuvent être que niais, stériles et faux, par cela même qu'ils sont des principes, c'est-à-dire des idées réputées certaines et immuables, en ce monde où l'on n'est sûr de rien, puisque la lumière est une illusion, puisque le bruit est une illusion.
Guy de Maupassant

PRINTEMPS

O jours de mon printemps, jours couronnés de roses.
André Chénier, Poésies.

Quand nous chanterons le temps des cerises
Sifflera bien mieux le merle moqueur.
Mais il est bien court, le temps des cerises
Où l'on s'en va deux cueillir en rêvant
Des pendants d'oreilles !
Jean-Baptiste Clément

Le temps a laissé son manteau
De vent, de froidure et de pluie,
Et s'est vêtu de broderie,
De soleil luisant, clair et beau.
Charles d'Orléans

Amour et les fleurs ne durent qu'un Printemps.
Pierre de Ronsard

Maintenant, en plein ciel, le soleil d'avril rayonnait dans sa gloire, échauffant la terre qui enfantait. Du flanc nourricier jaillissait la vie, les bourgeons crevaient en feuilles vertes, les champs tressautaient de la poussée des herbes. De toutes parts, des graines se gonflaient, s'allongeaient, gerçaient la plaine, travaillées d'un besoin de chaleur et de lumière.
Émile Zola, Germinal.

◆ Une hirondelle ne fait pas le printemps.
◆ Les fleurs du printemps ne gardent pas toujours leur beauté.
◆ Chant du coucou, Temps doux.
◆ Papillon blanc Annonce le printemps.

PROBITÉ
Plus vous trouverez de raison dans un homme plus vous trouverez en lui de probité.
Diderot

Cet homme marchait pur loin des sentiers obliques
Vêtu de probité candide et de lin blanc.
Victor Hugo,
La légende des siècles.

PROCÈS
Misère est compagne de procès. *Rabelais*

Les Juifs se ruinent en Pâques, les Maures en noces, les chrétiens en procès.
Eugène Le Roy,
Jacquou le Croquant.

Je ne sais pas chicaner ma vie.
Duc de Montmorency, condamné à mort par Richelieu.

◆ Mauvais accommodement vaut mieux que bon procès.

PROCUREUR
La plus laide bête à voire passer, c'est un procureur portant ses sacs.
Louis XII

PROFIT
Il faut faire suer les écus.
Louis XI

Le profit de l'un est le dommage de l'autre.
Montaigne, Essais.

PROFONDEUR
Souvent je me suis demandé quelle chose était le plus facile à reconnaître : la profondeur de l'océan ou la profondeur du cœur humain.
Lautréamont,
Les Chants de Maldoror.

PROGRÈS
Les vrais hommes de progrès sont ceux qui ont pour point de départ un respect profond du passé.
Ernest Renan

PROJETS
Il faut toujours tâcher de former ses projets de façon que leur réussite même soit suivie de quelque avantage.
Paul de Gondi, cardinal de Retz, Mémoires.

PROMENADE

Faire route à pied par un beau temps, dans un beau pays, sans être pressé, et avoir pour terme de ma course un objet agréable : voilà de toutes les manières de vivre celle qui est le plus à mon goût.
Jean-Jacques Rousseau, Confessions.

Nous marcherons ainsi, ne laissant que notre ombre
Sur cette terre ingrate où les morts ont passé ;
Nous nous parlerons d'eux à l'heure où tout est sombre,
Où tu te plais à suivre un chemin effacé.
Alfred de Vigny

PROMESSE

Il m'a dit qu'il ne faut jamais
Vendre la peau de l'ours qu'on ne l'ait mis par terre.
Jean de La Fontaine, L'ours et les deux compagnons.

Nous promettons selon nos espérances, et nous tenons selon nos craintes.
La Rochefoucauld, Maximes.

Le plus lent à promettre est toujours le plus fidèle à tenir.
Jean-Jacques Rousseau.

Demain, j'irai demain voir ce pauvre chez lui,
Demain, je reprendrai le livre à peine ouvert,
Demain, je te dirai, mon âme, où je te mène,
Demain, je serai juste et fort.
Pas aujourd'hui.
Sully-Prud'homme, Poésies.

On promet beaucoup pour se dispenser de donner peu.
Vauvenargues

◆ Il ne faut jamais dire : fontaine, je ne boirai pas de ton eau.
◆ Grand prometteur, petit donneur.

PROMOTION SOCIALE

Cet ancien soldat, épicier, ménétrier et commis expéditionnaire fut depuis le maréchal Victor, duc de Bethune.
Alexandre Dumas, Napoléon.

Il y a trois mois, ce n'était qu'un voleur ; c'est à présent un conquérant.
Voltaire, au sujet de Mandrin.

PROPHÈTE

◆ Nul n'est prophète
en son pays.

◆ C'est être fou
que d'être sage
Selon raison contre l'usage.

◆ La chandelle qui va
devant éclaire mieux
que celle qui va derrière.

PROPRETÉ

La propreté embellit l'opulence et déguise la misère.
Rivarol

PROPRIÉTÉ

Tout sur cette terre appartient aux princes, hors le vent.
Victor Hugo,
La Légende des siècles.

La propriété, c'est le vol.
Proudhon

◆ Acquérir et jouir
sont deux.

◆ Le chien se défend
quand on lui ôte son os.

PROSPÉRITÉ

La prospérité fait peu d'amis.
Vauvenargues

PROSTATE

Il y a deux organes inutiles, la prostate et la Présidence de la République.
Georges Clemenceau

PROSTITUTION

Il n'y a, pour les nobles, qu'un moyen de fortune, et de même pour tous ceux qui ne veulent rien faire : ce moyen, c'est la prostitution. La Cour l'appelle galanterie.
Paul-Louis Courier

PROVERBES

Les proverbes sont les fruits de l'expérience des peuples, et comme le bon sens de tous les siècles réduit en formule.
Rivarol

PROVOCATION

◆ Il ne faut pas attiser
le feu avec l'épée.

◆ Il ne faut pas
émouvoir les frelons.

PRUDENCE

Il y a une prudence supérieure à celle qu'on qualifie ordinairement de ce nom : l'une est la prudence de l'aigle, et l'autre, celle des taupes. La première consiste à suivre hardiment son caractère, en acceptant avec courages les désavantages et les inconvénients qu'il peut produire.
Chamfort

Deux sûretés valent mieux qu'une. *Jean de La Fontaine*

Un Tiens vaut, ce dit-on, mieux que deux Tu l'auras : L'un est sûr ; l'autre ne l'est pas.
Jean de La Fontaine, Le petit poisson et le pêcheur.

La prudence et l'amour ne sont pas faits l'un pour l'autre : à mesure que l'amour croît, la prudence diminue.
La Rochefoucauld, Maximes.

Avec de la prudence, on peut faire toute espèce d'imprudence. *Jules Renard*

Prudence n'est que l'euphémisme de peur.
Jules Renard, Journal.

La prudence n'est qu'une qualité : il ne faut pas en faire une vertu. *Jules Renard, Journal.*

Il faut être prudent, mais non pas timide. *Voltaire*

◆ Qui dit averti, dit muni.
◆ Hâte-toi lentement.
◆ Qui va doucement va sainement ; qui va sainement va bien ; qui va bien va loin.
◆ Il ne faut pas mettre le doigt entre le bois et l'écorce.
◆ Le plus petit doit se garder de s'en prendre au plus gros.
◆ Il ne faut pas chanter avant d'avoir pondu.
◆ Il ne faut pas chanter le magnificat à matines.
◆ Mieux vaut aujourd'hui un œuf que demain un bœuf.

PRUNIER

C'est en mourant que l'amour et la fleur du prunier répandent leur plus douce odeur.
Paul-Jean Toulet

◆ Prunes et melon mettent la fièvre à la maison.

PUCES
La fièvre, à ce que l'on dit, nous délivre des puces, et l'infortune, de nos amis.
Paul-Jean Toulet,
Les Trois Impostures.

◆ Qui dort bien
ne sent pas les puces.
◆ Puce en l'oreille
L'homme réveille.

PUDEUR
Une femme doit avoir de la pudeur, non seulement pour elle-même, mais pour tout son sexe, c'est-à-dire qu'elle doit être jalouse que toutes les femmes en gardent les lois, car ce qui blesse la modestie de l'une blesse la modestie de toutes. Celle qui se met nue aux yeux des hommes déshabille en quelque sorte toutes les femmes honnêtes ; en se montrant sans voiles, elle montre sans voiles toutes les autres.
Joseph Joubert, Pensées.

Il est plaisant qu'on ait fait une loi de la pudeur aux femmes, qui n'estiment dans les hommes que l'effronterie.
Vauvenargues

PUISSANCE
La puissance ne consiste pas à frapper fort ou souvent, mais à frapper juste.
Honoré de Balzac,
Physiologie du mariage.

PUNITION
Qui pardonne aisément invite à l'offenser ;
Punissons l'assassin, proscrivons les complices.
Mais quoi ? toujours du sang, et toujours des supplices !
Ma cruauté se lasse, et ne peut s'arrêter ;
Je veux me faire craindre, et ne fais qu'irriter.
Pierre Corneille, Cinna.

Dieu punit l'homme de ses fautes en le laissant vivre.
Xavier Forneret

PYRAMIDES
Soldats, songez que, du haut de ces Pyramides, quarante siècles vous contemplent !
Napoléon Bonaparte, 21 /7/1798 avant la bataille.

PYROMANE
En France, on laisse en repos ceux qui mettent le feu et on persécute ceux qui sonnent le tocsin. *Chamfort*

Q

QUALITÉ
Le mal que nous faisons ne nous attire pas tant de persécution et de haine que nos bonnes qualités.
La Rochefoucauld, Maximes.

Ce n'est pas assez d'avoir de grandes qualités ; il faut en avoir l'économie.
La Rochefoucauld, Maximes.

◆ Toute médaille
a son revers.

C'est sans doute un grand avantage,
D'avoir de l'esprit, du courage,
De la naissance, du bon sens,
Et d'autres semblables talents,
Qu'on reçoit du ciel en partage ;
Mais vous aurez beau les avoir,
Pour votre avancement ce seront choses vaines,
Si vous n'avez, pour les faire valoir,
Ou des parrains ou des marraines.
Charles Perrault, Cendrillon.

R

RABELAIS

Rabelais, c'est la Gaule ; et qui dit la Gaule dit aussi la Grèce, car le sel attique et la bouffonnerie gauloise ont au fond la même saveur. Son éclat de rire énorme est un des gouffres de l'esprit.
Victor Hugo

RACINE

Racine se conforme à nos idées, (...) il peint les hommes tels qu'ils sont.
Jean de La Bruyère,
Les Caractères.

Racine fait des comédies pour la Champmeslé : ce n'est pas pour les siècles à venir. Racine passera comme le café.
Marquise de Sévigné,
Correspondance.

RAILLERIE

Tout homme qui raille peut avoir de l'esprit ; il veut même en avoir plus que celui qu'il plaisante. La preuve en est que, si ce dernier répond, il est déconcerté.
Montesquieu

La raillerie naît d'un mépris content.
Vauvenargues

La raillerie est l'épreuve de l'amour-propre.
Vauvenargues,
Réflexions et Maximes.

◆ La raillerie ne doit point passer le jeu.
◆ La raillerie est l'éclair de la calomnie.
◆ Il n'est pire raillerie que la vraie.

RAISON

Notre raison nous rend quelquefois aussi malheureux que nos passions ; et on peut dire de l'homme, quand il est dans ce cas, que c'est un malade empoisonné par son médecin.
Chamfort

La puissance de bien juger, de distinguer le vrai d'avec le faux, qui est proprement ce qu'on nomme le bon sens, ou la raison, est naturellement égale en tous les hommes.
Descartes,
Discours de la méthode.

Plus vous trouverez de raison dans un homme plus vous trouverez en lui de probité.
Diderot

La raison est ce qui effraie le plus chez un fou.
Anatole France

La raison est dans l'homme le supplément universel de l'impuissance de la nature.
Joseph Joubert, Pensées.

Quand l'eau courbe un bâton, ma raison le redresse.
La Fontaine,
Un animal dans la lune.

La parfaite raison fuit toute extrémité
Et veut que l'on soit sage avec sobriété.
Molière

Dans tout ce qu'on entreprend, il faut donner les deux tiers à la raison et l'autre tiers au hasard. Augmentez la première fraction, et vous serez pusillanime. Augmentez la seconde, vous serez téméraire.
Napoléon 1er, Le Mémorial de Sainte-Hélène.

Le cœur a ses raisons que la raison ne connaît pas.
Pascal, Pensées.

Deux excès : exclure la raison, n'admettre que la raison.
Pascal, Pensées.

La raison du plus raisonnable est toujours la meilleure.
Jules Renard, Journal.

La raison : l'ordre dans les pensées choisies.
Jules Renard, Journal.

La raison est historienne, mais les passions sont actrices.
Rivarol

On ne déraisonne jamais mieux que lorsqu'on a beaucoup de raison à perdre ; comme on ne se ruine jamais mieux que lorsqu'on a beaucoup de fortune.
Rivarol

La raison se compose de vérités qu'il faut dire et de vérités qu'il faut taire. *Rivarol*

La raison fait l'homme mais c'est le sentiment qui le conduit.
Jean-Jacques Rousseau

La raison rougit des penchants dont elle ne peut rendre compte.
Vauvenargues

La raison nous trompe plus souvent que la nature.
Vauvenargues

Le secret des moindres plaisirs de la nature passe par la raison.
Vauvenargues

Le courage a plus de ressources contre les disgrâces, que la raison.
Vauvenargues

La raison et la liberté sont incompatibles avec la faiblesse.
Vauvenargues

◆ La fantaisie fait la loi à la raison.

RAISON (AVOIR.)
Prouver que j'ai raison serait accorder que je puis avoir tort.
Beaumarchais

Les gens heureux ne se corrigent guère ; ils croient toujours avoir raison quand la fortune soutient leur mauvaise fortune.
La Rochefoucauld, Maximes.

RALLIEMENT
Ralliez-vous à mon panache blanc !
Henri IV, Avant la bataille d'Ivry, le 14/3/1590.

RANG
Tel brille au second rang qui s'éclipse au premier. *Voltaire*

RAPIDITÉ
Appelons hommes de génie ceux qui font vite ce que nous faisons lentement.
Joseph Joubert, Pensées.

Au fait ! est ma devise.
Voltaire

◆ Aussitôt dit aussitôt fait.

RAT

◆ Au paresseux laboureur
Les rats mangent
le meilleur.
◆ A tard se repent le rat
Quand par le col
le tient le chat.

RATAGE

C'est très bien. J'aurai tout manqué, même ma mort.
Edmond Rostand

Nous sommes tous des ratés, puisque ça finit par la mort.
Georges Simenon

RÉALISME

◆ Un tien vaut mieux
que deux tu l'auras.
◆ Un moineau
dans la main vaut mieux
qu'une grue qui vole.
◆ Mieux vaut tenir
que courir.
◆ Mieux vaut un présent
que deux futurs.
◆ Mieux vaut ployer
que rompre.
◆ Il ne faut pas quitter
le certain pour l'incertain.
◆ Il ne faut pas lâcher
la proie pour l'ombre.
◆ Un homme averti
en vaut deux.

RECEL

◆ Les receleurs sont
pires que les malfaiteurs.

RÉCONCILIATION

Tous les gueux se réconcilient à la gamelle.
Diderot

Les amitiés renouées demandent plus de soins que celles qui n'ont jamais été rompues.
La Rochefoucauld, Maximes.

RECONNAISSANCE

Le sentiment qu'on a pour la plupart des bienfaiteurs ressemble à la reconnaissance qu'on a pour les arracheurs de dents. On se dit qu'ils vous ont fait du bien, qu'ils vous ont délivré d'un mal, mais on se rappelle la douleur qu'ils vous ont causée, et on ne les aime guère avec tendresse.
Chamfort

La reconnaissance a la mémoire courte.
Benjamin Constant

On donne plus aisément des bornes à sa reconnaissance qu'à ses espérances et qu'à ses désirs. *La Rochefoucauld*

Rien n'est éternel, pas même la reconnaissance.
Jules Renard, Journal.

◆ La reconnaissance s'entretient par les bienfaits.
◆ La reconnaissance est la seule dette qu'un débiteur aime à voir s'accroître.

RÉFLEXION
Je ne me fie quasi jamais aux premières pensées qui me viennent.
Descartes,
Discours de la méthode.

REFORME
En politique, il faut toujours laisser un os à ronger aux frondeurs.
Joseph Joubert, Pensées.

Plus ça change, plus c'est la même chose.
Alphonse Karr

◆ Pour réformer ce qui va mal, il faut commencer par sa maison.

REGARD
Allume ta prunelle à la flamme des lustres ;
Allume le défi dans le regard des rustres.
Baudelaire,
Les Fleurs du mal.

Il y a une vertu dans les regards d'un grand homme.
Chateaubriand,
Voyage en Amérique.

Celui qui disperse ses regards sur tout ne voit rien ou voit mal. *Diderot*

Le soleil ni la mort ne peuvent se regarder fixement.
La Rochefoucauld, Maximes.

RÉGIME
C'est une ennuyeuse maladie que de conserver sa santé par un trop grand régime.
La Rochefoucauld, Maximes.

RÈGNE
Ou laissez-moi périr, ou laissez-moi régner.
Pierre Corneille, Cinna.

REGRETS

(...) Vois se pencher les défuntes Années,
Sur les balcons du ciel, en robes surannées ;
Surgir du fond des eaux le Regret souriant.
Charles Baudelaire, Les Fleurs du mal.

Les vrais paradis sont les paradis qu'on a perdus.
Marcel Proust, A la recherche du temps perdu.

- Qu'as-tu fait, ô toi que voilà
Pleurant sans cesse,
Dis, qu'as-tu fait, toi que voilà,
De ta jeunesse ?
Paul Verlaine

En écrivant cette parole
A peu que le cœur ne me fend.
François Villon, Le testament.

REINE

Les reines ont été vues pleurant comme de simples femmes.
Chateaubriand

◆ L'an passé est toujours le meilleur.
◆ A tard se repent le rat
Quand par le col
le tient le chat.

RELATIVITÉ

Le monde est fait ainsi : loi suprême et funeste !
Comme l'ombre d'un songe au bout de peu d'instants
Ce qui charme s'en va, ce qui fait peine reste :
La rose vit une heure et le cyprès cent ans.
Théophile Gautier, Poésies.

RELIGIEUSE

Le mariage est une vie, le voile est une mort.
Honoré de Balzac

RELIGION

La religion n'est autre chose que l'ombre portée de l'univers sur l'intelligence humaine.
Victor Hugo

Une religion, c'est une lunette pour voir l'étoile.
Victor Hugo

La religion est la poésie du cœur ; elle a des enchantements utiles à nos mœurs ; elle nous donne et le bonheur et la vertu.
Joseph Joubert, Pensées.

La religion défend de croire au delà de ce qu'elle enseigne.
Joseph Joubert, Pensées.

La religion est un feu que l'exemple entretient, et qui s'éteint, s'il n'est communiqué.
Joseph Joubert, Pensées.

RELIGION
Il n'y a que la religion qui puisse faire supporter aux hommes les inégalités de rang, parce qu'elle console de tout. *Napoléon Ier*

Un société sans religion est un vaisseau sans boussole.
Napoléon Ier

La religion ne devrait être, pour les pauvres, que de la gaieté.
Jules Renard, Journal.

Il n'y a rien de plus bassement pratique que la religion.
Jules Renard, Journal.

RELIQUES
Ah ! Durendal, comme tu es belle et sainte ! Dans ton pommeau doré, il y a beaucoup de reliques : une dent de Saint Pierre, du sang de Saint Basile, et des cheveux de Monseigneur Saint Denis, et du vêtement de Sainte Marie.
La chanson de Roland

REMARIAGE
◆ Quand la femme se remarie ayant enfants, elle leur fait un ennemi pour un parent.

REMÈDE
la princesse (...) prend tous les jours douze tasses de thé. Elle le fait infuser comme nous, et remet encore dans la tasse plus de la moitié d'eau bouillante ; elle pensa me faire vomir. Cela, dit-elle, la guérit de tous ses maux. *Mme de Sévigné*

RÉMINISCENCE
Puis une dame, à sa haute fenêtre,
Blonde aux yeux noirs, en ses habits anciens,
Que, dans une autre existence peut-être,
J'ai déjà vue. et dont je me souviens !
Gérard de Nerval

REMORDS
Et le ver rongera ta peau comme un remords.
Charles Baudelaire

Les remords meurent, comme le reste. Et il y en a dont le souvenir embaume.
Henry de Montherlant

RENARD

◆ Il faut pour triompher
la force du lion
et la ruse du renard.

◆ Le renard change
de poil, mais non
de naturel.

◆ Renard qui dort
la matinée
N'a pas la langue
emplumée.

RENCONTRE

Oh ! qu'une, d'Elle-même, un beau soir, sût venir
Ne voulant plus que boire à mes lèvres, ou mourir !
Jules Laforgue

RENOMMÉE

◆ Bonne renommée
vaut mieux
que ceinture dorée.

◆ Mieux vaut
bonne renommée
que grandes richesses.

REPENTIR

Cette tristesse, que nos fautes nous causent, a un nom particulier, et s'appelle repentir.
Bossuet

Je hais cet accidentel repentir que l'âge apporte.
Montaigne, Essais.

Dieu fit du repentir la vertu des mortels.
Voltaire

◆ Débander l'arc
ne guérit pas la plaie.

REPOS

Il n'y a pas de repos pour les peuples libres ; le repos, c'est une idée monarchique.
Georges Clemenceau

Le repos ? Le repos, trésor si précieux
Qu'on en faisait jadis le partage des dieux !
Jean de La Fontaine

Rien n'est si insupportable à l'homme que d'être dans un plein repos, sans passions, sans affaires, sans divertissement, sans application. Il sent alors son néant, son abandon, son insuffisance, son vide. Incontinent, il sortira du fond de son âme l'ennui, la noirceur, la tristesse, le chagrin, le dépit, le désespoir.
Pascal

Tout le monde s'agite pour trouver enfin le repos ; mais il y a des hommes si paresseux qu'ils mettent le but au début.
Rivarol

RÉPUBLIQUE

La République est jeune et fière
Et ne punit que les bourreaux ;
Elle marche dans la lumière.
La République est un héros.
Théodore de Banville,
Idylles prussiennes.

La République nous appelle ;
Sachons vaincre ou sachons périr :
Un Français doit vivre pour elle ;
Pour elle un Français doit mourir.
Marie-Joseph Chénier,
Chant du départ.

La République, en France, a ceci de particulier que personne n'en veut et que tout le monde y tient.
Gobineau

La république est une anarchie positive.
Proudhon

RÉPUTATION

La fortune exige des soins. Il faut être souple, amusant, cabaler, n'offenser personne, plaire aux femmes et aux hommes en place, se mêler des plaisirs et des affaires, cacher sons secret, s'avoir s'ennuyer la nuit à table, et jouer trois quadrilles sans quitter sa chaise : même après tout cela, on n'est sûr de rien. Combien de dégoûts et d'ennuis ne pourrait-on pas s'épargner, si on osait aller à la gloire par le seul mérite !
Vauvenargues,
Réflexions et Maximes.

◆ Bonne renommée vaut mieux que ceinture dorée.
◆ Mieux vaut bonne renommée que grandes richesses.

MAUVAISE RÉPUTATION

◆ A beau se lever matin qui a le renom de dormir la grasse matinée.

RESPECT

On respecte un homme qui se respecte lui-même.
Balzac

Il avait pour lui le respect d'un homme qui a pesé la vie dans tous les trébuchets du mépris et qui trouvait que rien n'est plus beau, après tout, que la force humaine écrasée par la stupidité du destin.
Barbey d'Aurevilly, Les Diaboliques.

RÉSOLUTION

Quand une fois j'ai pris ma résolution, je vais droit au but et je renverse tout de ma robe rouge.
Richelieu

RESSENTIMENT

J'ai été un ami sincère, je resterai ennemi irréconciliable. Je suis malheureusement né : les blessures qu'on me fait ne se ferment jamais.
Chateaubriand, Mémoires d'outre-tombe.

L'importance sans mérite obtient des égards sans estime.
Chamfort, Maximes et Pensées.

Nous respectons malgré nous ceux que nous voyons respectés.
Joseph Joubert, Pensées.

Être capable de respect est aujourd'hui presque aussi rare qu'en être digne.
Joseph Joubert, Pensées.

Tenez-vous loin de moi, pour que je puisse vous respecter.
Jules Renard, Journal.

RETARD

Je suis venu trop tard dans un monde trop vieux.
Alfred de Musset

RETRAITE

Tircis, il faut penser à faire la retraite :
La course de nos jours est plus qu'à demi faite,
L'âge insensiblement nous conduit à la mort.
Nous avons assez vu sur la mer de ce monde
Errer au gré des flots notre nef vagabonde ;
Il est temps de jouir des délices du port.
Honorat de Racan

RÉUSSITE

Je réussirai ! Le mot du joueur, du grand capitaine, mot fataliste qui perd plus d'hommes qu'il n'en sauve.
Honoré de Balzac

On croit communément que l'art de plaire est un grand moyen de faire fortune : savoir s'ennuyer est un art qui réussit bien davantage. Le talent de faire fortune, comme celui de réussir auprès des femmes, se réduit presque à cet art-là. *Chamfort*

Il faut toujours tâcher de former ses projets de façon que leur réussite même soit suivie de quelque avantage.
Paul de Gondi

J'ai toujours cru que pour réussir dans le monde, il fallait avoir l'air fou et être sage.
Montesquieu

Pour réussir dans le monde, retenez bien ces trois maximes : voir, c'est savoir ; vouloir, c'est pouvoir ; oser, c'est avoir.
Alfred de Musset

Pour moi, je n'ai qu'un besoin, celui de réussir.
Napoléon 1er

L'art d'être tantôt très audacieux et tantôt très prudent est l'art de réussir.
Napoléon 1er

Quand on a le droit de se tromper impunément, on est toujours sûr de réussir.
Renan

Le plus souvent on réussit non par ce qu'on fait, mais par ce qu'on ne fait pas.
Jules Tellier

Les hommes ont de grandes prétentions et de petits projets.
Vauvenargues

Les grand hommes entreprennent les grandes choses, parce qu'elles sont grandes ; et les fous, parce qu'ils les croient faciles. *Vauvenargues*

◆ Qui s'enrichit en six mois se fait quelquefois pendre au bout d'un an.
◆ Grand bien ne vient pas en peu d'heures.
◆ On ne va jamais si loin que lorsqu'on ne sait pas où l'on va.
◆ Qui veut vaincre doit savoir souffrir.

RÊVES

C'était l'heure où l'essaim des rêves malfaisants
Tord sur leurs oreillers les bruns adolescents.
Charles Baudelaire, Les Fleurs du Mal.

Et l'on songerait, parmi ces parfums
De bras, d'éventails, de fleurs, de peignoirs,
De fins cheveux blonds, de lourds cheveux noirs,
Aux pays lointains, aux siècles défunts.
Charles Baudelaire

Le rêve est l'aquarium de la nuit. *Victor Hugo, Les Travailleurs de la mer.*

Dans les Indes du Rêve aux pacifiques Ganges,
Que j'en ai des comptoirs, des hamacs de rechange !
Jules Laforgue, Les Complaintes.

On ne rêve que lorsqu'on dort. *Lautréamont, Poésies.*

Rêve de grandes choses, cela te permettra d'en faire au moins de toutes petites. *Jules Renard, Journal.*

Le rêve, c'est le luxe de la pensée. *Jules Renard*

Le rêve, ce n'est que de la vie éperdument dilatée. *Jules Renard, Journal.*

Tout lasse, sauf le rêve, qui est la vie immatérielle. *Jules Renard, Journal.*

J'ai bâti de si beaux châteaux que les ruines m'en suffiraient. *Jules Renard, Journal.*

L'idéal : un rêve précis. *Jules Renard, Journal.*

Rêverie : la pensée qui ne se nourrit de rien. *Jules Renard, Journal.*

Le rêve de l'homme est semblable
Aux illusions de la mer.
Paul-Jean Toulet

Je fais souvent ce rêve étrange et pénétrant
D'une femme inconnue, et que j'aime, et qui m'aime,
Et qui n'est, chaque fois, ni tout à fait la même
Ni tout à fait une autre, et m'aime et me comprend.
Paul Verlaine

RÉVOLUTION
Une révolution est toujours inaugurée par des naïfs, poursuivie par des intrigants, consommée par des scélérats.
Paul Bourget

Toute révolution qui n'est pas accomplie dans les mœurs et dans les idées échoue.
Chateaubriand

La révolution féminine doit maintenant compléter la révolution prolétaire, comme celle-ci consolida la révolution bourgeoise, émanée d'abord de la révolution philosophique.
Auguste Comte, Catéchisme positiviste.

La bassesse fait les conservateurs et l'envie fait les révolutionnaires.
Edmond et Jules de Goncourt, Journal.

Il ne peut y avoir révolution que là où il y a conscience.
Jean Jaurès

Ce ne sont point les hommes qui mènent la révolution, c'est la révolution qui emploie les hommes.
Joseph de Maistre

Dans les révolutions, il y a deux sortes de gens : ceux qui les font et ceux qui en profitent.
Napoléon 1er

Ceux qui font des révolutions à moitié n'ont fait que se creuser un tombeau.
Saint-Just

RÉVOLUTION FRANÇAISE
La Révolution française est un bloc, un bloc dont on ne peut rien distraire, parce que la vérité historique ne le permet pas.
Georges Clemenceau

Les meneurs, nos grands Terroristes, n'étaient nullement des hommes du peuple, mais des bourgeois, des nobles, des esprits cultivés, subtils, bizarres, des sophistes et des scolastiques.
Michelet, Le Peuple.

RÉVOLUTIONNAIRE
Il n'y a que deux grands courants dans l'histoire de l'humanité : la bassesse qui fait les conservateurs et l'envie qui fait les révolutionnaires.
Edmond et Jules de Goncourt, Journal.

RICHELIEU

C'est le plus grand serviteur que jamais la France ait eu.
Louis XIII

RICHESSE

La possession des richesses a des filets invisibles où le cœur se prend insensiblement.
Bossuet, Sermons.

Le plus riche des hommes, c'est l'économe. Le plus pauvre, c'est l'avare. *Chamfort*

Qui aura le profit aura l'honneur. *Philippe de Commynes*

Je ne suis pas assez riche pour vous aimer comme je voudrais, ni assez pauvre pour être aimé comme vous voudriez.
Alexandre Dumas fils

Quoiqu'on fasse, on ne peut se déshonorer quand on est riche. *Diderot*

On se lasse d'être un héros et on ne se lasse pas d'être riche.
Fontenelle

Il y a des vertus qu'on ne peut exercer que quand on est riche. *Rivarol*
Les gens du monde emploient mieux leurs loisirs que leur temps ; les pauvres n'ont pas de loisirs. *Rivarol*

Ce n'est pas tant d'être riche qui fait le bonheur, c'est de le devenir. *Stendhal*

Il n'est pas vrai que les hommes soient meilleurs dans la pauvreté que dans la richesse.
Vauvenargues

La prospérité fait peu d'amis.
Vauvenargues

La profusion avilit ceux qu'elle n'illustre pas.
Vauvenargues

◆ Du riche prospère et opulent, Chacun est cousin ou parent.
◆ Abondance de biens ne nuit pas.
◆ L'homme riche ne sait qui est son ami.
◆ Le riche ignore les pauvres.
◆ Les paresseux ne sont jamais riches.
◆ Si l'habit du pauvre a des trous, celui du riche a des taches.
◆ La rivière ne grossit pas sans être trouble.

RIDE

Le temps aux plus belles choses
Se plaît à faire un affront,
Et saura faner vos roses
Comme il a ridé mon front.
Pierre Corneille, Stances.

Mesdames, souriez afin que plus tard vos rides soient bien placées.
Mme de Maintenon

RIDICULE

On n'imagine pas combien il faut d'esprit pour n'être jamais ridicule. *Chamfort*

Le ridicule déshonore plus que le déshonneur.
La Rochefoucauld, Maximes.

Le plus dangereux ridicule des vieilles personnes qui ont été aimables, c'est d'oublier qu'elles ne le sont plus.
La Rochefoucauld, Maximes.

Le ridicule n'existe pas : ceux qui osèrent le braver en face conquirent le monde.
Octave Mirbeau

Du sublime au ridicule, il n'y a qu'un pas.
Napoléon 1er

RIRE

La plus perdue de toutes les journées est celle où l'on n'a pas ri. *Chamfort*

Rira bien qui rira le dernier.
Florian, Fables.

Et les perles en dents se moulent
Pour l'écrin des rires charmants.
Théophile Gautier

Il faut rire avant d'être heureux, de peur de mourir sans avoir ri.
La Bruyère, Les Caractères.

Riez, mais pleurez, en même temps. *Lautréamont*

Tel qui rit vendredi dimanche pleurera.
Jean Racine, Les plaideurs.

La honte de pleurer donne l'effronterie de rire.
Jules Renard, Journal.

Il ne faut rire que des belles choses qu'on peut aimer.
Jules Renard, Journal.

Le banal ne fait pas rire.
Jules Renard, Journal.

◆ Au rire on connaît le fou.
◆ Le rire est la trompette de la folie.
◆ Trop rire fait pleurer.
◆ Celui qui rit toujours trompe souvent.

RISQUE
Plus le péril est grand, plus doux en est le fruit.
Pierre Corneille, Cinna.

◆ Qui n'a rien ne risque rien.

RIVAL
Ou vous avez un rival, ou vous n'en avez pas. Si vous en avez un, il faut plaire pour lui être préféré ; si vous n'en avez pas, il faut encore plaire pour éviter d'un avoir.
Choderlos de Laclos

J'embrasse mon rival, mais c'est pour l'étouffer.
Jean Racine, Britannicus.

RIVIÈRE
◆ La rivière ne grossit pas sans être trouble.
◆ Toutes les rivières retournent à la mer.
◆ Les petits ruisseaux font les grandes rivières.

RIVE
Au bord tristement doux des eaux, je me retire,
Et vois couler ensemble et les eaux, et mes jours ;
Je m'y vois sec et pâle, et si j'aime toujours
Leurs rêveuse mollesse où ma peine se mire.
Jacques Davy du Perron

ROBE
Que tu me plais dans cette robe
Qui te déshabille si bien
Faisant jaillir ta gorge en globe,
Montrant tout nu ton bras païen !
Théophile Gautier

Toute femme portait jadis une robe bleue ou noire qu'elle gardait dix ans sans la laver, de peur qu'elle ne s'en allât en lambeaux. *Michelet, Le Peuple.*

Je vous dois d'avoir eu, tout au moins, une amie.
Grâce à vous une robe a passé dans ma vie.
Edmond Rostand, Cyrano de Bergerac.

ROI
Bon roi, roi avare.
Louis XII

Ce qu'ils peuvent n'est rien ;
ils sont comme nous sommes,
Véritablement hommes
Et meurent comme nous.
François de Malherbe

Les rois : les gros numéros de l'Histoire.
Jules Renard, Journal.

Si veut le roi, si veut la loi !
Suger

Celui qui est né pour obéir, obéirait jusque sur le trône.
Vauvenargues, Réflexions et Maximes.

◆ Toute justice émane du roi.
◆ Un roi, une foi, une loi.

ROMAN
L'histoire est un roman qui a été, le roman est de l'histoire qui aurait pu être.
Edmond et Jules Goncourt

Dès qu'une vérité dépasse cinq lignes, c'est du roman.
Jules Renard, Journal.

Le roman est un genre faux, parce qu'il décrit les passions pour elles-mêmes : la conclusion morale est absente.
Lautréamont

ROMANCIER
Le romancier est l'historien du présent, alors que l'historien est le romancier du passé.
Georges Duhamel

ROMANTISME
Les romantiques avaient cru que l'art était surtout dans le laid. L'amour errant leur a semblé plus poétique que la famille, et le vol que le travail, et le bagne que l'atelier.
Michelet, Le Peuple.

La littérature romantique est la seule qui puisse exister et se vivifier de nouveau ; elle exprime notre religion ; elle rappelle notre histoire.
Mme de Staël

ROME
Rome n'est plus dans Rome, elle est toute où je suis.
Pierre Corneille, Sertorius.

Rome l'unique objet de mon ressentiment !
Rome, à qui vient ton bras d'immoler mon amant !
Rome qui t'a vu naître et que ton cœur adore !
Rome enfin que je hais parce qu'elle t'honore !
Pierre Corneille, Horace.

RONSARD
Et toi, mon maître, ô fier Ronsard,
Enthousiaste du doux art,
Amant d'Hélène,
Qui jadis nous émerveillais
Sur les roses et les œillets
De son haleine !
Théodore de Banville

ROSES
Larges roses de feu, comme on en voit en rêve,
Et dont le fier carmin, d'un sourire enchanté,
Ressemble à du sang frais sur le tranchant d'un glaive.
Théodore de Banville, Les Exilés.

La tulipe est une fleur sans âme ; mais il semble que la rose et le lys en aient une.
Joseph Joubert, Pensées.

Vivez, si m'en croyez, n'attendez à demain ;
Cueillez dès aujourd'hui les roses de la vie.
Pierre de Ronsard

Mignonne, allons voir si la rose
Qui ce matin avait déclose
Sa robe de pourpre au soleil,
A point perdu cette vesprée
Les plis de sa robe pourprée
Et son teint au vôtre pareil.
Pierre de Ronsard

Les roses naissent sur ta face
Quand tu ris près du feu.
Paul-Jean Toulet, Les Contrerimes.

◆ Le bouton devient rose, et la rose gratte-cul.
◆ Il n'y a point de roses sans épines.
◆ Mai sans rose rend l'âme morose.

ROSEAU
L'homme n'est qu'un roseau, le plus faible de la nature, mais c'est un roseau pensant.
Pascal, Pensées.

RÔTISSEUR
On devient cuisinier mais on naît rôtisseur.
Brillat-Savarin,
Physiologie du goût.

Enfer chrétien, du feu. Enfer païen, du feu. Enfer mahométan, du feu. Enfer hindou, des flammes. A en croire les religions, Dieu est né rôtisseur.
Victor Hugo

ROUGIR
Il vaut mieux faire rougir une femme que la faire rire.
Alphonse Karr

ROUSSEUR
Elle avait les yeux verts, et jusque sur sa croupe
Ondoyait en torrent l'or de ses cheveux roux.
Théophile Gautier, Poésies.

On peut juger de la couleur de la peau par celle des cheveux qui, chez les Égyptiens, les meilleurs philosophes du monde, étaient d'une si grande conséquence, qu'ils faisaient mourir tous les hommes roux qui leur tombaient entre les mains.
Montesquieu,
De l'esprit des lois.

RUE
La rue assourdissante autour de moi hurlait.
Charles Baudelaire,
Les fleurs du mal.

RUINE
La ruine du prochain plaît aux amis et aux ennemis.
La Rochefoucauld, Maximes.

Les longues prospérités s'écoulent quelquefois en un moment, comme les chaleurs d'été sont emportées par un jour d'orage.
Vauvenargues,
Réflexions et Maximes.

Rien ne m'est plus, plus ne m'est rien.
Valentine de Visconti, après l'assassinat de son mari, le duc d'Orléans (1406).

◆ L'homme ne peut perdre ce qu'il n'a pas.

RUINES
Les ruines jettent une grande moralité au milieu des scènes de la nature.
Chateaubriand,
Le génie du christianisme.

RUMEURS

◆ Toutes les fois
qu'il tonne,
la foudre ne tombe pas.

◆ Il n'y a point
de fumée sans feu.

RUPTURE

On a bien de la peine à rompre, quand on ne s'aime plus.
La Rochefoucauld, Maximes.

Aimer moins, ou ne plus aimer, c'est tout de même.
Paul-Jean Toulet,

C'est en mourant que l'amour et la fleur du prunier répandent leur plus douce odeur.
Paul-Jean Toulet, Monsieur du Paur, homme public.

◆ De forte couture
forte déchirure.

◆ Loin des yeux
loin du cœur.

RUSE

◆ Mieux vaut ruse
que force.

S

SABRE
Il n'y a que deux puissances dans le monde : le sabre et l'esprit. J'entends par l'esprit les institutions civiles et religieuses. A la longue, le sabre est toujours battu par l'esprit.
Napoléon 1er, Le Mémorial de Sainte-Hélène.

SAGE
On a souvent honoré du titre de sage ceux qui n'ont eu d'autre mérite que de contredire leurs contemporains.
D'Alembert

La raison fait des philosophes et la gloire fait des héros ; la seule vertu fait des sages.
Vauvenargues,
Réflexions et Maximes.

◆ Il vaut mieux être fou
avec tous
que sage tout seul.
◆ Les fous sont plus utiles
aux sages que les sages
aux fous.
◆ Les sages vont chercher
de la lumière,
et les fous leur en donne.
◆ Fou qui se tait
passe pour sage.
◆ Est sage celui
qui redoute le fou.

SAGESSE
La nature a voulu que les illusions fussent pour les sages comme pour les fous, afin que les premiers ne fussent pas trop malheureux par leur propre sagesse.
Chamfort

Il y a plus de fous que de sages, et dans le sage même, il y a plus de folie que de sagesse. *Chamfort*

La sagesse est la force des faibles.
Joseph Joubert, Pensées.

La sagesse est le commencement du beau.
Joseph Joubert, Pensées.

La constance des sages n'est que l'art de renfermer leur agitation dans le cœur.
La Rochefoucauld, Maximes.

C'est une grande folie de vouloir être sage tout seul.
La Rochefoucauld, Maximes.

Il faut peu de choses pour rendre le sage heureux ; rien ne peut rendre un fol content ; c'est pourquoi presque tous les hommes sont misérables.
La Rochefoucauld, Maximes.

La sagesse est à l'âme ce que la santé est pour le corps.
La Rochefoucauld, Maximes.

Qui vit sans folie n'est pas si sage qu'il croit.
La Rochefoucauld, Maximes.

Il est plus aisé d'être sage pour les autres que de l'être pour soi-même.
La Rochefoucauld, Maximes.

Les plus sages le sont dans les choses indifférentes, mais ils ne le sont presque jamais dans leurs plus sérieuses affaires.
La Rochefoucauld, Maximes.

L'une des plus grandes sagesses en l'art militaire, c'est de ne pousser son ennemi au désespoir.
Montaigne, Essais.

J'aime les paysans, ils ne sont pas assez savants pour raisonner de travers.
Montesquieu, Pensées.

Le bon sens du maraud quelquefois m'épouvante.
Molière, avec raison, consultait sa servante.
Alexis Piron

On ne reçoit pas la sagesse, il faut la découvrir soi-même, après un trajet que personne ne peut faire pour nous, ne peut nous épargner.
Marcel Proust,
A la recherche
du temps perdu.

La sagesse nous est donnée principalement pour ménager nos plaisirs.
Saint Evremond

Ce n'est qu'en soi, et de soi-même déchiré, qu'on puise sa sagesse : si tu as soif de savoir, bois ton sang.
Paul-Jean Toulet

La sagesse est le tyran des faibles. *Vauvenargues*

◆ L'adversité rend sage.
◆ Mémoire et usage
Rendent l'homme sage.
◆ Les ans ont
beaucoup plus vu
Que les livres
n'en ont connu.
◆ Sagesse vaut mieux
que force.
◆ Écoute le premier,
parle le dernier.
◆ Sagesse et gentillesse
ne font pas bouillir
la marmite.

SAINTS & MALADIES

◆ Heurter à la boutique de **saint Cosme** : avoir besoin d'un médecin.
◆ Être dans les prisons de **saint Crespin** : être chaussé à l'étroit.
◆ Mal de **saint Fiacre** : hémorroïdes.
◆ Mal de **saint Genou** : goutte.
◆ Mal de **saint Gilles** : cancer.
◆ Mal de **saint Martin** : ivresse.
◆ Colique de **saint Mathurin** : folie.
◆ Mal de **saint Maur** : goutte.
◆ Rire de **saint Médard** : mauvaise mine.
◆ Mal de **saint Médard** ou Mal de **saint Quentin** : emprisonnement.
◆ Mal de saint **Zacharie** : mutisme.
◆ Mal de **saint Tranquillin** : paresse.

SAINT

◆ A chaque saint sa chandelle.
◆ A petit saint petite offrande.
◆ Comme on connaît ses saints on les honore.
◆ Quand Dieu ne veut le saint ne peut.
◆ Il vaut mieux s'adresser au bon Dieu qu'à ses saints.

SALADE
Il faut quatre hommes pour faire une salade : un prodigue pour l'huile, un avare pour le vinaigre, un sage pour le sel et un fou pour le poivre.
François Coppée

SALAIRE
Un garçon boulanger à Paris gagne plus que deux douaniers, plus qu'un lieutenant d'infanterie, plus que tel magistrat, plus que la plupart des professeurs ; il gagne autant que six maîtres d'école !
Michelet, Le Peuple.

◆ L'espoir de gain diminue la peine.
◆ L'argent qu'on gagne sent toujours bon.
◆ Toute peine mérite salaire.

SALETÉ
Je suis sale. Les poux me rongent. Les pourceaux, quand ils me regardent, vomissent.
Lautréamont,
Les Chants de Maldoror.

SALUT
Le salut des vaincus est de n'en plus attendre.
Marquis de Racan

SALTIMBANQUE
◆ Qui bien chante
et qui bien danse
Fait un métier
qui peu avance.

SAMOURAI
Sabres au flanc, l'éventail haut, il va.
La cordelière rouge et le gland écarlate
Coupent l'armure sombre, et, sur l'épaule, éclate
Le blason de Hizen ou de Tokungawa.
Ce beau guerrier vêtu de lames et de plaques,
Sous le bronze, la soie et les brillantes laques,
Semble un crustacé noir, gigantesque et vermeil.
José Maria de Heredia,
Les trophées.

SANG
Le sang du pauvre, c'est l'argent. On en vit et on en meurt depuis des siècles. Il résume expressivement toute souffrance.
Léon Bloy

SANTÉ
La meilleure santé, c'est de ne pas sentir sa santé.
Jules Renard, Journal.

Il faut entretenir la vigueur du corps pour conserver celle de l'esprit.
Vauvenargues, Réflexions et Maximes.

◆ Mieux vaut deux pieds que trois échasses.
◆ Qui n'a santé n'a rien ; qui a santé a tout.
◆ Mal sur mal n'est pas santé.

SATISFACTION
Quand on n'a pas ce que l'on aime, il faut aimer ce que l'on a.
Bussy-Rabutin (attribué aussi à Thomas Corneille)

Contentement passe richesse.
Molière, le Médecin malgré lui.

SAUMON
◆ Il faut perdre un vairon pour pêcher un saumon.

SAULE
Mes chers amis, quand je mourrai,
Plantez un saule au cimetière.
J'aime son feuillage éploré ;
La pâleur m'en est douce et chère,
Et son ombre sera légère
A la terre où je dormirai.
Alfred de Musset, Lucie.

◆ Dure l'hiver jusqu'à ce que fleurisse le saule.

SAUVAGEONNE
Je vis venir à moi, dans les grands roseaux verts,
La belle fille heureuse, effarée et sauvage,
Ses cheveux dans ses yeux, et riant au travers.
Victor Hugo

SAVANT
Un savant, c'est un homme qui est à peu près certain.
Jules Renard, Journal.

Le savant généralise, l'artiste individualise.
Jules Renard, Journal.

Ce n'est pas la science qui est irréligieuse : ce sont les savants. *Paul-Jean Toulet*

Un homme qui digère mal, et qui est vorace, est peut-être une image assez fidèle du caractère d'esprit de la plupart des savants.
Vauvenargues

SAVOIR
Ce que j'ai appris, je ne le sais plus. Le peu que je sais encore, je l'ai deviné. *Chamfort*

Savoir ce que tout le monde sait, c'est ne rien savoir.
Rémy de Gourmont

Puisqu'on ne peut être universel et savoir tout ce qu'on peut savoir sur tout, il faut savoir un peu de tout. Car il est bien plus beau de savoir quelque chose de tout que de savoir tout d'une chose ; cette universalité est la plus belle.
Pascal, Pensées.

Le bon sens dispense de savoir.
Jules Renard, Journal.

Généralement, les gens qui savent peu parlent beaucoup, et les gens qui savent beaucoup parlent peu.
Jean-Jacques Rousseau, Émile.

Il y a trois savoirs : le savoir proprement dit, le savoir-faire, et puis le savoir-vivre : les deux derniers dispensent bien souvent du premier.
Talleyrand

Il ne faut point juger les hommes par ce qu'ils ignorent, mais par ce qu'ils savent, et par la manière dont ils le savent.
Vauvenargues, Réflexions et Maximes.

Il nous est plus facile de nous teindre d'une infinité de connaissances, que d'en bien posséder un petit nombre.
Vauvenargues, Réflexions et Maximes.

SAVOIR-FAIRE
◆ Quand chacun se mêle de son métier, les vaches en seront mieux gardées.
◆ C'est au pied du mur qu'on voit le maçon.
◆ Bon écorcheur choisit la peau.

SCIENCE

La seule vraie science est la connaissance des faits.
Buffon, Histoire naturelle

On doit refuser la science à ceux qui n'ont pas de vertu.
Joseph Joubert, Pensées.

La science n'a pas de patrie.
Louis Pasteur

Le monde et la science ont leurs données propres, qui se touchent et ne se pénètrent pas. L'une nous montre à quel but nous devons viser, l'autre, le but étant donné, nous donne les moyens de l'atteindre. Il ne peut pas y avoir de science immorale, pas plus qu'il ne peut y avoir de morale scientifique. *Henri Poincaré*

La science a fait de nous des dieux avant que nous fussions devenus des dieux. *Jean Rostand*

Il est tombé pour nous le rideau merveilleux
Où du vrai monde erraient les fausses apparences,
La science a vaincu l'imposture des yeux,
L'homme a répudié les vaines espérances.
Sully Prud'homme, Poésies.

SCIENCES

L'astronomie est née de la superstition ; l'éloquence de l'ambition, de la haine, de la flatterie, du mensonge ; la géométrie de l'avarice ; la physique d'une vaine curiosité ; toutes, et la morale même, de l'orgueil humain.
Jean-Jacques Rousseau

SCULPTURE

La sculpture est comme l'art dramatique, à la fois le plus difficile et le plus facile de tous les arts. Copiez un modèle, et l'œuvre est accomplie ; mais y imprimer une âme, faire un type en représentant un homme ou une femme, c'est le péché de Prométhée. On compte ce succès dans les annales de la sculpture, comme on compte les poètes dans l'humanité.
Honoré de Balzac, La cousine Bette.

SÉCHERESSE

◆ Année de sécheresse
A toujours fait richesse.

◆ Après grande sécheresse,
Grande pluie.

SECRET

Mon âme a son secret, ma vie a son mystère.
Félix Arvers

Rien ne pèse tant qu'un secret;
Le porter loin est difficile aux dames,
Et je sais même sur ce fait
Bon nombre d'hommes qui sont femmes.
La Fontaine,
Les Femmes et le Secret.

J'aime, et rien ne le dit; j'aime, et seul je le sais;
Et mon secret m'est cher, et chère ma souffrance;
Et j'ai fait le serment d'aimer sans espérance,
Mais non pas sans bonheur; - je vous vois, c'est assez.
Alfred de Musset

◆ Ce qui se fait de nuit paraît au grand jour.
◆ Pour savoir le secret d'un maître, il faut faire parler les valets.
◆ Il n'est point de secret que le temps ne révèle.
◆ Secret de deux
secret de Dieu,
Secret de trois
secret de tous.

SÉDUCTEUR

Charmant, jeune, traînant tous les cœurs après soi.
Jean Racine, Phèdre.

SÉDUCTION

La séduction suprême n'est pas d'exprimer ses sentiments, c'est de les faire soupçonner.
Barbey d'Aurevilly

Pour obtenir une femme qui le veut bien, il faut la traiter comme si elle ne nous voulait pas.
Beaumarchais

Quand on veut plaire dans le monde, il faut se résoudre à apprendre beaucoup de choses qu'on sait par des gens qui les ignorent.
Chamfort

On croit communément que l'art de plaire est un grand moyen de faire fortune : savoir s'ennuyer est un art qui réussit bien davantage. Le talent de faire fortune, comme celui de réussir auprès des femmes, se réduit presque à cet art-là.
Chamfort, Maximes.

Il vaut mieux faire rougir une femme que la faire rire.
Alphonse Karr

Celui qui sait attendrir sait tout. *Alphonse de Lamartine*

Le plus dangereux ridicule des vieilles personnes qui ont été aimables, c'est d'oublier qu'elles ne le sont plus.
La Rochefoucauld, Maximes.

On ne plaît pas longtemps quand on n'a que d'une sorte d'esprit.
La Rochefoucauld, Maximes.

La plupart des femmes se rendent plutôt par faiblesse que par passion ; de là vient que pour l'ordinaire les hommes entreprenants réussissent mieux que les autres, quoiqu'ils ne soient pas plus aimables.
La Rochefoucauld, Maximes.

Le désir de plaire naît chez les femmes avant le besoin d'aimer.
Ninon de Lenclos

L'art de plaire est l'art de tromper. *Vauvenargues.*

Si vous voulez plaire aux femmes, dites-leur ce que vous ne voudriez pas qu'on dît à la vôtre.
Jules Renard, Journal.

On corrompt la fille innocente avec des propos libres, et l'amour délicat séduit la femme galante : fruit nouveau pour l'une et l'autre.
Rivarol

Ceux qui ne sont plus en état de plaire aux femmes s'en corrigent. *Vauvenargues*

◆ Qui est aimé des femmes a beau chemin.

SEIGNEUR

Parce que vous êtes un grand seigneur, vous vous croyez un grand génie !
Beaumarchais

La gloire a sillonné de ses illustres rides
Le visage hardi de ce grand Cavalier
Qui porte sur son front que nul n'a fait plier
Le hâle de la guerre et des soleils torrides.
José Maria de Heredia, Les trophées.

◆ En l'absence du seigneur se connaît le serviteur.
◆ Tant vaut le seigneur tant vaut la maison.

SEINS

Je me haussai tout palpitant pour voir le corsage et fus complètement fasciné par une gorge chastement couverte d'une gaze, mais dont les globes azurés et d'une rondeur parfaite étaient douillettement couchés dans des flots de dentelle.
Balzac, Le lys dans la vallée.

Que des nœuds mal attachés
Dévoilent pour nos péchés
Tes deux beaux seins, radieux
Comme des yeux.
Charles Baudelaire,
Les Fleurs du mal.

Quand, les deux yeux fermés, en un chaud soir d'automne,
Je respire l'odeur de ton sein chaleureux,
Je vois se dérouler des rivages heureux
Qu'éblouissent les feux d'un soleil monotone.
Charles Baudelaire,
Les Fleurs du mal.

Que ton sein m'était doux !
Que ton cœur m'était bon !
Charles Baudelaire,
Les Fleurs du mal.

Ses beaux seins effarés, au tic tac de son cœur,
Tremblaient et palpitaient, comme deux tourterelles
Surprises dans le nid, qui font un grand bruit d'ailes
Entre les doigts de l'oiseleur.
Théophile Gautier, Poésies.

Et son sein, neige moulée en globe,
Contre les camélias blancs
Et le blanc satin de sa robe
Soutient des combats violents.
Théophile Gautier,
Émaux et Camées.

Couvrez ce sein que je ne saurais voir :
Par de pareils objets les âmes sont blessées,
Et cela fait venir de coupables pensées.
Molière, Le Tartuffe.

Je voudrais bien richement jaunissant
En pluie d'or goutte à goutte descendre
Dans le beau sein de ma belle Cassandre,
Lors qu'en ses yeux le somme va glissant.
Pierre de Ronsard

SEMAILLES

◆ Qui sème bon grain
recueille bon pain.
◆ Qui sème le vent
récolte la tempête.
◆ Qui sème dru
récolte menu,
Qui sème menu
récolte dru.
◆ L'on ne doit pas semer
toute la semence
en un champ.
◆ Bon fruit vient
de bonne semence.
◆ Bonne semence
fait bon grain
Et bons arbres portent
beaux fruits.

SEMEUR

Et je médite, obscur témoin,
Pendant que, déployant ses voiles,
L'ombre, où se mêle une rumeur,
Semblent élargir jusqu'aux étoiles
Le geste auguste du semeur.
Victor Hugo

SENSATION

La manière la plus profonde de sentir quelque chose est d'en souffrir.
Gustave Flaubert

SENTENCES

Les sentences sont les saillies des philosophes.
Vauvenargues,
Réflexions et Maximes.

SENTIER

Mon cœur, mon tout, ma lumière,
Vivons ensemble, vivons,
Et suivons
Les doux sentiers de la jeunesse.
Rémy Belleau

SENTIMENT

En fait de sentiments, ce qui peut être évalué n'a pas de valeur.
Chamfort,
Maximes et Pensées.

Si c'est la raison qui fait l'homme, c'est le sentiment qui le conduit.
Jean-Jacques Rousseau,
La nouvelle Héloïse.

SÉPARATION

Dans un mois, dans un an, comment souffrirons-nous,
Seigneur, que tant de mers me séparent de vous ?
Jean Racine, Bérénice.

SEPTEMBRE

◆ Septembre se nomme
Le mai de l'automne.
◆ En septembre se coupe
ce qui pend.
◆ En septembre
quand il tonne
La vendange est bonne.

SÉPULTURES
Le cercueil du poète était jonché de roses...
La tombe du despote était pleine de sang.
François Coppée

SÉRÉNITÉ
L'idéal du calme est dans un chat assis.
Jules Renard, Journal.

◆ La lune n'a rien
à craindre des loups.
◆ Qui dort bien
ne sent pas les puces.

SERMON
Nous entendîmes après dîner le sermon du Bourdaloue qui frappe comme un sourd, disant des vérités à bride abattue.
Marquise de Sévigné,
Correspondance.

SERMENTS
Ces serments, ces parfums, ces baisers infinis,
Renaîtront-ils d'un gouffre interdit à nos sondes,
Comme montent au ciel les soleils rajeunis
Après s'être lavés au fond des mers profondes ?
- O serments ! ô parfums ! ô baisers infinis !
Charles Baudelaire,
Les Fleurs du Mal.

SERPENTS
Pour qui sont ces serpents qui sifflent sur vos têtes ?
Jean Racine, Andromaque.

SERRURE
Tire la chevillette, la bobinette cherra.
Charles Perrault,
Le petit chaperon rouge.

SERVAGE
Ces richesses qui couvrent le sol, ces moissons, ces fruits, ces bestiaux orgueilleux qui s'engraissent dans les longues herbes, sont la propriété de quelques uns et les instruments de la fatigue et de l'esclavage du plus grand nombre.
George Sand,
La mare au diable.

SERVICE
Les hommes ne s'attachent point à nous en raison des services que nous leur rendons, mais en raison de ceux qu'ils nous rendent.
Eugène Labiche, Le voyage de M. Perrichon.

SERVIR
Servir ! C'est la devise de ceux qui aiment commander.
Jean Giraudoux

SERVITUDE
Le clergé, qui donne toujours l'exemple de la servitude, la prêchait aux autres sous le titre d'obéissance.
Cardinal de Retz, Mémoires.

La guerre n'est pas si onéreuse que la servitude.
Vauvenargues

La servitude abaisse les hommes jusqu'à s'en faire aimer. *Vauvenargues*

◆ N'est pas libre
celui qui sert autrui.

SÉVÉRITÉ
Qui pardonne aisément invite à l'offenser.
Pierre Corneille, Cinna.

D'ordinaire ceux qui gouvernent les enfants ne leur pardonnent rien, et se pardonnent tout à eux-mêmes.
Fénelon

L'éducation doit être tendre et sévère et non pas froide et molle.
Joseph Joubert, Pensées.

Quand on applique la sévérité où il ne faut pas, on ne sait plus l'appliquer où il faut.
Joseph Joubert, Pensées.

◆ Qui aime bien
châtie bien.
◆ La charge dompte
la bête.
A dur âne dur aiguillon.
◆ A rude âne rude ânier.
◆ A pesant bœuf
dur aiguillon.
◆ Est mal battu
qui n'ose pleurer.

SEXE
Le mâle est un accident ; la femelle aurait suivi.
Rémy de Gourmont

L'homme a reçu de la nature une clef avec laquelle il remonte la femme toutes les vingt-quatre heures.
Victor Hugo

SIÈCLE
Je me suis rencontré entre deux siècles, comme au confluent de deux fleuves ; j'ai plongé dans leurs eaux troublées, m'éloignant à regret du vieux rivage où je suis né, nageant avec espérance vers une rive inconnue.
Chateaubriand, Mémoires d'outre-tombe.

SIÈCLE (GRAND)
C'était un temps digne de l'attention des temps à venir que celui où les héros de Corneille et de Racine, les personnages de Molière, les symphonies de Lulli et (puisqu'il ne s'agit ici que des arts) les voix des Bossuet et des Bourdaloue se faisaient entendre à Louis XIV, à Madame, si célèbre par son goût, à un Condé, à un Turenne, à un Colbert, et à cette foule d'hommes supérieurs qui parurent en tout genre. Ce temps ne se retrouvera plus, où un duc de La Rochefoucauld, l'auteur des Maximes, au sortir de la conversation d'un Pascal ou d'un Arnaud, allait au théâtre de Corneille. *Voltaire*

SIGNATURE
◆ A l'ongle
on connaît le lion.

SILENCE
On souhaite la paresse d'un méchant et le silence d'un sot.
Champfort

Le silence est le parti le plus sûr de celui qui se défie de soi-même.
La Rochefoucauld, Maximes.

Le silence des peuples est la leçon des rois. *Mirabeau*

Le silence est la plus grande persécution ; jamais les saints ne se sont tus. *Pascal*

Le silence n'a jamais trahi personne. *Rivarol*

Seul le silence est grand, tout le reste est faiblesse.
Alfred de Vigny

SILLON
Il est ouvert, il fume encore
Sur le sol, ce profond dessin.
Lamartine, Jocelyn.

Personne ne peut voir au soleil la fumée d'un sillon labouré sans avoir la chaude fièvre d'en être le seigneur.
George Sand

SINCÉRITÉ
Les hommes sont toujours sincères. Ils changent de sincérité, voilà tout !
Tristan Bernard

Les personnes faibles ne peuvent être sincères.
La Rochefoucauld, Maximes.

Nous n'avouons jamais nos défauts que par vanité.
La Rochefoucauld, Maximes.

Nous gagnerions plus de nous laisser voir tels que nous sommes, que d'essayer de paraître ce que nous ne sommes pas.
La Rochefoucauld, Maximes.

(...) J'ai le défaut
D'être un peu plus sincère en
cela qu'il ne faut.
Molière, Le Misanthrope.

SINGE
Le singe : un homme qui n'a pas réussi.
Jules Renard, Journal.

◆ Le singe est toujours singe, fût-il déguisé en prince.
◆ Plus le singe s'élève, plus il montre son cul pelé

SOBRIÉTÉ
Il y a dans la sobriété de la propreté et de l'élégance.
Joseph Joubert, Pensées.

La sobriété est l'amour de la santé, ou l'impuissance de manger beaucoup.
La Rochefoucauld, Maximes.

C'est le jeûne qui fait le saint, et la sobriété, l'homme de bon sens.
Jules Renard, Journal.

SOCIABILITÉ
L'homme est un animal sociable qui déteste ses semblables.
Eugène Delacroix

SOCIÉTÉ

La meilleure philosophie, relativement au monde, est d'allier, à son égard, le sarcasme de la gaieté avec l'indulgence du mépris. *Chamfort*

En apprenant à connaître les maux de la nature, on méprise la mort ; en apprenant à connaître ceux de la société, on méprise la vie.
Chamfort

On ne peut vivre dans la société après l'âge des passions. Elle n'est tolérable que dans l'époque où l'on se sert de son estomac pour s'amuser, et de sa personne pour tuer le temps. *Chamfort*

Les gens du monde ne sont pas plutôt attroupés, qu'ils se croient en société. *Chamfort*

La société est composée de deux grandes classes : ceux qui ont plus de dîners que d'appétit, et ceux qui ont plus d'appétit que de dîners.
Chamfort

Amitié de cour, foi de renards, et société de loups.
Chamfort

Les sociétés avancées exhalent comme une odeur de foule, des miasmes écœurants, et les duchesses ne sont pas les seules à s'en évanouir.
Gustave Flaubert, Par les champs et par les grèves.

La dépendance est née de la société.
Vauvenargues,
Réflexions et Maximes.

SOIF

Courez tous après le chien, jamais il ne vous mordra ; buvez toujours avant la soif, et jamais elle ne vous adviendra.
François Rabelais, Gargantua

L'appétit vient en mangeant, la soif s'en va en buvant.
François Rabelais,
Gargantua.

Bois ton sang, Beaumanoir, la soif te passera !
Un chevalier, lors du combat des Trente, à Jean de Beaumanoir, blessé.

◆ Le manger fait réveiller le boire.

SOINS

◆ Aux grand maux les grands remèdes.

◆ Il faut avaler les pilules sans les mâcher.

◆ Le mal que l'on soigne est moins grave.

◆ Le mal ne se soulage pas par pleurs, par cris et par hélas.

◆ L'affliction ne guérit pas le mal.

◆ Il y a un remède à tout, hors la mort.

SOIR

Sois sage, ô ma Douleur, et tiens-toi plus tranquille.
Tu réclamais le Soir ; il descend, le voici :
Une atmosphère obscure enveloppe la ville,
Aux uns portant la paix, aux autres le souci.
Charles Baudelaire,
les Fleurs du mal.

Les soirs illuminés par l'ardeur du charbon,
Et les soirs au balcon, voilés de vapeurs roses.
Charles Baudelaire,
Les Fleurs du mal

Voici venir les temps où vibrant sur sa tige
Chaque fleur s'évapore ainsi qu'un encensoir ;
Les sons et les parfums tournent dans l'air du soir ;
Valse mélancolique et langoureux vertige !
Charles Baudelaire,
les Fleurs du mal.

Voir la nuit qui s'étoile et
Paris qui s'allume.
François Coppée

Chaque soir, espérant des lendemains épiques,
L'azur phosphorescent de la mer des Tropiques
Enchantait leur sommeil d'un mirage doré.
José Maria de Heredia,
Les trophées.

Là-bas les muezzins ont cessé leurs clameurs.
Le ciel vert, au couchant, de pourpre et d'or se frange ;
Le crocodile plonge et cherche un lit de fange,
Et le grand fleuve endort ses dernières rumeurs.
José Maria de Heredia,
Les trophées.

Seul. - Le Couchant retient un moment son Quadrige
En rayons où le ballet des moucherons danse,
Puis, vers les toits fumants de la soupe, il s'afflige...
Et c'est le Soir, l'insaisissable confidence...
Jules Laforgue,
Les complaintes.

SOIXANTAINE

Soixante ans, époque à laquelle les femmes se permettent des aveux.
Honoré de Balzac,
La vieille fille.

SOLDAT

On se met mouchard quand on ne peut être soldat.
Gustave Flaubert

Il nous exposa longuement toutes les misères du soldat, les dégoûts de la caserne, les exigences mesquines de l'étiquette, toutes les cruautés de l'habit, l'arrogance brutale des sergents, l'humiliation des obéissances aveugles, l'assassinat permanent de l'instinct et la volonté sous la massue du pouvoir.
Gustave Flaubert, Par les champs et par les grèves.

J'aurais été soldat, si je n'étais poète.
Victor Hugo

Le soldat bien vêtu s'estime plus lui-même ; bien armé, il est plus courageux ; bien nourri, il est plus fort, plus hardi, plus content, plus disposé à obéir et à bien faire. Il parait aussi plus redoutable à l'ennemi et lui impose, car la bonne mine est une puissance.
Joseph Joubert, Pensées.

Et nous, les petits, les obscurs, les sans-grades,
Nous qui marchions fourbus, blessés, crottés, malades,
Nous qui marchions toujours et jamais n'avancions ;
Trop simples et trop gueux pour que l'espoir nous berne
De ce fameux bâton qu'on a dans sa giberne...
Edmond Rostand, L'Aiglon.

Les grenadiers de ligne aux longs plumets tremblants
Qui montaient à l'assaut avec des mollets blancs,
Et les conscrits chasseurs aux pompons verts en poires
Qui couraient à la mort avec des jambes noires !
Edmond Rostand, L'Aiglon.

Le contemplateur, mollement couché dans une chambre tapissée, invective contre le soldat qui passe les nuits de l'hiver au bord d'un fleuve, et veille en silence sous les armes pour la sûreté de sa patrie.
Vauvenargues

◆ Les vilains s'entre-tuent
et les seigneurs
s'embrassent.
◆ Homme mort
ne fait pas la guerre.

SOLEIL
Que les soleils sont beaux
dans les chaudes soirées !
Que l'espace est profond ! que
le cœur est puissant !
Charles Baudelaire,
Les Fleurs du Mal.

Le soleil est mirobolant
Comme un poitrail de chambellan.
Jules Laforgue, Complaintes.

◆ Quand le soleil
se couche
avec son chapeau
Il se lève
avec son manteau.

Le soleil ni la mort ne peuvent se regarder fixement.
La Rochefoucauld, Maximes.

Mon Soleil au Soleil était
Soleil et onde,
Le grand Soleil était son onde
et son Soleil ;
Le Soleil se disait le Soleil
non pareil,
Mon Soleil se disait le seul
Soleil du monde.
Abraham de Vermeil

SOLIDARITÉ
Les hommes prennent le parti d'aimer ceux qu'ils craignent afin d'en être protégés.
Joseph Joubert, Pensées.

Il est des malheurs comme des vices dont on rougit d'autant moins qu'on les partage avec plus de monde.
Rivarol

◆ Qui loue saint Pierre
ne blâme saint Paul.

SOLITUDE

Il est mort sans avoir à son lit solitaire
Une timide épouse échevelée en pleurs.
Théodore de Banville, Les Exilés.

Plus on approche de Dieu, plus on est seul. C'est l'infini de la solitude.
Léon Bloy

Et ma vie solitaire et silencieuse marchait au travers du tumulte et du bruit avec les filles de mon imagination...
Chateaubriand, Mémoires d'outre-tombe.

Tout notre mal vient de ne pouvoir être seuls : de là le jeu, le luxe, la dissipation, le vin, les femmes, l'ignorance, la médisance, l'envie, l'oubli de soi-même et de Dieu.
Jean de La Bruyère, Les Caractères.

Et moi je suis dans ce lit cru
De chambre d'hôtel, fade chambre,
Seul, battu dans les vents bourrus
De novembre.
Jules Laforgue, Les complaintes.

La solitude conserve neuf.
Paul Léautaud

L'aigle marche toujours seul, le dindon fait troupe.
Marat

L'être moral de chacun de nous reste éternellement seul par la vie.
Guy de Maupassant, Une vie.

Las ! je suis seul, sans compagnie !
Adieu ma Dame, ma liesse !
Charles d'Orléans

Seulette suis et seulette veux être.
Seulette m'a mon doux ami laissée.
Seulette suis, sans compagnon ni maître,
Seulette suis, dolente et courroucée,
Seulette suis, en langueur malaisée,
Seulette suis plus que nul égarée,
Seulette suis, sans ami demeurée.
Christine de Pisan

J'aime la solitude, même quand je suis seul.
Jules Renard, Journal.

Si tu crains la solitude, n'essaie pas d'être juste.
Jules Renard, Journal.

Je suis comme un ami qui n'a plus d'amis, comme un père qui a perdu ses enfants, comme un voyageur qui erre sur la terre, où je suis resté seul.
Bernardin de Saint-Pierre.
Paul et Virginie.

Oh ! que j'aime la solitude !
Que ces lieux sacrés à la nuit,
Éloignés du monde et du bruit,
Plaisent à mon inquiétude !
Marc-Antoine de Saint-Amant

On peut tout acquérir dans la solitude, hormis du caractère.
Stendhal, De l'amour.

Il est plus d'un silence, il est plus d'une nuit
Car chaque solitude a son propre mystère.
Sully Prud'homme, Poésies.

Bienheureux les sots. Ils ne s'aperçoivent pas de leur solitude. *Paul-Jean Toulet*

◆ Quand on est seul
on devient nécessaire.

La solitude est à l'esprit ce que la diète est au corps, mortelle lorsqu'elle est trop longue, quoique nécessaire.
Vauvenargues

SOMMEIL

Vivre est une maladie dont le sommeil nous soulage toutes les seize heures. C'est un palliatif. La mort est le remède.
Chamfort,
Maximes et Pensées.

On meurt d'avoir dormi longtemps
Avec les fleurs, avec les femmes.
Charles Cros,
Le coffret de santal.

Ruth songeait et Booz dormait ; l'herbe était noire ;
Les grelots des troupeaux palpitaient vaguement ;
Une immense bonté tombait du firmament ;
C'était l'heure tranquille où les lions vont boire.
Victor Hugo,
La légende des siècles.

Le sommeil est la halle aux souvenirs. Il favorise leur retour. Il est leur lieu de rendez-vous. *Jules Renard, Journal.*

Ronfler, c'est dormir tout haut.
Jules Renard, Journal.

Il faut dormir comme un lion, sans fermer les yeux.
Richelieu

◆ Qui dort dîne.
◆ Qui dort bien ne sent pas les puces.

SONGE
Cette opinion, que la vérité se présente quelquefois à nous pendant le sommeil, est répandue chez tous les peuples de la terre. Les plus grands hommes de l'Antiquité y ont ajouté foi, entre autres Alexandre, César, les Scipion, les deux Caton et Brutus, qui n'étaient pas des esprits faibles. L'Ancien et le Nouveau testament nous fournissent quantité d'exemples de songes qui se sont réalisés.
Bernardin de Saint-Pierre, Paul et Virginie.

◆ Tous songes sont mensonges.

SONNET
Un sonnet sans défaut vaut seul un long poème.
Nicolas Boileau, L'Art poétique.

SONNEUR
Le sonneur se suspend, s'élance,
Perd pied contre le mur,
Et monte : on dirait un fruit mûr
Que la branche balance.
Paul-Jean Toulet, Les Contrerimes.

SOT
Un sot trouve toujours un plus sot qui l'admire. *Boileau*

On souhaite la paresse d'un méchant et le silence d'un sot.
Chamfort

Un sot qui a un moment d'esprit étonne et scandalise, comme des chevaux de fiacre au galop. *Chamfort*

Rien n'est plus humiliant comme de voir les sots réussir dans les entreprises où l'on échoue. *Gustave Flaubert*

Un homme qui ne montre aucun défaut est un sot ou un hypocrite dont il faut se méfier. *Joseph Joubert, Pensées.*

Un sot ni n'entre, ni ne sort, ni ne s'assied, ni ne se lève, ni ne se tait, ni n'est sur ses jambes, comme un homme d'esprit.
La Bruyère, Les Caractères

Un homme d'esprit serait souvent bien embarrassé sans la compagnie des sots.
La Rochefoucauld, Maximes.

Un sot n'a pas assez d'étoffe pour être bon.
La Rochefoucauld, Maximes.

Il n'y a point de sots si incommodes que ceux qui ont de l'esprit.
La Rochefoucauld, Maximes.

On est quelquefois un sot avec de l'esprit, mais on ne l'est jamais avec du jugement.
La Rochefoucauld, Maximes.

La raison pour laquelle les sots réussissent toujours dans leurs entreprises, c'est que, ne sachant pas et ne voyant pas quand ils sont impétueux, ils ne s'arrêtent jamais.
Montesquieu

Un sot n'a pas assez d'étoffe pour être bon.
La Rochefoucauld, Maximes

Vous êtes un sot en trois lettres, mon fils.
Molière, Tartuffe.

Les sots devraient avoir pour les gens d'esprit une méfiance égale au mépris que ceux-ci ont pour eux.
Rivarol

Bienheureux les sots. Ils ne s'aperçoivent pas de leur solitude.
Paul-Jean Toulet,
Les Trois Impostures.

Les sots ne comprennent pas les gens d'esprit.
Vauvenargues

Personne ne se croit propre, comme un sot, à duper les gens d'esprit.
Vauvenargues

Le sot qui a beaucoup de mémoire est plein de pensées et de faits ; mais il ne sait pas en conclure : tout tient à cela.
Vauvenargues,
Réflexions et Maximes.

Le sot est comme le peuple, qui se croit riche de peu.
Vauvenargues,
Réflexions et Maximes.

◆ Un sot ne fait point d'hérésie.
◆ Pour être heureux il faut être roi ou sot.
◆ Dieu seul devine les sots.
◆ D'un busard on ne fait un épervier.

SOTTISE

Il y a des sottises bien habillées comme il y a des sots très bien vêtus.
Chamfort,
Maximes et Pensées.

L'opinion est reine du monde, parce que la sottise est la reine des sots.
Chamfort

Il faut savoir faire les sottises que nous demande notre caractère.
Chamfort

La plupart des folies ne viennent que de sottise.
Chamfort

A mesure que la philosophie fait des progrès, la sottise redouble ses efforts pour établir l'empire des préjugés.
Chamfort

Hélas ! on voit que de tout temps
Les petits ont pâti des sottises des grands.
Jean de La Fontaine,
Les deux taureaux et la grenouille.

Il ne faut jamais faire que les sottises qui nous plaisent.
Prosper Mérimée

Quand on court après l'esprit, on attrape la sottise.
Montesquieu

Il faut le strict nécessaire, et il faut ne s'en écarter ni en dedans, ni en dehors : en dehors, c'est de la sottise, en dedans, c'est de l'orgueil.
Jules Renard, Journal.

SOUFFRANCE

La manière la plus profonde de sentir quelque chose est d'en souffrir.
Gustave Flaubert

Le trépas vient tout guérir ;
Mais ne bougeons d'où nous sommes :
Plutôt souffrir que mourir,
C'est la devise des hommes.
Jean de La Fontaine,
La mort et le bûcheron.

Qui craint de souffrir, il souffre déjà de ce qu'il craint.
Montaigne, Essais.

Qui sait souffrir peut tout oser. *Vauvenargues*

J'aime la majesté des souffrances humaines.
Alfred de Vigny

SOUMISSION
La soumission du peuple n'est jamais due qu'à la violence et à l'étendue des supplices.
Marquis de Sade,
La nouvelle Justine.

SOUPLESSE
Je plie et ne romps pas.
Jean de La Fontaine,
Le chêne et le roseau.

SOURIRE
Plus le visage est sérieux, plus le sourire est beau.
Chateaubriand

Mesdames, souriez afin que plus tard vos rides soient bien placées. *Mme de Maintenon*

On ne doit pas accorder sa confiance à quelqu'un qui ne sourit jamais.
Henry de Montherlant

Le sourire est le commencement de la grimace.
Jules Renard, Journal.

Le sourire, arc-en-ciel des larmes.
Jules Renard, Journal.

SOURIS
◆ Jamais ne fut ni sera
qu'une souris fasse son nid
En l'oreille d'un chat.
◆ La souris qui n'a
qu'un trou est bientôt prise.

SOURNOISERIE
Les gens sans bruit sont dangereux :
Il n'en est pas ainsi des autres.
Jean de La Fontaine,
Le torrent et la rivière.

SOUVENIRS
Ton souvenir en moi luit comme un ostensoir !
Charles Baudelaire

J'ai plus de souvenirs que si j'avais mille ans.
Charles Baudelaire,
Les Fleurs du Mal.

Il faut laisser le passé dans l'oubli et l'avenir à la Providence.
Bossuet

Ce qui fit leur bonheur deviendra leur supplice. Des lettres relues, des vers retrouvés, d'anciennes fleurs et des rubans fanés qui furent chers, des parfums qu'on a trop aimés : supplice !
Sainte-Beuve

Mes souvenirs sont si nombreux
Que ma raison n'y peut suffire.
Charles Cros,
Le Coffret de santal.

En ce temps-là j'aimais, et maintenant j'arrange
Mes beaux amours en méchants vers.
Théophile Gautier, Poésies.

Ma seule amour, ma joie et ma Maîtresse,
Puisqu'il me faut loin de vous demeurer,
Je n'ai plus rien, à me réconforter,
Qu'un souvenir pour retenir liesse.
Charles d'Orléans

Toutes ces choses sont passées
Comme l'ombre et comme le vent.
Victor Hugo

On n'invente qu'avec le souvenir.
Alphonse Karr

En voulant mettre un peu d'ordre dans ce tiroir,
Je me suis perdu par mes grands vingt ans, ce soir
De Noël gras.
Jules Laforgue,
Les Complaintes.

Et moi qui vous ai tant aimée,
Et toi qui ne t'en souviens plus !
Alfred de Musset

Oh ! les vieilleries ! Vieilles lettres, vieux vêtements, vieux objets dont on ne veut pas se débarrasser. Comme la Nature a bien compris que, tous les ans, elle doit changer de feuilles, de fleurs, de fruits et de légumes, et faire du fumier avec les souvenirs de son année !
Jules Renard, Journal.

Je ne sais rien voir de ce que je vois ; je ne vois bien que ce que je me rappelle, et je n'ai de l'esprit que dans mes souvenirs.
Jean-Jacques Rousseau,
Les Confessions.

Ce sont des jours confus dont reparaît la trame,
Des souvenirs d'enfance, aussi doux à notre âme
Qu'un rêve d'avenir.
Sainte-Beuve

Ton souvenir est comme un livre bien-aimé,
Qu'on lit sans cesse, et qui jamais n'est refermé,
Un livre où l'on vit mieux sa vie, et qui vous hante
D'un rêve nostalgique, où l'âme se tourmente.
Albert Samain,
Au Jardin de l'Infante.

Ces souvenirs, va-t-il falloir les retuer ?
Paul Verlaine, Sagesse.

- Te souvient-il de notre extase ancienne ?
- Pourquoi voulez-vous donc qu'il m'en souvienne ?
Paul Verlaine

SPONTANÉITÉ

Méfiez-vous du premier mouvement, il est toujours généreux. *Talleyrand*

STATUE

O le désespoir de Pygmalion, qui aurait pu créer une statue et qui ne fit qu'une femme !
Alfred Jarry, L'amour absolu.

Ah, la belle statue, oh, le beau piédestal !
Les Vertus sont à pied et le Vice à cheval !
Sur le socle de la statue équestre de Louis XV.

Ce n'est ni un homme ni une bête, c'est une statue.
L'évêque Saisset à propos de son ennemi Philippe le Bel

STRATÉGIE

L'une des plus belles sagesses en l'art militaire, c'est de ne pousser son ennemi au désespoir.
Montaigne, Essais.

Mieux vaut pays pillé que terre perdue.
Du Guesclin

STYLE

Mais dans l'art dangereux de rimer et d'écrire,
Il n'est pas de degré du médiocre au pire
Boileau, L'Art poétique.

Caressez longuement votre phrase, et elle finira par sourire.
Anatole France

Le style est comme le cristal ; sa pureté fait son éclat.
Victor Hugo

Le style, c'est l'oubli de tous les styles.
Jules Renard, Journal.

Le style, c'est le mot qu'il faut. Le reste importe peu.
Jules Renard, Journal.

◆ A l'ongle
on connaît le lion.

SUBLIME

Du sublime au ridicule il n'y a qu'un pas.
Napoléon 1er

SUCCÈS

Les succès produisent les succès, comme l'argent produit l'argent. *Chamfort*

Le succès fut toujours un enfant de l'audace. *Crébillon père*

Le danger du succès, c'est qu'il nous fait oublier l'effroyable injustice du monde.
Jules Renard, Journal.

Le succès fera autour de toi des hommes tes courtisans, et des femmes tes courtisanes.
Paul-Jean Toulet

Les espérances les plus ridicules et les plus hardies ont été quelquefois la cause des succès extraordinaires.
Vauvenargues

SUFFISANCE

C'est la profonde ignorance qui inspire le ton dogmatique.
La Bruyère, Les caractères.

SUFFRAGE

L'on ne me fera point croire qu'un gouvernement libéral, énergique et sage, puisse jamais sortir des suffrages d'un peuple de serviteurs.
Alexis de Tocqueville

SUGGESTION
La suggestion consiste à faire dans l'esprit des autres une petite incision où l'on met une idée à soi.
Victor Hugo

SUICIDE
Ce moyen qui nous soustrait à la persécution des hommes.
Chateaubriand

Au souvenir de ton suicide manqué, tu dresses fièrement la tête. Tu t'imagines que la mort n'a tenté que toi. Poil de Carotte, l'égoïsme te perdra. Tu tires toute la couverture. Tu te crois seul dans l'univers.
Jules Renard. Poil de Carotte.

Je prends tous les jours le remède que l'incomparable Dickens prescrit contre le suicide. Cela consiste en un verre de vin, un morceau de pain et du fromage, et une pipe de tabac.
Vincent Van Gogh, dans une lettre à son frère Théo.

SUPERFLU
Le superflu finit par priver du nécessaire.
Choderlos de Laclos

Le superflu, chose très nécessaire. *Voltaire, Satires.*

SUPERSTITION
La maison comme l'homme peut devenir cadavre. Il suffit qu'une superstition la tue.
Victor Hugo

Le roi te touche, Dieu te guérisse.
Les rois de France lorsqu'ils guérissaient des écrouelles.

SURPRISE
Il faut s'attendre à tout en politique, où tout est permis, sauf de se laisser surprendre.
Charles Maurras

SURSIS
Gardez-vous de demander du temps ; le malheur n'en accorde jamais. *Mirabeau*

T

TABLE

◆ La table est l'entremetteuse de l'amitié.

◆ On ne vieillit point à table.

◆ A table ronde n'y a débat pour être plus près du meilleur plat.

TABLEAU

Ce qui entend le plus de bêtises dans le monde est peut-être un tableau de musée.
Edmond et Jules Goncourt

TACHE

Toute l'eau de la mer ne suffirait pas à laver une tache de sang intellectuelle.
Lautréamont, Poésies.

TÂCHE

Fais énergiquement ta longue et lourde tâche
Dans la voie où le Sort a voulu t'appeler,
Puis après, comme moi, souffre et meurs sans parler.
Alfred de Vigny,
La mort du loup.

TALENT

Faire aisément ce qui est difficile aux autres, voilà le talent ; faire ce qui est impossible au talent, voilà le génie.
Henri Frédéric Amiel

Il y a du bonheur dans toute espèce de talent.
Honoré de Balzac,
Le cabinet des antiques

Ah ! Quel talent je vais avoir demain. *Hector Berlioz*

Tout homme qui ne se croit pas du génie n'a pas de talent.
Edmond de Goncourt

Ne forçons pas notre talent,
Nous ne ferions rien avec grâce.
Jean de La Fontaine,
L'âne et le petit chien.

Il y a de méchantes qualités qui font de grands talents.
La Rochefoucauld, Maximes.

Très jeune, on a de l'originalité, mais pas de talent.
Jules Renard, Journal.

Le talent, c'est comme l'argent : il n'est pas nécessaire d'en avoir pour en parler.
Jules Renard, Journal.

Les gens heureux n'ont pas de talent. *Jules Renard, Journal.*

Quand un homme a prouvé qu'il a du talent, il lui reste à prouver qu'il sait s'en servir.
Jules Renard, Journal.

TAMBOUR

Le son du tambour dissipe les pensées ; c'est par cela même que cet instrument est éminemment militaire.
Joseph Joubert, Pensées.

Les veilles cesseront au sommet de nos tours,
Le fer mieux employé cultivera la terre,
Et le peuple qui tremble aux frayeurs de la guerre,
Si ce n'est pour danser, n'aura plus de tambours.
Malherbe

TAPISSERIE

J'ai connu plusieurs femmes distinguées qui disaient ne pouvoir bien penser, ni bien causer, qu'en faisant de la tapisserie.
Michelet, Le Peuple.

TÉMOIN

Je ne crois que les histoires dont les témoins se feraient égorger.
Pascal, Pensées.

Rarement de sa faute on aime le témoin.
Voltaire, La Henriade.

TEMPS

O douleur ! ô douleur ! Le Temps mange la vie,
Et l'obscur Ennemi qui nous ronge le cœur
Du sang que nous perdons croît et se fortifie !
Charles Baudelaire

Le temps est un grand maître, dit-on. le malheur est qu'il tue ses élèves. *Hector Berlioz*

Il y a deux choses auxquelles il faut se faire, sous peine de trouver la vie insupportable : ce sont les injures du temps et les injustices des hommes.
Chamfort

Tout s'anéantit, tout périt, tout passe ; il n'y a que le monde qui reste. Il n'y a que le temps qui dure. *Diderot*

Il n'est rien de plus précieux que le temps, puisque c'est le prix de l'éternité.
Louis Bourdaloue

Dieu a ordonné au temps de consoler les malheureux.
Joseph Joubert, Pensées.

Le temps est du mouvement sur de l'espace. *Joseph Joubert*

Imitez le temps : il détruit tout avec lenteur ; il mine, il use, il déracine, il détache, et n'arrache pas.
Joseph Joubert, Pensées.

Le temps, qui fortifie les amitiés, affaiblit l'amour.
La Bruyère, Les Caractères.

Le Temps qui, sans repos, va d'un pas si léger,
Emporte avecque lui toutes les belles choses :
C'est pour nous avertir de le bien ménager
Et faire des bouquets en la saison des roses.
Tristan l'Hermite

O temps ! suspends ton vol ; et vous, heures propices !
"Suspendez votre cours :
"Laissez-nous savourer les rapides délices
"Des plus beaux de nos jours !
L'homme n'a point de port, le temps n'a point de rive ;
"Il coule, et nous passons !"
Alphonse de Lamartine

Gardez-vous de demander du temps : le malheur n'en accorde jamais. *Mirabeau*

Le temps emporte sur son aile
Et le printemps et l'hirondelle,
Et la vie et les jours perdus ;
Tout s'en va comme la fumée,
L'espérance et la renommée.
Alfred de Musset

Le temps passe par le trou de l'aiguille des heures.
Jules Renard, Journal.

La plus grand illusion de l'homme est de croire que le temps passe. Le temps est le rivage ; nous passons, il a l'air de marcher. *Rivarol*

Quand on se propose un but, le temps, au lieu d'augmenter, diminue. *Rivarol*

Le temps est comme un fleuve, il ne remonte pas vers sa source. *Rivarol*

Le temps s'en va, le temps s'en va, ma Dame,
Las ! le temps non, mais nous, nous en allons,
Et tôt serons étendus sous la lame.
Pierre de Ronsard

Il y a des gens qui croient arrêter le temps en arrêtant les pendules. *Paul-Jean Toulet*

Il faut tout attendre et tout craindre du temps et des hommes.
Vauvenargues

On n'est pas né pour la gloire lorsqu'on ne connaît pas le prix du temps.
Vauvenargues

◆ Il faut prendre le temps comme il vient, les gens pour ce qu'ils sont, et l'argent pour ce qu'il vaut.
◆ Le temps perdu ne se rattrape jamais.
◆ La plus belle épargne est celle du temps.
◆ Il n'est point de secret que le temps ne révèle.

TENDRESSE

Tout le devoir ne vaut pas une faute qui s'est commise par tendresse.
Mme de La Sablière, Pensées chrétiennes.

Vous désirez savoir de moi
D'où me vient pour vous ma tendresse ;
Je vous aime, voici pourquoi :
Vous ressemblez à ma jeunesse.
Sully Prud'homme, Poésies.

TENTATION
Dépêchez-vous de succomber à la tentation avant qu'elle ne s'éloigne.
Casanova, Mémoires.

◆ Le plus sûr moyen de vaincre la tentation, c'est d'y succomber.

TERRE
◆ Mieux vaut terre gâtée que terre perdue.
◆ Pour laver ses mains on ne vend pas sa terre.
◆ Qui terre a, Guerre a.
◆ Tant vaut l'homme, tant vaut la terre.

TERREUR
Ce fut une chose bien terrible, lorsque la grande assemblée qui, sous Robespierre, avait fait la Terreur par la terreur même, releva sa tête, et vit tout le sang qu'elle avait versé.
Michelet, Le Peuple.

TERRITOIRE
◆ Qui terre a Guerre a.
◆ Ville qui parlemente est à demi rendue.

TÊTE
Tu montreras ma tête au peuple, elle en vaut bien la peine.
Danton, Au bourreau, sur l'échafaud.

THÉ
Si l'on prend trois fois de ce thé d'or, prétendait Balzac, on devient borgne ; six fois, on devient aveugle.
Léon Gozlan

J'ai vu la princesse (...) qui prend tous les jours douze tasses de thé. Elle le fait infuser comme nous, et remet encore dans la tasse plus de la moitié d'eau bouillante ; elle pensa me faire vomir. Cela, dit-elle, la guérit de tous ses maux.
Mme de Sévigné, Correspondance.

THÉÂTRE
Le théâtre est un géant qui blesse à mort tout ce qu'il frappe.
Beaumarchais

Le théâtre renforce les mœurs ou les change.
Chamfort, Maximes et Pensées.

TIMIDITÉ

Trop timide pour inviter une danseuse, et craignant d'ailleurs de brouiller les figures, je devins naturellement très grimaud et ne sachant que faire de ma personne.
Balzac, Le lys dans la vallée.

La timidité est un défaut dont il est dangereux de reprendre les personnes qu'on en veut corriger.
La Rochefoucauld, Maximes.

On est souvent ferme par faiblesse, et audacieux par timidité. *La Rochefoucauld*

J'ai toujours eu de la timidité qui a souvent fait paraître de l'embarras dans mes réponses. J'ai pourtant senti que je n'ai jamais été si embarrassé avec les gens d'esprit qu'avec les sots.
Montesquieu

◆ Amoureux de carême, qui n'ose toucher à la chair.

TOCSIN

Le tocsin qui va sonner n'est point un signal d'alarme, c'est la charge sur les ennemis de la patrie. *Danton*

TOILETTE

On a remarqué que de tous les animaux, les femmes, les mouches et les chats sont ceux qui passent le plus de temps à leur toilette.
Charles Nodier

TOLÉRANCE

S'il fallait tolérer aux autres tout ce qu'on se permet à soi-même, la vie ne serait plus tenable. *Georges Courteline*

La tolérance est la charité de l'intelligence. *Jules Lemaître*

La tolérance est la vertu du faible. *Marquis de Sade*

TOMBE

Lorsque tu dormiras, ma belle ténébreuse,
Au fond d'un monument construit en marbre noir,
Et lorsque tu n'auras pour alcôve et manoir
Qu'un caveau pluvieux et qu'une fosse creuse...
Charles Baudelaire

Le cercueil du poète était jonché de roses...
La tombe du despote était pleine de sang.
François Coppée

Ma belle amie est morte :
Je pleurerai toujours ;
Sous la tombe elle emporte
Mon âme et mes amours.
Théophile Gautier

Il dort au lit profond creusé
par les eaux vierges.
Qu'importe un monument funéraire, des cierges,
Le psaume et la chapelle ardente et l'ex-voto ?
Puisque le vent du Nord, parmi les cyprières,
Pleure et chante à jamais
d'éternelles prières
Sur le Grand fleuve où gît
Hernando de Soto.
José Maria de Heredia,
Les trophées.

Ci-gît ma femme : oh ! qu'elle est bien
Pour son repos, et pour le mien.
Jacques de Laurens

TONNERRE
◆ Tant tonne qu'il pleut.
◆ Toutes les fois qu'il tonne,
la foudre ne tombe pas.

TORT
Les querelles ne dureraient pas longtemps, si le tort n'était que d'un côté.
La Rochefoucauld, Maximes.

Malheur aux gens qui n'ont jamais tort ; ils n'ont jamais raison. *Prince de Ligne*

TORTURE
La torture interroge, et la douleur répond.
Raynouard, Les Templiers.

J'avouerais que j'ai tué Dieu si on me le demandait.
Un Templier,
lors de son procès.

TRADUCTION
Les traductions sont des domestiques qui vont porter un message de la part de leur maître et qui disent tout le contraire de ce qu'on leur a ordonné.
Mme de Sévigné,
Correspondance.

TRAHISON
Quiconque flatte ses maîtres les trahit. *Massillon*

◆ On n'est jamais trahi
que par les siens.

TRAÎTRE
Il n'est venu là que pour me trahir !
Charles le Téméraire désignant Louis XI, à Péronne.

Un traître est celui qui quitte son parti pour s'inscrire à un autre ; et un converti, celui qui quitte cet autre pour s'inscrire au vôtre.
Georges Clemenceau

La moitié d'un ami, c'est la moitié d'un traître.
Victor Hugo

TRANSITION
Il est un âge où quelques mois ajoutés à la vie suffisent pour développer des facultés jusqu'alors ensevelies dans un cœur à demi-fermé : on se couche enfant ; on se réveille homme. *Chateaubriand*

TRAVAIL
Pour chaque être, il existe une sorte d'activité où il serait utile à la société, en même temps qu'il y trouverait son bonheur.
Maurice Barrès

Le travail est un trésor.
Jean de La Fontaine,
Le Laboureur et ses Enfants.

Le travail est indispensable au bonheur de l'homme ; il l'élève, il le console, et peu importe la nature du travail, pourvu qu'il profite à quelqu'un : faire ce qu'on peut, c'est faire ce qu'on doit.
Alexandre Dumas fils

Les noix ont fort bon goût,
mais il faut les ouvrir.
Souvenez-vous que, dans la vie,
Sans un peu de travail on n'a point de plaisir.
Florian, Fables.

La première condition au bonheur est que l'homme puisse trouver joie au travail. Il n'y a vraie joie dans le repos, le loisir, que si le travail joyeux le précède. *André Gide*

Travaillez, prenez de la peine,
C'est le fond qui manque le moins. *Jean de La Fontaine, Le laboureur et ses enfants.*

Le travail n'épouvante que les âmes faibles. *Louis XIV*

C'est un mauvais travail que celui qu'on fait pour n'avoir plus à travailler.
Jules Renard, Journal.

La peur de la mort fait aimer le travail, qui est toute la vie.
Jules Renard, Journal.

Le travail pense, la paresse songe. *Jules Renard, Journal.*

La croyance au travail est peut-être encore une religion inutile.
Jules Renard, Journal.

La jouissance est le fruit et la récompense du travail.
Vauvenargues

Le fruit du travail est le plus doux des plaisirs.
Vauvenargues

Les hommes actifs supportent plus impatiemment l'ennui que le travail.
Vauvenargues

O ce travail farouche, âpre, tenace, austère,
Sur les plaines, parmi les mers, au cœur des monts,
Serrant des nœuds partout et rivant ses chaînons
De l'un à l'autre bout de la terre !
Émile Verhaeren
La multiple splendeur.

Fais énergiquement ta longue et lourde tâche
Dans la voie où le Sort a voulu t'appeler,
Puis après, comme moi, souffre et meurs sans parler.
Vigny, La Mort du loup.

Le travail éloigne de nous trois grands maux : l'ennui, le vice et le besoin.
Voltaire, Candide.

◆ Dieu a posé le travail pour sentinelle de la vertu.
◆ Ne remets pas à demain ce que tu peux faire le jour même.
A chaque jour suffit sa peine.
(Proverbe favori de Napoléon 1er)
◆ Ce qui est fait n'est plus à faire.

TREMBLEMENT
Je tremble, mais c'est de froid.
Bailly, sur l'échafaud.

TRÉSOR
D'argent, point de caché. mais le père fut sage
De leur montrer avant sa mort
Que le travail est un trésor.
Jean de La Fontaine

TRÉSORERIE
◆ Qui paye le dernier
paye bien

TRIANGLE
On dit fort bien que si les triangles faisaient un dieu, ils lui donneraient trois côtés.
Montesquieu

TRIOMPHE
A vaincre sans péril, on triomphe sans gloire.
Pierre Corneille, Le Cid.

Plus le péril est grand, plus doux en est le fruit.
Pierre Corneille, Cinna.

◆ Il faut pour triompher
la force du lion
et la ruse du renard.

TRISTESSE
Elle était triste, si triste, qu'à la voir sur le seuil de sa maison, elle vous faisait l'effet d'un drap d'enterrement tendu devant la porte.
Gustave Flaubert,
Madame Bovary.

TROMPERIE
Car c'est double plaisir de tromper le trompeur.
Jean de La Fontaine

Tel est pris qui croyait prendre.
Jean de La Fontaine

Ah, madame, ce n'est vraiment pas bien,
Quand on n'est pas la Joconde,
D'en adopter le maintien
Pour induire en spleens tout bleus le pauv'monde !
Jules Laforgue

Le vrai moyen d'être trompé, c'est de se croire plus fin que les autres.
La Rochefoucauld, Maximes.

TROMPETTE
Le son de la trompette est si délicieux
Dans ces soirs solennels de célestes vendanges
Qu'il s'infiltre comme une extase dans tous ceux
Dont elle chante les louanges.
Charles Baudelaire,
Les Fleurs du Mal.

◆ Il vaut mieux se lever à
la cloche qu'à la trompette.

TRÔNE
Au plus élevé trône du monde, si ne sommes assis que sur notre cul. *Montaigne, Essais.*

TULIPE
La tulipe est une fleur sans âme ; mais il semble que la rose et le lys en aient une.
Joseph Joubert, Pensées.

TUTOIEMENT
Ce tutoiement si divin sur les lèvres d'une femme qui vous aime, et qui devient la plus sanglante des insolences dans la bouche d'une créature.
Barbey d'Aurevilly,

TYRAN
Il ne sort des tyrans et de leurs mains impures
Qu'ordures ni que sang.
Agrippa d'Aubigné,
Les Tragiques.

Et ton nom paraîtra, dans la race future,
Aux plus cruels tyrans une cruelle injure.
Racine, Britannicus.

Si l'homme est créé libre, il doit gouverner ;
Si l'homme a des tyrans, il les doit détrôner.
Voltaire

U

UNION

Tous pour un, un pour tous.
Alexandre Dumas,
Les Trois Mousquetaires.

Ni vous sans moi ni moi sans vous.
Marie de France

Mais quel besoin de s'unir avec des imbéciles.
Jules Renard, Journal.

UNIVERS

(...) Et l'Espace, dans un
Va-et-vient giratoire, y détra-me les toiles
D'azur pleines de cocons à
fœtus d'Étoiles.
Jules Laforgue, Complaintes.

USINE

La forge fait son bruit, pleine de spectres noirs.
Le pilon monstrueux, la scie âpre et stridente,
L'indolente cisaille atrocement mordante,
Les lèvres sans merci des fougueux laminoirs,
Tout hurle, et dans cet antre, où les jours sont des soirs
Et les nuits des midis d'une rougeur ardente,
On croit voir se lever la figure de Dante
Qui passe, interrogeant d'éternels désespoirs.
Sully Prud'homme, Poésies.

USURE

- Tant va la cruche à l'eau qu'à la fin elle se brise.
- La lame use le fourreau.
- Trop tirer rompt la corde.

V

VAILLANCE
A vaillant cœur, à cœur vaillant, rien d'impossible.
Devise de Jacques Cœur

VAINCU
Le salut des vaincus est de n'en plus attendre.
Racan

Le flot de larmes la soulevait, devant la misère sacrée des vaincus.
Émile Zola,
Au Bonheur des Dames.

◆ Les battus payent l'amende.

VALET
Aux vertus qu'on exige d'un domestique, Votre Excellence connaît-elle beaucoup de maîtres qui fussent dignes d'être valets ?
Beaumarchais,
Le barbier de Séville.

Rarement un valet dit du bien de son maître.
Collin d'Harleville

Par les airs du valet, on peut juger du maître.
Destouches

J'avais un jour un valet de Gascogne,
Gourmand, ivrogne, et assuré menteur,
Pipeur, larron, jureur, blasphémateur,
Sentant la hart de cent pas à la ronde,
Au demeurant le meilleur fils du monde.
Clément Marot

◆ Mieux vaut valet debout qu'empereur couché.
◆ Tel maître, tel valet.
◆ Autant de valets, autant d'ennemis.
◆ Les bons maîtres font les bons valets.
◆ Si les valets ont la peine, Le maître a les soucis.

VALEUR

Je suis jeune il est vrai, mais aux âmes bien nées
La valeur n'attend pas le nombre des années.
Corneille, Le Cid.

La parfaite valeur est de faire sans témoin ce qu'on serait capable de faire devant tout le monde.
La Rochefoucauld, Maximes.

La vanité, la honte, et surtout le tempérament font souvent la valeur des hommes, et la vertu des femmes.
La Rochefoucauld, Maximes.

Il faut faire, pour valoir quelque chose en ce monde, ce qu'on peut, ce qu'on doit et ce qui convient.
Rivarol

VANITÉ

Tout est également vain dans les hommes, leurs joies et leurs chagrins ; mais il vaut mieux que la bulle de savon soit d'or ou d'azur, que noire ou grisâtre.
Chamfort

Il y a, entre la vanité et la gloire, la différence qu'il y a entre un fat et un amant.
Chamfort

Les grands vendent toujours leur société à la vanité des petits. *Chamfort*

La vanité, c'est l'orgueil des autres.
Sacha Guitry

Tout bourgeois veut bâtir comme les grands seigneurs.
Tout petit prince a des ambassadeurs,
Tout marquis veut avoir des pages.
Jean de La Fontaine,
La grenouille qui veut se faire aussi grosse que le bœuf.

Ce qui nous rend la vanité des autres insupportable, c'est qu'elle blesse la nôtre.
La Rochefoucauld, Maximes.

La vanité nous fait faire plus de choses contre notre goût que la raison.
La Rochefoucauld, Maximes.

Notre vanité ne vieillit pas : un compliment, c'est toujours une primeur. *Jules Renard*

La vanité est le sel de la vie.
Jules Renard, Journal.

◆ La vanité est
la mère du mensonge.
◆ La vanité n'a pas de plus
grand ennemi que la vanité.

VANITÉS

Tout est vain en nous, excepté le sincère aveu que nous faisons devant Dieu de nos vanités. *Bossuet, Oraison funèbre de la duchesse d'Orléans.*

N'espérons plus, mon âme, aux promesses du monde ;
Sa lumière est un verre, et sa faveur une onde
Que toujours quelque vent empêche de calmer ;
Quittons ces vanités, lassons-nous de les suivre.
François de Malherbe, Poésies.

VANTARDISE

◆ Hardi de la langue,
Couard de la lance.
◆ De grand langage
Peu de fruit,
mais grand dommage.
◆ De grand langage
grands mensonges.
◆ Grands venteurs
petits faiseurs.
◆ Les grands diseurs ne
sont pas les grands faiseurs.
◆ Qui est large de la bouche
est étroit de la main.
◆ Grand prometteur,
petit donneur.

VASE

Le vase où meurt cette verveine,
D'un coup d'éventail fut fêlé.
...
N'y touchez pas, il est brisé.
Sully Prudhomme

◆ Quand le vase
est trop plein,
il faut qu'il déborde.

VEILLE

J'ai trop veillé ; mon âme est lasse
De ces rêves qu'un rêve chasse.
Alphonse de Lamartine

VENGEANCE

La haine est tonique, elle fait vivre, elle inspire la vengeance.
Honoré de Balzac

J'attire en me vengeant sa haine et sa colère;
J'attire ses mépris en ne me vengeant pas.
Corneille, Le Cid.

Va, cours, vole et nous venge.
Corneille, Le Cid.

Voir le dernier Romain à son dernier soupir,
Moi seule en être cause, et mourir de plaisir!
Corneille, Horace.

Il est moins doux d'assouvir son amour que de satisfaire sa vengeance. *Paul-Jean Toulet*

Le pardon n'est peut-être que la forme la plus raffinée de la vengeance. *Paul-Jean Toulet*

USURE

◆ La vengeance est un plat qui se mange froid.

◆ La vengeance est plus douce que le miel.

◆ A qui se venge longtemps
Il en coûte souvent

VENT

Tout sur cette terre appartient aux princes, hors le vent.
Victor Hugo,
La Légende des siècles.

Et les vent s'engueulent,
Tout le long des nuits!
Qu'est-c'que moi j'y puis,
Qu'est-ce donc qu'ils veulent?
Jules Laforgue,
Les complaintes.

Le vent, ce taureau épars.
Jules Renard, Journal.

C'est que les vents tombant des grands monts de Norwège
T'avaient parlé tout bas de l'âpre liberté.
Arthur Rimbaud, Poésies.

Ce sont amis que vent emporte,
Et il ventait devant ma porte :
Sont emportés.
Rutebeuf

La bise de Grignan me fait mal à votre poitrine.
Marquise de Sévigné,
Correspondance.

Quand tourne le vent on accuse les girouettes.
Paul-Jean Toulet, Monsieur du Paur, homme public.

Et je m'en vais
Au vent mauvais
Qui m'emporte
Deçà, delà,
Pareil à la
Feuille morte.
Paul Verlaine,
Poèmes saturniens.

◆ Jour de vent,
jour de tourment.
◆ Vent au visage
rend l'homme sage.
◆ Selon le vent la voile.

VENTE
La clientèle, dépouillée, violée, s'en allait à moitié défaite, avec la volupté assouvie et la sourde honte d'un désir contenté au fond d'un hôtel louche.
Émile Zola,
Au Bonheur des Dames.

VENTRE
Au-dessous de la tête, des épaules et de la poitrine commence l'animal, ou cette partie du corps où l'âme ne doit pas se plaire.
Joseph Joubert, Pensées.

Ventre affamé n'a point d'oreilles.
Jean de La Fontaine

◆ Grain après grain
la poule emplit son ventre.
◆ En petit ventre gros cœur.
◆ Tout ce qui rentre
fait ventre.

VER
Madame, sous vos pieds, dans l'ombre, un homme est là
Qui vous aime, perdu dans la nuit qui le voile,
Qui souffre, ver de terre amoureux d'une étoile.
Victor Hugo, Ruy Blas.

◆ Lorsque le ver de terre
perce le chemin,
la pluie n'est pas loin.

VÉRITÉ
Quand la vérité met le poignard à la gorge, il faut baiser sa main blanche, quoique tachée de notre sang.
Agrippa d'Aubigné

Cet épineux fardeau qu'on nomme vérité.
Agrippa d'Aubigné

Toute vérité n'est pas bonne à croire.
Beaumarchais,
Le mariage de Figaro.

L'homme peut aspirer à la vertu ; il ne peut raisonnablement prétendre de trouver la vérité. *Chamfort, Maximes.*

Il ne suffit point de montrer la vérité, il faut la peindre aimable. *Fénelon*

La vérité est une illusion et l'illusion est une vérité.
Rémy de Gourmont

L'erreur agite ; la vérité repose.
Joseph Joubert, Pensées.

Ce qui est vrai à la lampe n'est pas toujours vrai au soleil.
Joseph Joubert, Pensées.

Toute vérité a deux visages, toute règle deux surfaces, tout précepte deux applications.
Joseph Joubert, Pensées.

La vérité ressemble au ciel, et l'opinion à des nuages.
Joseph Joubert, Pensées.

L'homme est de glace aux vérités
Il est de feu pour les mensonges
Jean de La Fontaine

La vérité vaut bien qu'on passe quelques années sans la trouver. *Jules Renard*

La vérité ne fait pas tant de bien dans le monde que ses apparences y font de mal.
La Rochefoucauld, Maximes.

Quand j'ai connu la Vérité,
J'ai cru que c'était une amie ;
Quand je l'ai comprise et sentie,
J'en étais déjà dégoûté.
Alfred de Musset, Tristesse.

Vérité au-deçà des Pyrénées, erreur au-delà. *Pascal*

Qui ne gueule pas la vérité quand il sait la Vérité se fait complice des menteurs.
Charles Péguy

Je sais que, ayant résolu de dire la vérité, je dirai peu de chose. *Jules Renard, Journal.*

Dès qu'une vérité dépasse cinq lignes, c'est du roman.
Jules Renard, Journal.

Quelques romanciers la font bien sortir du puits, mais tout de suite ils l'enveloppent dans un tas de couverture.
Jules Renard, Journal.

En sortant leur vérité du puits, les indiscrets répandent l'eau partout. *Jules Renard*

J'ai dit des vérités aux hommes ; ils les ont mal prises ; je ne dirai plus rien.
Jean-Jacques Rousseau

Il a peut-être autant de vérités parmi les hommes que d'erreurs.
Vauvenargues

La vérité est le soleil des intelligences.
Vauvenargues

Aime la vérité, mais pardonne à l'erreur. *Voltaire*

La vérité est un fruit qui ne doit être cueilli que s'il est tout à fait mûr. *Voltaire*

◆ Vérité engendre haine.
◆ Vérité ne se cache point, mais méchante vie cherche les coins.
◆ La vérité est au fond d'un puits.
◆ La vérité est dans le vin.
◆ La vérité est la fille du temps.

VÉROLE

J'ai la vérole, enfin, la vraie, pas la misérable chaude-pisse, pas l'ecclésiastique cristalline, pas les bourgeoises crêtes de coq, les légumineux choux-fleurs, non, non, la grande vérole, celle dont est mort François 1er. Et j'en suis fier, malheur, et je méprise par-dessus tout les bourgeois. Alléluia, j'ai la vérole, par conséquent je n'ai plus peur de l'attraper.
Guy de Maupassant, Correspondance.

...Tous les symptômes que j'ai connus autrefois. Mais tout cela n'est pas grave à condition que vous ne vous endormiez pas sur les apparences de guérison ; et sachez ceci, c'est qu'il n'y a pas d'être qui se porte mieux que celui qui a eu la vérole et qui est bien guéri. Tous les médecins des régiments et des prostituées savent cela. C'est un véritable rajeunissement.
Charles Baudelaire, Correspondance.

VERRE
Mon verre s'est brisé comme un éclat de rire.
Apollinaire, Alcools.

Mon verre n'est pas grand,
mais je bois dans mon verre.
Alfred de Musset

Mon verre est petit, mais je ne veux pas que vous buviez dedans. *Jules Renard, Journal*

VERS
En ce temps-là j'aimais, et maintenant j'arrange
Mes beaux amours en méchants vers.
Théophile Gautier, Poésies.

VERTU
La vertu croît sur le désespoir.
Chamfort

L'homme vit souvent avec lui-même, et il a besoin de vertu ; il vit avec les autres, et il a besoin d'honneur. *Chamfort*

Il n'est vertu que pauvreté ne gâte. *Chamfort*

Rien n'est plus beau que la gloire si ce n'est la vertu.
Chateaubriand, Itinéraire de Paris à Jérusalem.

Il y a des femmes qui passent leur vie à rembourrer le fossé où leur vertu comptait choir, et qui furieuses de rester sur le bord à attendre qu'on les pousse, jettent des pierres aux femmes qui passent.
Alexandre Dumas fils

Le crime prend souvent l'accent de la vertu.
Jean-Baptiste Gresset

Les vertus se perdent dans l'intérêt, comme les fleuves se perdent dans la mer.
La Rochefoucauld, Maximes.

Le nom de la vertu sert à l'intérêt aussi utilement que les vices. *La Rochefoucauld*

Nos vertus ne sont, le plus souvent, que des vices déguisés.
La Rochefoucauld, Maximes.

La vanité, la honte, et surtout le tempérament font souvent la valeur des hommes, et la vertu des femmes.
La Rochefoucauld, Maximes.

(...) Les verrous et les grilles
Ne font pas la vertu des
femmes ni des filles.
Molière, Dom Juan.

L'homme naît avec ses vices ; il acquiert ses vertus.
Jules Renard, Journal.

Il y a des vertus qu'on ne peut exercer que quand on est riche. *Rivarol*

Respectons éternellement le vice et ne frappons que la vertu.
Sade

Jouis, il n'est pas d'autre sagesse ; fais jouir ton semblable, il n'est pas d'autre vertu.
Étienne de Senancour

La vertu des femmes n'est souvent que la maladresse des hommes.
Paul-Jean Toulet, Monsieur du Paur, homme public.

◆ Les haillons de la misère couvrent la vertu,
le manteau de la fortune couvre le vice.
◆ La vertu s'affirme sous les coups du malheur.
◆ L'homme tombe en vice facilement
Mais en vertu se dresse lentement..

VÊTEMENTS
Les vêtements doivent entrer dans l'idée de la beauté ; ils font la grâce.
Joseph Joubert, Pensées.

VEUVE
Mignonne, je vous donne ma mort pour vos étrennes.
Louis XII lors de son agonie, à Marie d'Angleterre, sa jeune épouse, le 1/1/1515.

VICE
Le vice toujours sombre aime l'obscurité. *Nicolas Boileau*

Il y a peu de vices qui empêchent un homme d'avoir beaucoup d'amis, autant que peuvent le faire de trop grandes qualités. *Chamfort*

On voyait qu'elle en était encore à la virginité du vice.
Alexandre Dumas fils, La dame aux Camélias.

Les passions des jeunes gens sont des vices dans la vieillesse.
Joseph Joubert, Pensées.

J'aime encore mieux ceux qui rendent le vice aimable que ceux qui dégradent la vertu.
Joseph Joubert, Pensées.

On ne méprise pas tous ceux qui ont des vices ; mais on méprise tous ceux qui n'ont aucune vertu.
La Rochefoucauld, Maximes.

Ce qui nous empêche souvent de nous abandonner à un seul vice est que nous en avons plusieurs.
La Rochefoucauld, Maximes.

Car le Vice, rongeant ma native noblesse
M'a comme toi marqué de sa stérilité.
Stéphane Mallarmé, Poésies.

J'aime mieux un vice commode
Qu'une fatigante vertu.
Molière, Amphytrion.

Le vice laisse comme un ulcère en la chair, une repentance en l'âme, qui toujours s'égratigne et s'ensanglante elle-même.
Montaigne, Essais.

L'homme naît avec ses vices ; il acquiert ses vertus.
Jules Renard

Respectons éternellement le vice et ne frappons que la vertu.
Sade

S'il est vrai qu'on ne peut anéantir le vice, la science de ceux qui gouvernent est de le faire concourir au bien public.
Vauvenargues

◆ Avec le vent
on nettoie le froment
Et vice avec
supplice et châtiment.
◆ L'homme tombe en vice
facilement
Mais en vertu se dresse
lentement.

VICIEUX

Tous les vices se combattaient en lui à qui en demeurerait le maître (...). L'avarice, la débauche, l'ambition étaient ses dieux ; la perfidie, la flatterie, les servages, ses moyens ; l'impiété parfaite, son repos ; et l'opinion que la probité et l'honnêteté sont des chimères dont on se pare et qui n'ont de réalité dans personne, son principe.
Louis de Saint-Simon, Mémoires.

VICTIMES

Je déteste les victimes quand elles respectent les bourreaux.
Jean-Paul Sartre, Les séquestrés d'Altona.

VICTOIRE

La plus éclatante victoire coûte trop cher, quand il faut la payer du sang de ses sujets.
Chamfort

A vaincre sans péril, on
triomphe sans gloire.
Pierre Corneille, Le Cid.

La Fortune se plaît à faire de ces coups ;
Tout vainqueur insolent à sa perte travaille.
Défions-nous du sort, et prenons garde à nous
Après le gain d'une bataille.
Jean de La Fontaine,
Les deux coqs.

Je ne veux voir que la Victoire.
Ne me demandez pas : "Après"?
Après, je veux la nuit noire
Et le sommeil sous les cyprès.
Edmond Rostand, La veille de sa mort, six jours après l'Armistice du 11/11/1918.

◆ Qui veut vaincre
doit savoir souffrir.

VIE

Pourquoi douter des songes ? La vie, remplie de tant de projets passagers et vains, est-elle autre chose qu'un songe ?
Bernardin de Saint-Pierre.

Vivre est une maladie, dont le sommeil nous soulage toutes les seize heures ; c'est un palliatif : la mort est le remède.
Chamfort, Maximes.

On entre, on crie
Et c'est la vie !
On bâille, on sort
Et c'est la mort.
Ausone de Chancel

Chaque instant de la vie est
un pas vers la mort.
Pierre Corneille

J'ai voulu tout voir, tout avoir.
Je me suis trop hâté de vivre.
Charles Cros

Un peu de vanité et un peu de volupté, voilà de quoi se compose la vie de la plupart des femmes et des hommes.
Joseph Joubert, Pensées.

La vie, cette goutte de lait et d'absinthe.
Henri Lacordaire, Pensées.

Puisqu'il est des vivants, ne songez plus aux morts.
Jean de La Fontaine, La jeune veuve.

La vie, voyez vous, ça n'est jamais si bon ni si mauvais qu'on croit.
Guy de Maupassant, Une vie.

Le plus grand faible des hommes, c'est l'amour qu'ils ont de la vie.
Molière, L'amour médecin.

Les plus belles vies sont, à mon gré, celles qui se rangent au modèle commun et humain, avec ordre, mais sans miracle et sans extravagance
Montaigne, Essais.

Mon métier et mon art, c'est de vivre.
Notre grand et glorieux chef-d'œuvre c'est vivre à propos.
Montaigne, Essais.

La vie est un sommeil,
l'amour en est le rêve.
Et vous auriez vécu si vous aviez aimé.
Alfred de Musset, Poésies.

La mort des autres nous aide à vivre. *Jules Renard, Journal.*

Telle est la vie des hommes. Quelques joies, très vite effacées par d'inoubliables chagrins. *Marcel Pagnol, Le château de ma mère.*

Lis toutes les biographies des grands morts, et tu aimeras la vie. *Jules Renard, Journal.*

Si vous connaissez la vie, donnez-moi son adresse.
Jules Renard, Journal.

Ne vis pas ! Contente-toi de toujours désirer vivre.
Jules Renard, Journal.

La vie est courte, mais comme c'est long, de la naissance à la mort. *Jules Renard*

Notre vie a l'air d'un essai.
Jules Renard, Journal.

Rien ne dégoûte de la vie comme de feuilleter un dictionnaire de médecine.
Jules Renard, Journal.

Il n'est pas nécessaire de vivre, mais il l'est de vivre heureux. *Jules Renard*

La vie est courte, mais l'ennui l'allonge. *Jules Renard*

Sans son amertume, la vie ne serait pas supportable.
Jules Renard, Journal.

La vie est faite pour s'enseigner à mourir. *Paul-Jean Toulet*

Nous naissons, nous vivons, bergère,
Nous mourons sans savoir comment ;
Chacun est parti du néant :
Où va-t-il ?... Dieu le sait, ma chère. *Voltaire*

◆ Telle vie telle mort.
◆ Tant qu'il y a de la vie il y a de l'espoir
◆ De mauvaise vie mauvaise fin.

VIEILLARDS

Car le jeune homme est beau, mais le vieillard est grand.
Victor Hugo

Les vieillards sont la majesté du peuple.
Joseph Joubert, Pensées.

Les vieillards aiment à donner de bons préceptes, pour se consoler de n'être plus en état de donner de mauvais exemples.
La Rochefoucauld, Maximes.

On tire peu de service des vieillards.
Vauvenargues, Réflexions et Maximes.

◆ L'amour sied bien aux jeunes gens et déshonore les vieillards.

VIEILLES

Vous qui fûtes la grâce ou qui fûtes la gloire,
Nul ne vous reconnaît ! un ivrogne incivil
Vous insulte en passant d'un amour dérisoire ;
Sur vos talons gambade un enfant lâche et vil.
Charles Baudelaire

L'enfer des femmes, c'est la vieillesse.
La Rochefoucauld, Maximes.

VIEILLESSE

Les vieillards sont assez enclins à doter de leurs chagrins l'avenir des jeunes gens.
Honoré de Balzac

Aussi bien une vieillesse
Nous menace sur le port,
Qui toute courbe et tremblante
Nous attraine chancelante
La maladie et la mort.
Rémy Belleau

Je me suis réfugié sous un hêtre : ses dernières feuilles tombaient comme mes années; sa cime se dépouillait comme ma tête; il était marqué au tronc d'un cercle rouge, pour être abattu comme moi. *Chateaubriand*

Je vois les reflets d'une aurore dont je ne verrai pas se lever le soleil.
Chateaubriand
Mémoires d'outre-tombe.

O rage ! ô désespoir ! ô vieillesse ennemie !
Pierre Corneille, Le Cid.

Des lilas blancs de cimetière
Près de mes tempes ont fleuri;
J'aurai bientôt la touffe entière
Pour ombrager mon front flétri.
Théophile Gautier,
Émaux et Camées.

Mais, vieux, on tremble ainsi qu'à l'hiver le bouleau.
Je suis veuf, je suis seul, et sur moi le soir tombe,
Et je courbe, ô mon Dieu ! mon âme vers la tombe,
Comme un bœuf ayant soif penche son front vers l'eau.
Victor Hugo,
La légende des siècles.

La vieillesse aime le peu, et la jeunesse aime le trop.
Joseph Joubert, Pensées.

C'est une grande difformité dans la nature qu'un vieillard amoureux. *La Bruyère*

C'est une des pires humiliations de la vieillesse, de ne rien recevoir que de la pitié.
Lamennais

La vieillesse, quant à l'ordre de l'existence terrestre, est un passé sans avenir. Elle représente trop vivement la condition humaine, pour que son aspect n'importune pas l'homme.
Lamennais

En vieillissant, on devient plus fou, et plus sage.
La Rochefoucauld, Maximes.

Les vieux fous sont plus fous que les jeunes.
La Rochefoucauld, Maximes.

La vieillesse est un tyran qui défend sur peine de la vie tous les plaisirs de la jeunesse.
La Rochefoucauld, Maximes.

Peu de gens savent être vieux.
La Rochefoucauld, Maximes.

J'avance dans l'hiver à force de printemps.
Prince de Ligne

L'amour est le roi des jeunes gens, et le tyran des vieillards.
Louis XII

Il sera bientôt l'heure de m'en retourner dans l'éternelle poussière, et je m'en irai sans avoir compris le pourquoi mystérieux de tous les mirages de mon enfance ; j'emporterai avec moi le regret de je ne sais quelles patries jamais retrouvées, de je ne sais quels êtres désirés ardemment et jamais embrassés...
Pierre Loti

Je suis vaincu du temps ; je cède à ses outrages.
François de Malherbe

Le cœur n'a pas de rides.
Marquise de Sévigné

Viennent les ans ! J'aspire à cet âge sauveur
Où mon sang coulera plus sage dans mes veines,
Où les plaisirs pour moi n'ayant plus de saveur,
Je vivrai doucement avec mes vieilles peines.
Sully Prud'homme, Poésies.

Voici que j'ai touché les confins de mon âge.
Tandis que mes désirs sèchent sous le ciel nu,
Le temps passe et m'emporte à l'abîme inconnu,
Comme un grand fleuve noir, où s'engourdit la nage.
Paul-Jean Toulet

L'amour et la scarlatine sont plus dangereux à proportion qu'on a vieilli.
Paul-Jean Toulet

Les conseils de la vieillesse éclairent sans échauffer, comme le soleil de l'hiver. *Vauvenargues*

◆ Le plus bel âge de l'amitié est la vieillesse.
◆ Chacun désire la vieillesse, et chacun la maudit, après l'avoir obtenue.
◆ Les ans ont beaucoup plus vu
◆ Que les livres n'en ont connu.
◆ Vieilles amours et vieux tisons
S'allument en toutes saisons.
◆ Il faut devenir vieux de bonne heure, si l'on veut l'être longtemps.
◆ Jamais ne fut si beau soulier qui ne devint savate.

VIGNE

◆ Belle vigne sans raisin
ne vaut rien.

◆ Année neigeuse
année fromenteuse.

VILLE

Du fond des brumes
Là-bas avec tous ses étages
Et ses grands escaliers, et leurs voyages
Jusques au ciel, vers de plus hauts étages
Comme d'un rêve, elle s'exhume.(...)
La ville au loin s'étale et domine la plaine
Comme un nocturne et colossal espoir.
Émile Verhaeren,
Les Campagnes Hallucinées.

VIOLENCE

L'injustice appelle l'injustice ; la violence engendre la violence. *Lacordaire, Pensées.*

◆ Ce qui est violent
n'est pas durable.

◆ Tel croit frapper qui tue.

◆ Oignez vilain,
il vous poindra ;
poignez vilain,
il vous oindra.

VIN

Rien ne grise comme le vin du malheur.
Honoré de Balzac, Splendeurs et Misères des courtisanes.

Je hume à longs traits le vin
du souvenir
Charles Baudelaire

Le vin qui coule des pressoirs
Est moins traître que ses yeux noirs. *Charles Cros*

Jamais homme noble ne hait le bon vin. *François Rabelais*

L'odeur du vin, ô combien plus friant, riant, priant, plus céleste et délicieux que d'huile.
François Rabelais,
Gargantua.

Ah ! que j'aimais la Navarre,
Et l'amour, et le vin frais.
Paul-Jean Toulet,
Les Contrerimes.

VIN NOUVEAU

◆ A la saint Martin
Tout le moût passe
pour bon vin.

◆ A la Saint-Martin
on boit du bon vin.

◆ L'eau fait pleurer,
le vin chanter.
◆ Quand le vin est tiré,
il faut le boire.
◆ Un verre de vin vaut
un habit de velours.
◆ A bon vin
point d'enseigne.
◆ Vin rouge le soir,
blanc le matin
Ravit le pèlerin.
◆ Vin versé n'est pas avalé.
◆ Lait sur vin est venin,
Vin sur lait c'est santé.
◆ La vérité est dans le vin.
◆ Trois verres de vin descendent en trois heures.
◆ Le vin est le lait
des vieillards.
◆ Nul vin sans lie.
◆ Au matin
boit le vin blanc,
Le rouge au soir
pour le sang.
◆ Mieux vaut sentir du vin
que le boire.
◆ Vin, fille, faveur
et poirier,
Sont difficiles à conserver.

VIOLON

Le violon frémit comme un cœur qu'on afflige ;
Valse mélancolique et langoureux vertige.
Charles Baudelaire

Les sanglots longs
Des violons
De l'automne
Blessent mon cœur
D'une langueur
Monotone.
Paul Verlaine

VIRGINITÉ

Près de toi rien de moi n'est resté,
Et ton amour m'a fait une virginité.
Hugo, Marion Delorme.

O calice loyal mais vide
Qui jouais à me rester clos !
Laforgue, Les complaintes.

Les anciens Gaulois estimaient à extrême reproche d'avoir eu accointance de femme avant l'âge de vingt ans, et recommandaient singulièrement aux hommes qui se voulaient dresser pour la guerre, de conserver bien avant en l'âge leur pucelage, d'autant que les courages s'amollissent et divertissent par l'accouplage des femmes...
Montaigne, Essais.

Les vierges ont besoin d'une chasteté extrêmement simple et douillette, pour bannir de leur cœur toutes sortes de curieuses pensées et mépriser d'un mépris absolu toutes sortes de plaisirs immondes, qui, à la vérité, ne méritent pas d'être désirés par les hommes, puisque les ânes et les pourceaux en sont plus capables qu'eux. *François de Sales*

VISAGE

Un beau visage est le plus doux de tous les spectacles.
La Bruyère, Les Caractères.

Les ruines d'une maison
Se peuvent réparer : que n'est cet avantage
Pour les ruines du visage !
Jean de La Fontaine, La fille.

VISIONS

Les visions ont un heureux instinct : elles ne viennent qu'à ceux qui doivent y croire.
Rivarol

VOCATION

Les vocations manquées déteignent sur toute l'existence.
Honoré de Balzac

J'aurais été soldat, si je n'étais poète. *Victor Hugo*

VOISINAGE

◆ Bien en sa maison
qui de ses voisins est aimé.
◆ A ton voisin
De ton pain et vin.

VOIX

L'harmonie la plus douce est le son de la voix de celle que l'on aime.
La Bruyère, Les caractères.

Et pour sa voix, lointaine, et calme, et grave, elle a
L'inflexion des voix chères qui se sont tues.
Paul Verlaine,
Poèmes saturniens.

VOL

◆ Bien mal acquis
ne profite jamais.
◆ De bien mal acquis
courte joie.

VOLCAN

Nous vivons trop dans les livres et pas assez dans la nature, et nous ressemblons à ce niais de Pline le Jeune qui étudiait un orateur grec pendant que sous ses yeux le Vésuve engloutissait cinq villes sous la cendre.
Anatole France

VOLEUR
◆ Les grands voleurs font pendre les petits.
◆ Les voleurs privés sont aux galères, et les voleurs publics dans les palais.
◆ Qui ose prendre le veau Osera prendre vache et troupeau.
◆ Qui vole un œuf vole un bœuf.
◆ L'habit volé ne va pas au voleur.

VOLONTÉ
Les gens faibles ne distinguent jamais assez ce qu'ils veulent de ce qu'ils voudraient.
Cardinal de Retz, Mémoires.

Il y a très loin de la velléité à la volonté, de la volonté à la résolution, de la résolution au choix des moyens, du choix des moyens à l'application.
Cardinal de Retz, Mémoires.

Nos actions ne sont ni si bonnes, ni si vicieuses que nos volontés. *Vauvenargues*

◆ Vouloir, c'est pouvoir.
◆ Il faut vouloir ce qu'on ne peut empêcher.

VOLTAIRE
Cet homme n'est que le second dans tous les genres.
Diderot,
Lettre à Sophie Volland.

Voltaire n'écrira jamais une bonne histoire. Il est comme les moines qui n'écrivent pas pour le sujet qu'ils traitent, mais pour la gloire de leur ordre. Voltaire écrit pour son couvent. *Montesquieu*

Je le haïrais davantage si je le méprisais moins.
Jean-Jacques Rousseau

VOLUPTÉ
La volupté, comme une fleur rare, demande les soins de la culture la plus ingénieuse.
Balzac

La volupté unique et suprême de l'amour gît dans la certitude de faire le mal. Et l'homme et la femme savent de naissance que dans le mal se trouve toute volupté.
Charles Baudelaire,
De la séduction.

Oh ! l'âpre volupté que le danger procure !
Jean Richepin, Les Caresses.

VOTE
Suffrage universel : La honte de l'esprit humain.
Flaubert, Correspondance.

La France telle que l'a faite le suffrage universel est devenue profondément matérialiste ; les nobles soucis de la France d'autrefois, le patriotisme, l'enthousiasme du beau, l'amour de la gloire, ont disparu avec les classes nobles qui représentaient l'âme de la France.
Ernest Renan

VOYAGE
Mais les vrais voyageurs sont ceux-là seuls qui partent
Pour partir ; cœurs légers, semblables aux ballons,
De leur fatalité jamais ils ne s'écartent,
Et, sans savoir pourquoi, disent toujours : Allons.
Charles Baudelaire

Heureux qui comme Ulysse, a fait un beau voyage,
Ou comme celui-là qui conquit la Toison
Et puis s'en est retourné, plein d'usage et raison,
Vivre entre ses parents le reste de son âge !
Joachim du Bellay

Amants, heureux amants, voulez-vous voyager ?
Jean de La Fontaine

Je réponds ordinairement à ceux qui me demandent raison de mes voyages : que je sais bien ce que je fuis, mais non pas ce que je cherche.
Montaigne, Essais.

VOYELLES
A noir, E blanc, I rouge, U vert, O bleu : voyelles
Je dirai quelque jour vos naissances latentes...
Arthur Rimbaud

VRAI
Le vrai peut quelquefois n'être pas vraisemblable.
Nicolas Boileau

VUE
Les aveugles nous apprennent à voir. *Jules Renard, Journal.*

Si ta vue baisse, suppose que le monde existe moins.
Jules Renard, Journal.

◆ Il vaut mieux se fier à ses yeux qu'à ses oreilles.
◆ Tel a beaux yeux qui ne voit goutte.

W Y

WAGNER

Wagner : un beau coucher de soleil que l'on a pris pour une aurore.
Claude Debussy

WATERLOO

Un vent du sud s'étant levé m'apporta plus distinctement le bruit de l'artillerie. Cette grande bataille, encore sans nom, dont j'écoutais les échos au pied d'un peuplier, et dont une horloge de village venait de sonner les funérailles inconnues, était la bataille de Waterloo !
Chateaubriand, Mémoires d'outre-tombe.

Waterloo n'est point une bataille : c'est le changement de front de l'univers.
Victor Hugo, Les Misérables

Waterloo ! Waterloo !
Waterloo ! Morne plaine !
Comme une onde qui bout dans une urne trop pleine,
Dans ton cirque de bois, de coteaux, de vallons,
La pâle mort mêlait les sombres bataillons.
Victor Hugo, Les châtiments.

YEUX

Je sais qu'il est des yeux, des plus mélancoliques,
Qui ne recèlent point de secrets précieux ;
Beaux écrins sans joyaux, médaillons sans reliques,
Plus vides, plus profonds que vous-mêmes, ô Cieux !
Charles Baudelaire,
Les Fleurs du Mal.

Tes beaux yeux sont las, pauvre amante !
Reste longtemps, sans les rouvrir,
Dans cette pose nonchalante
Où t'a surprise le plaisir.
Charles Baudelaire, Les Fleurs du Mal.

Ses yeux où le ciel se reflète,
Mêlent à leur azur amer,
Qu'étoile une humide paillette,
Les teintes glauques de la mer.
Théophile Gautier, Émaux et Camées.

Les mares de vos yeux aux joncs de cils,
O vaillante oisive femme,
Quand donc me renverront-ils
La Lune-levante de ma belle âme ?
Jules Laforgue, L'Imitation de Notre-Dame la Lune.

Vos yeux ont des appas que j'aime et que je prise,
Et qui peuvent beaucoup dessus ma liberté ;
Mais pour me retenir, s'ils font cas de ma prise,
Il leur faut de l'Amour autant que de beauté.
François de Malherbe

(...) Jamais plus, jamais mes yeux grisés,
Mes regards dont c'était les frémissantes fêtes,
Ne baiseront au vol les gestes que vous faites.
Edmond Rostand, Cyrano de Bergerac.

Bleus ou noirs, tous aimés, tous beaux,
Ouverts à quelque immense aurore,
De l'autre côté des tombeaux
Les yeux qu'on ferme voient encore.
Sully Prudhomme, Poésies.

L'azur de tes grands yeux m'est cher ;
C'est un lointain que je regarde
Sans cesse et sans y prendre garde,
Un ciel de mer.
Sully Prud'homme, Poésies.

J'aimais surtout ses jolis yeux,
Plus clairs que l'étoile des cieux,
J'aimais ses yeux malicieux.
Paul Verlaine

Que m'importe le jour ? Que m'importe le monde ?
Je dirai qu'ils sont beaux quand tes yeux l'auront dit.
Vigny, Les Destinées.

Z

ZÈLE
N'est-il pas honteux que les fanatiques aient du zèle et que les sages n'en aient pas ?
Voltaire

◆ De bien faire grand mal vient.

ZOLA
Cet Hercule souillé qui remue le fumier d'Augias et qui y ajoute.
Barbey d'Aurevilly,
A propos de L'Assommoir.

Impression réalisée sur CAMERON par BRODARD ET TAUPIN La Flèche
pour le compte des Éditions de Lodi en août 2002
Imprimé en France
Dépôt légal : août 2002 – N° d'impression : 14595
ISBN : 2-843-08003-7